アースダイバー 神社編

中沢新一

プロローグ――聖地の起源

犬の聖地

私は長いこと「聖地」というような考えは、人間にしかないものと思い込んでいた。しかし十数年前にチベットを旅行したとき、犬にも聖地の感覚があるらしいということを知って、あらためて生き物にとって聖地とはなにかということを深く考えるようになった。

そのとき私は早朝にサムエ寺という古いお寺を出発して、山奥のチンプーという聖地に向かって山登りを始めた。モンスーン期だったため川は水かさを増していて、いつもなら聖地の近くまで人を運んでくれる耕運機のタクシーも、その日は動いていなかった。そこで私は裸足になって川を渡ったり、薄い空気に苦しみながら急坂をよじ登ったりしながら、ようよう奇巌の林立する聖地の近くまでやってきた。

そこで道が二つに分かれていた。広いほうの道を行けばよいものを、私はなぜか狭いほうの道を選んだ。そのほうが直登で、早く聖地にたどり着くと判断したからだ。「アースダイバー」などと自称しているものの、私は格別に方向感覚が悪い。直感にしたがって進んでいると、いつかとんでもない方角をめざしていた、などということもしばしばである。そのときも、細道を進みはじめてからしばらくして、またやってしまったと気づいた。道はどんどん細くなり、そのうち獣道になった。引き返さなくてはと理性は命じた。ところが私の体は理性の声を無視して、ずんずんと獣道の奥へ奥へと進んでいくのである。

灌木の茂みを抜けていくと、足元を水が流れるようになった。歩くごとに水量は増していって、小川のようになった。不安にかられた私は、必死になって茂みをかき分けて進み、ようやく小さな空き地に出た。私の両足は川床の斜面に食い込んでいた。流れる水は清らかで、水底まではっきり見通せた。その水底を見て、私は息を呑んだ。

私は水中に何匹もの犬の死体があるのを見た。犬の体は冷たい流水の中で白蠟化していたのであるでどの犬も生きているようだった。私が水中から足を引き抜くと、それにつれて犬の体も水中でゆらゆらと揺れた。ゆっくりまわりを見回してみてびっくりした。最初に目についた犬たちの死体を取り囲むように、何十、何百という白蠟化した犬の死体が、体をそろえるようにして、水中に沈んでいたのである。

犬たちは皆思い思いのポーズをしていたが、きまったように頭は山頂の方向に向けて横たわっていた。私は犬たちの「死に処」に迷い込んでいたのである。小さい頃、飼っていた何匹もの猫が自分の死期が近づくと、すーとどこかへ姿を消してそのままいなくなってしまうのを、何度も体験していた。しかし犬にもそういう場所があるのだということを、私ははじめて知った。この墓場は、麓の村からは十キロ近くの山道を歩かなければたどり着けない場所にある。村で飼われていた犬が、自分の死の近いのを感づいて、ひとりぼっちで山道を登っていく。そしてこの死に処にたどり着いて、すでに穏やかにそこにやすらっている他の犬たちのそばに自分の体を横たえて、静かに死の訪れを待つのであろう。私はあまりに荘厳な光景に打たれて、長いことその場に立ち尽くした。

それはまさに「犬の聖地」であった。犬たちは村の中で母犬の体から生まれてきた。しかし十年間ほどをこの世で生活して体験を重ねたあと、死ぬときは村から遠く離れた特別な場所に行って、他の犬たちといっしょの場所であの世への旅立ちをするのだ。彼らの本能が、聖なる山の山腹にある、犬の聖地と定められた場所まで来て、死ぬことを求めたのであろう。犬たちは人間のような宗教は持たないが、自分たちにとっての特別な場所、聖地のありかを知っている。

どれほど時間がたっただろうか。ようやく我に返った私は、犬の聖地を名残惜しくもあとにして、山上にある人間の聖地をめざしてまた歩き出した。歩きながら私は学生時代の友人が語っていた言葉を思い出していた。宗教学を学んでいた私は、聖地というものに深い関心を抱いていた。さまざまな宗教の聖地を旅するのも好きだったし、そこに何日も滞在して巡礼にやってくる人たちと話をするのも好きだった。しかし人間の文化の研究をしているつもりの私は、聖地というものは、人間だけの思いつく文化現象であると思い込んでいた。

平地にはサムエ寺が、聖者たちの
聖所は彼方の山中にある

精神のきわめて深い場所

そのためその頃親しくなったフランス人の若い人類学者が、地磁気計やら電磁波測定器などの重たい計器を携えて木曾御嶽《おんたけ》の山岳宗教の調査に向かうのを見て、ずいぶん変なことを考えるものだといぶかしんだものだ。私が文化現象を電子機器で測定できるのかいと揶揄すると、彼は真顔で反論してきた。「君は古い。文化も地球生命（ガイア）の生み出す現象にすぎない。人間は地球からの、いや宇宙からの影響を受けながら、生きている。太陽黒点の活動が文明の発展に大きな影響を及ぼしてきたのを知らないのか。木曾御嶽に登ると、ぼくはそのことを強く感じるんだ。御嶽教の信者の人たちだって、きっと無意識のうちに地球からの影響を感じつつ、登山しているにちがいない。聖地は地球の特異点だ。人間には見えないものも、こういう機械が可視化してくれる」。

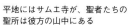

彼の言葉は、私にはまさに脳天に落ちてきた霹靂だった。そのころの私は象徴やら記号やらのことばかりで頭がいっぱいの構造主義者だったから、人間の精神も自然が生みだしたものであり、どこまでいっても自然に包摂されているというこの「進んだ」考えによって、思考の土台をひっくり返されるような衝撃を受けた。私はのちにチベット仏教の修行をはじめることになるが、それも自分の精神と自然過程の間にたしかな通路をつくりだそうとする試行にほかならなかったし、さらにそののち、自然地形とその上で展開されてきた精神活動や歴史とのつながりを探る「アースダイバー」のような探求を始めたのも、おそらくその一言がきっかけになっている。

その一発を食らって以来、象徴や記号ばかりにこだわるのはやめようと思ったのである。言語という文化現象だって、肺の奥から送り出されてくる息をコントロールして出てくる声という自然現象をもとにしているではないか。それと同じようにあらゆる文化現象は身体に直結し、身体は細胞の一つ一つに至るまで自然過程に包み込まれながら活動している。記号も象徴もこの自然過程の一部にすぎない。人間と人間ならざるものの領域を横断していく知性だけが、そのことをあきらかにできる。

そんなことを考えてきた私は、犬にも聖地の感覚があると知っても、驚かない人間になっていた。犬に働きかけているその感覚は、おそらく人間が特別な場所に尋常ならざるものを感じて、そこを特別な聖地としたときにも働いていたものと、よく似ているにちがいない。聖地の感覚は、生き物の生命活動のきわめて深い場所にセットされている様子だが、人間にとっての聖地もまたそうなのではないか。人間はホモサピエンス、すなわち「知性をもった人類」である。聖地はこのサピエンス＝知性が発動する、精神のきわめて深い場所にわき起こる感覚につながっている。

今度のアースダイバーは、聖地の地形や歴史を調査することをつうじて、聖地の感覚が発動するその「精神のきわめて深い場所」の構造を探究しようという試みである。私たちは探求の場所を、日本の神社に選んだ。そこが私たちにもっとも馴染み深い聖地であるという理由からだけではなく、神社という日本の聖地には、人間の精神の秘密にかかわる多くの謎が、ほとんど手つかずのままに残されているからである。

人間の聖地

生き物たちにとって特別な場所、いわば生命にとっての聖地の場所の感覚は、生き物の生命活動のきわめて深い場所にセットされている。それならば人間にとっての「聖地の感覚」は、いったい私たちの存在のどこにセットされているのだろうか。人間はサピエンス＝知性をもった人類であり、人間が出現したときから、あきらかにこれは聖地の遺跡であろうというものが現れるのであるから、人間にとっての聖地はサピエンス＝知性の本質と深い関係をもっているにちがいない。サピエンスが人類の心に出現したとき、時を移さず、人間の聖地が出現している。

その聖地は深い洞窟の奥にあった。いまから十万年ほど前の、旧石器時代がいまにも始まろうという頃、人類の心に革命的な変化が起こった。その革命的変化を心に受けた人類は、入り口が樹木におおわれた深い洞窟を探し出し、その中にもぐってそれまでの人類の知らなかった祭儀を始めた。その洞窟の場所は秘密にされ、洞窟内で行われる祭儀の内容も秘密とされた。こうして人間にとっての「聖地」なるものが、初めて出現したのである。人類の心の中を縦横無尽に走ることのできる「流動的知性」があらわれたのである。

脳と中枢神経組織をかたちづくるニューロンの接続網が複雑化することによって、それまでつながっていなかったニューロンの部位の間に横断的なつながりが発生するようになり、それを通じてサピエンス＝知性が自由な流動を起こすようになった。この解放的変化によって、それまで人類がしゃべっていた言語の構造が変わり、意味を生み出すことのできるアナロジー型言語が使えるようになった。象徴的な表現がそれによって可能になった。音階の感覚が生まれ、それに合わせて楽器というものが生まれた。社会の仕組みもアナロジー型言語に合わせて複雑になっていった。こうして今の私たちと同じ「人間」が生まれた、と考えることができる。上部旧石器時代に出現したこの人間が、大岩にうがたれた洞窟の奥に、彼らにとって特別な場所である「聖地」を見出したのである。最初の人間たちがなぜ暗い洞窟の奥に彼らの聖地を見出すことになったのかについては、さまざまな考えが出されているが、私は人間の出現を実現した「流動的知性」の性質と深く関係していると考える。

光の流動体

新しい人間型サピエンスは、脳と中枢神経系をつくるニューロンの接続網の変化を通じて生まれている。このサピエンスは脳の中で計算処理をおこなうどのようなモジュール（閉鎖的な回路）にも属していない。このサピエンスはさまざまなモジュールを通過していき、そこでの計算（つまり思考）に参加しながら、そこを出ればたちまち「特性を持たない」力の流動体に戻って、ニューロン網の中を走りだすのである。神経組織はそれを光の運動として感知するであろう。人類の人間（ホモサピエンス）への進化は、こうして脳と神経組織に出現する「光の流動体」によって引き起こされた。

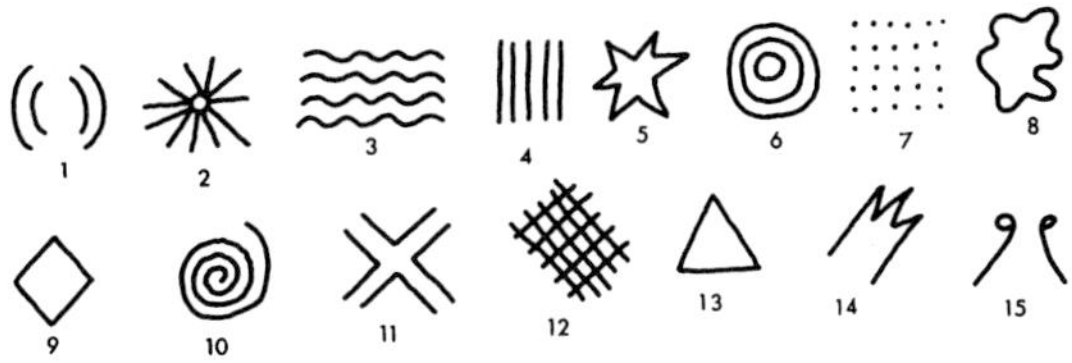

内部光学によって「見える」ようになる幾何学模様の例（J. D. Lewis-Williams and T. A. Dowson, The Signs of All Times, *Current Anthropology*, vol. 29, no. 2, 1988）

初期の人間は、真っ暗な洞窟の奥での儀式を通じてこのことを認識するために、最初の「聖地」をつくりだしたのである。真っ暗闇の中に長時間こもっていると、脳とつながっている視神経が内部から励起しはじめて、自分から光を放つように体験されるようになる。この現象は「内部光学（エントオプティック）」として、科学的にも観察されている。またこの現象は人間の心へのサピエンスの出現と重なり合っている。

この人間型サピエンスは流動的知性として、脳と神経組織の中を高速度で走っていくが、この流動する光の出現によって、人間は新しい能力をもって世界を見るようになった。洞窟の体験は、眼の内部から発光しだす光と、サピエンスの出現とともにニューロン網を走りだす光の流動体とを、一つに結び合わせたのである。サピエンスは人間のものでありながら、人間を超えている。洞窟内での崇高な光の体験を通じて、上部旧石器人たちは彼らの「神」を発見したとも言える。このとき原初的な「宗教」が誕生している。旧石器人たちはそこで人間という存在の本質を覗き込もうとしている。

このような驚くべき体験をもたらす洞窟の入り口を、上部旧石器人は秘密にあずかる資格を持たない人々の目から厳重に隠そうとした。じっさい、ヨーロッパなどに残されている上部旧石器人たちが、その内部で儀礼をおこなっていた洞窟（その規模はとてつもなく巨大である）の入り口は、うっそうたる藪で覆われていて、前世紀になるまで誰も発見することができなかった。

大岩への畏怖

これが人間の持った最初の聖地である。最初の聖地は、人間という存在の出現とほぼ同時期につくられている。その後、人間はさまざまな形態の聖地をつくりだしてきたが、それらすべての根底にはこの洞窟での体験の記憶が据えられている。洞窟は大岩の内部にくり抜かれた穴であるから、象徴思考の能力を持った人間たちは、それを人間の子供や動物や世界そのものが生まれてくる「産道」や「子宮」と見なした。洞窟は世界を生み出す「大いなる母」の胎内と見なされ、その内部に飛び散る「内部光学」の光によって、「大いなる母」が受胎するという考えも発達した。

アブラハムの大岩

大岩そのものにたいする畏怖の感覚は、このような洞窟体験に深くつながっている。大岩の足元に立ったとき、人間は大岩の存在感に包み込まれていくような感覚に襲われるが、その感覚は現代人による聖地巡礼記の中にもしばしば見出される。森の中にこのような特徴的な大岩を見つけたとき、人間は自分たちの始原の時につながる特別な場所を見出し、そこを聖地としたのである。そのため古い来歴を持つ聖地の多くが、大岩（日本人はそれを「磐《いわ》座《くら》」と呼んだ）を中心とした空間に設けられ、そこで時間の流れを逆行させて始原の時に回帰する神話と儀礼が執行された。

そのような聖地の例は枚挙にいとまがない。じつは一神教の聖地でさえ、そうなのである。たとえばエルサレムの「岩のドーム（黄金のモスク）」には、ユダヤ教とイスラム教とキリスト教にとっての最大の聖所とされる、聖なる大岩が鎮座している。この大岩は中が空洞になっていて、信者はその大岩の中に潜っていくことができるようになっている。この岩をはじめて見たとき、私はちょっと拍子抜けすると同時に、なにかとてもなつかしいものを感じた。私は子供の頃から、信州や甲州の磐座や石の神さまに慣れ親しんでいた。なんの像も彫られていないただの大岩が、のそりと地面に湧き上がっている。そういう大岩や石のそばに佇んでいると、自分がいま生きている世界のものとはまるで違う、とてつもなく古い時代の精神からのいかめしい風が吹いてくるような感じがしていた。それとまったく同じ岩の古拙きわまりない感覚が、エルサレムのこの大岩からは発していた。

ユダヤ教の伝承ではこの大岩のあたりで、民族の祖であるアブラハムが彼らの神「ヤハウェ」に対面したと言われている。しかしそういう出来事が起こるはるか以前から、この同じ場所にはこの大岩が鎮座しており、旧石器時代の生活をしていた人間たちによって、その大岩はなにか尋常ならざる存在として注目を集めていたと考えるほうが自然である。新石器を用いる生活をするようになっても、この大岩はあいかわらず尋常でない「聖なる石」として注目され、その周囲でなにかの祭儀がおこなわれていた可能性も高い。アブラハムはその大岩をいわば「再発見」したと言える。そこはのちにユダヤ教の聖所となり、さらにイスラム教の聖地ともなって、大岩の上には壮麗な神殿の建物が覆いかぶさり、大岩自身は外からは見えなくなってしまった。

聖地の構造の最下層

ユダヤ教とキリスト教とイスラム教のこの聖地の最下層には、上部旧石器的な原初の宗教体験が埋め込まれている。一神教の神の根っこには、真っ暗な洞窟の中で眼球の奥にほとばしる光を見ながら、サピエンスとしての自分たち人間の本質を覗き込んでいた、最初の人間たちの体験が埋め込まれている。「宗教」というものの「進化」の最終段階が一神教であるという西欧世界の主張を一応認めたとしても、その最高に進化した宗教である一神教は、旧石器的な原初の宗教体験に回帰することによって、それを果たしたと言えるのではないか。

私はそののち、世界中で同じような聖地の地下構造をたくさん見てきた。東欧のキリスト教会では、地下へ続く階段を降りていくと、旧石器時代に人間と熊が同居していたという洞窟遺跡にたどり着いた。西欧でもいくつもの教会が、ケルト民族の聖所であったという大岩をそのまま祭壇にして、そこでミサをおこなっていた。チベットやブータンでは古代宗教の聖地であったという巨大な磐座の割れ目を広げてできた空間に、仏教の寺院がつくられていた。古い由緒を持つ聖地になればなるほど、上に建てられているのが近世の建物であったとしても、聖地の構造の最下層には、サピエンス＝知性の出現を見届けようとしていた初期の人間たちによる洞窟的体験が、礎石として置かれている。

「人間の聖地」は、人類の心へのサピエンス＝知性の出現がもたらしたものである。サピエンスは流動的知性の形をして、人間の脳と中枢神経系にあらわれる。それは色も形も持たない光の流れであるから、外界の「分別」には無頓着である。聖地にはそういう力が満ちている。そのために聖地は原理として世俗を受けつけないのである。人間がホモサピエンスであるかぎり、人間の内なる聖地を滅ぼすことはできない。たとえ地上に建てられた寺院や教会や世界遺産の建物がすべて亡び去ったとしても、聖地の構造を持っている人間の心は、滅びないのである。

アースダイバー 神社編――目次

第二部　縄文系神社

第三部　海民系神社

地図作成　深澤晃平

キャプション中の(K)は「講談社資料センター」を表しています。

アースダイバー　神社編

ブックデザイン　木村奈緒子

第一部――聖地の三つの層

第一章　前宗教から宗教へ

クナピピ神話

宇宙の始まりをしるすビッグバンの波動はエコーとなって全宇宙に広がっていった。それと同じように、「サピエンスを持った人類」である人間の始まりを生み出したサピエンス革命の爆発のエコーも、その後の人間のすべての営為の中に響き続けている。上部旧石器人が洞窟の中に見つけ出した聖地は、そのサピエンス革命の瞬間に飛び出した巨大なエネルギーの記憶を、保存し続けていると言える。そしてその後、人間によって発見されたり作り出されたりしたあらゆる聖地の中に、そのときのエコーが響き続けている。

洞窟での祭祀が廃れた後、人間はそのエコーを巨石（磐座）の中に聞き取ろうとして、その巨石の周囲で人間の起源を語るさまざまな神話や、それをパフォーマンスとして演じる儀礼によって表現してきた。オーストラリア・アボリジニーによって語りつがれてきた「クナピピ神話」は、そうした神話群の中でも、とりわけみごとに原初の認知的爆発の記憶を伝えている。この神話はかつては、オーストラリア大陸北東部のアボリジニーの多くの部族に伝承されていた。この地域は、アボリジニーの先祖たちが最初にオーストラリア大陸に渡ってきた場所であり、親族構造や神話・儀礼などにきわめて古い要素を残している。

「大いなる母」とも「クナピピ」とも呼ばれる神話的な姉妹は、海から内陸に向かって歩いていきながら、地形や動植物にさまざまな名前をつけていった。彼女たちは地表にいるものたちの世界に、そうやって秩序を与えていったのである。姉妹は大きな岩を見つけたが、その岩の中には水を湛えた池

虹の蛇
（オーストラリアのアーネムランドの壁画）

がうがたれていた。その深い池の底には大蛇が潜んでいた。そこに近づいていった姉妹は、生理の血で池の水を汚した。怒った大蛇は天空近くまで立ち上がり、姉妹を食べてしまった。そのとたん大雨が起こり、大地が潤って、乾いた大地に生命が芽生えた。その池はアボリジニーにとってもっとも重要な聖地となった。虹の蛇は大地に潜む力をあらわしている。その力はいつもは池の底でとぐろを巻いて眠っている。その力がこの世界に鎌首をもたげるとき、空には光のスペクトルである虹の蛇があらわれ、地表には豊穣の源である雨が降り注いで、この世界に生まれるべく地中に潜んでいたものたちが、いっせいに地表に満ち溢れてくる。

この「クナピピ神話」には、人間の出現を告げるサピエンス革命の本質が、虹の蛇のイメージを用いて色鮮やかに描かれている。人類の群の中から「人間」が出現したとき、脳と中枢神経組織の中をどの領域、どのモジュールにも属さない流動的知性があらわれるが、それはあらゆる色彩を含んだ強烈な光に喩えることができる。その光はなめらかな「身体」をくねらせながら、猛烈な速度でニューロン網の中を走っていく。上部旧石器人はそのサピエンス革命の仕組みを、真っ暗な洞窟内で体験される「内部光学」の現象を用いて、いわば「表現」したのである。

そしてそのサピエンス革命によって、喩的な言語や象徴的思考が可能になったのであるから、人間の女性の産む力とモンスーン期の豊穣な自然の生産力を象徴的に結び付ける「大いなる母＝クナピピ」のイメージも、そこから発生できるようになる。「クナピピ神話」では人類の心に出現したサピエンス革命の本質が、神話の語りを通じて表現されている。ここでは「内部光学」の現象にあたるものが、「虹の蛇」の形象にイメージ化されて、あざやかな比喩として表現されたのである。知性の本質は光とともに人間の心にあらわれる力である。その光は流動しながら、目の奥の神経組織に触れてスペクトルへの分解を起こす。外界への視覚が働きだす直前に、原初の知性は「虹」への分解と飛び散りを起こす。その「虹」を「蛇」に結びつけ、すべての形あるものを呑み込んで、新しい生命として生み出すというのがこの神話であるから、「クナピピ神話」はサピエンス革命の構造を、比喩によって再演していると言えるのである。

神話の「大いなる母」である姉妹を呑み込んだ大蛇の住む大岩の底にある池は、いまもじっさいにあってアボリジニーにとっての重要な巡礼の聖地になっている。そこにはお社《やしろ》の類は一切建てられていないが、アボリジニーは深い穴の奥に水を湛えている池を見下ろしながら、神聖な歌を歌いかける。人間の聖地の原型がここにある。その聖地は人間の始まりを画すサピエンス革命からの遠いエコーをいまだに響かせている。

このとき脳内のニューロン網に起こった飛躍的進化によって、象徴を用いる人間という存在が生まれたのだから、このときのエコーは、人間のおこなうあらゆる象徴表現の中に、いまも鳴り響いているると言える。その後多くの人間が忘れてしまったこの真実を、アボリジニーはいまだに語り続けている。

前宗教と宗教

そういう基本構造をもった聖地のまわりに宗教というものが組織されてきた。その意味では聖地が宗教の始まりを準備したとも言える。聖地の基本構造は、人間という存在のなりたちをシンプルに表現しているものだから、どんなに社会が変わろうと技術が発達しようと、その本質は不変である。ところが宗教は文化の産物であるから、宗教を生んだ社会の仕組みが大きく変わると、聖地に集う神々の性格まで変え、その組織や思想まで変化されてきた。聖地の構造は不変だが、宗教は変化して進化をとげていく。その意味で聖地は宗教よりも根源的である。

聖地は、旧石器時代に「知性を持った人類（ホモサピエンス・サピエンス）」である人間があらわれたとき、いっしょに出現している。このときに人間に起こった飛躍は、まことに決定的なものであったから、こののち数万年間、人間の思考能力には大きな変化はあらわれていない。石器を作製する技術は、旧石器から新石器への変化をとげて、狩猟技術は進み、人口の増大も起こった。しかしこと宗教の領域に関するかぎり、大きな変化は起こっていないように思われる。聖地は知性の構造と本質的なつながりを持っていて、いわば知性の出現の記念碑のような存在として、旧石器から新石器の半ばすぎまであまり変わっていない。

人類に知性があらわれた上部旧石器の頃、人間は狩猟採集生活をしていた。それからも新石器時代の半ばすぎまで数万年にわたって狩猟採集生活の時代は続いている。狩猟採集時代のもっとも大きな特徴は、エネルギーが保存される完全な循環型社会であったことである。狩猟採集社会では人間は自然に埋め込まれているような存在で、人間のおこなうことは自然界とひとつながりになっている。そして自然は循環している。地球に太陽エネルギーが注がれ、植物は光を受け取って光合成をおこなうエネルギー変換をしている。そうやって生育した植物を草食動物が食べ、その動物を別の動物が食べる。植物は太陽エネルギーを受けて増殖していく。そしていつも過剰している。過剰したものは消費されることなく地面に落ちて腐敗し、それを微生物が分解していく。地球上のエネルギーはこうして保存されていく。全体では減りもしない、増えもしない。そういう循環の中に狩猟採集時代の人間は埋め込まれている。

人間のおこなう狩猟は、一定量に保存されたエネルギーの一部を、獲物の形で取り出そうとする。するとその部分では損失が起こる。この損失を補わなければならないので、人間は祭儀をおこなった。森の精霊が人間に動物の体を贈与としてくれて、人間はその好意に応えて、肉や毛皮の部分だけを受け取り、ていねいな祭儀をおこなって動物の霊を森の精霊のもとに返すのである。きちんとした祭儀に喜んだ森の精霊は、森の中で動物を増やして、それを人間に贈与してくれる。こうして人間を巻き込んだ大きな循環の中で、増減はつねに相殺されて、全体エネルギーの保存がおこなわれることになる。

とうぜんのことながら、精霊も循環の中に埋め込まれており、そこを超越してしまうことがない。狩猟採集の社会では、そのような精霊にたいする信仰が中心となっていた。精霊全体を統括する大精霊（グレート・スピリット）のような存在を考えた社会もあったが、その大精霊でさえ、全体循環を超越することがないのである。

あらゆる事物が一つの巨大な循環の中に包摂され、その中で運動している。そこでは内部と外部には本質的な違いがなく、全体と個体も分けて考えることはできない。そのような世界では、世界の意味を深く思考する「哲学」的思考は、神話の形態をとることになる。内部と外部がメビウスの帯のようにひとつながりであり、個体がとらえている世界像はそのまま全体世界につながっている、という神話の思考法を用いなければ、狩猟採集世界に生きる人間は、世界の意味を矛盾なく理解することができない。現代人のように、人間という主体を客体である外の世界と分離するやり方では、あらゆる事物がつながりあって運動している循環的宇宙を、矛盾なく思考することは不可能だからである。神話は増殖を無化する「冷たい」社会の哲学なのである。そういう神話論的な構造をもった神話や祭儀が彼らの「宗教」の中心で、その「宗教」では、人間と自然が一体であるような、時間も空間もない始原の状態の再現がつねにめざされていた。

第二の飛躍

ところが数万年も続いたこのような増殖を無化する神話的構造をもった「宗教」に、劇的な変化の時がやってくる。紀元前八千年の頃に、中近東の一角に起こった「農業革命」である。それを機に、宗教的思考は劇的な変化を開始する。サピエンス出現の時に続く、第二の飛躍の時がやってきたのである。

中近東レヴァント地方（イスラエル、シリア、ヨルダンなど）では、早くからライ麦などの栽培植物化への試みがくりかえされていた。それが一定の成功をおさめ始めたのがこの時期で、そこまでたどり着くには、中石器時代から新石器時代の初期までに蓄積されていた動植物に関する知識の集積とその組織化の成果が、重要な働きをした。つぎは灌漑施設をつくって、乾燥した内陸の土地でも穀物を栽培できるようになった。それによって人口が増えた。人々は四角いキューブ状の家をつくり、それを横につないでいって街をつくった。その街の中に、四角い部屋の聖所が神々の祭祀所としてつくられたのだった。

室内の祭祀所には、いくつものベンチが並び、壁からはちょうどヨーロッパの狩猟好きの貴族の居間のように、バイソンの大きな角が何本も飛び出ていた。中央の椅子にはあきらかに女神とおぼしき像が座っている。その女神に大きな豹の像が甘えかかっている。ときには女神が立ち上がって豹を押さえ込んでいる像も見える。旧石器時代の洞窟聖所とは異なって、どの神像も象徴性があふれている。

考古学者のジャック・コーヴァンは、これらの神々は農業革命に先立って人間の心の内部で実現されていたにちがいない「象徴革命」によって生み出されたものと考えている。革命といっても、旧石器時代の飛躍のとき形成された進化した脳の神経組織はそのまま変わらない。ただその使用法が変わるだけである。心の内部に起きた象徴革命では、現実と象徴のつながりを自由にして、そこに乖離を発生させるのである。象徴は現実をただ映し出すのではなく、現実に「意味」という利子をつけて、象徴に増殖させる。このとき人間は、世界が意味によって豊かに増殖していけることを見出し、そのことをあらわすかのように、新しい神々の像をつくり始めた。

このような象徴革命によって、人間の世界を見る目は根本的に変わった、とコーヴァンは述べている。これまでの狩猟採集社会では利子の増殖は起こらないように、世界はつくられていた。人間は自然環境に埋め込まれるようにして生きていたから、全体のエネルギーはつねに一定に保存されるようにできていた。そこでは人間が森の動物を狩猟して食料を得たとしても、それは森の精霊が守っていたエネルギー量を減らすことになるので、人間は儀礼などの形でその損失を埋め合わせなければならない。プラスとマイナスを足すといつもゼロとなる世界であるから、そこに人間が自然に働きかけてなにかを増殖させるという発想は生まれない。

ところが象徴革命が起こって、この世界は増殖できると人間は考えられるようになった。増殖はまず意味の領域で起こって、私たちのよく知っている「宗教」なるものをつくりだし、それに引き続いて生産の領域では農業革命が実現されることになった。当時のレヴァントの人々は、狩猟採集時代の常識を破って、富は増えることが可能だという思考を始めた。それまでに品種改良を進めてきたライ麦などを、灌漑施設つきの畑にまくことによって、一粒の麦が収穫時には何百という麦に増殖できることを知った。これをきっかけに、思考革命が起きた。それまでは世界を満たすエネルギーは循環しており、全体では増えもせず減りもしないので、いつまでも世界の安定は続いた。ところが農業革命以後、世界は成長と増殖をめざして拡大を続ける開放系に変わった。

このときいま私たちの知っている「宗教」なるものが生まれている。「宗教」はレヴァント文化の直系であるローマの文化では「レリギオ（Religio）」と呼ばれた。この言葉は文字どおりに訳せば「人々を再結集させる」という意味である（エミール・バンヴェニスト『インド＝ヨーロッパ諸制度語彙集Ⅱ』）。農業革命によって飛躍的に人口の増大した人間たちは、多くの都市や村に分散して暮らすようになった。その人間たちを同じ神々の下に結集させるために、あの象徴革命の申し子である神々が動員された。宗教という現象はもはや、それまでの精霊にたいするかそけき信仰の段階を超えて、象徴的な意味によって肥大した神々への豪奢な信仰へと変貌していった。

そこで私たちは、狩猟採集の時代に生まれた精霊を中心とする信仰を、農業革命以後地球上に広がっていった増殖型の神々にたいする信仰と分けて考えるために、前者を「前宗教」と呼び、後者の「レリギオ」としての「宗教」と区別しようと思う。農業社会の中から国家が生まれて「宗教」が世の中の主流になっても、「前宗教」は消えたりはしなかった。それは民間信仰として民衆の中に生き続けたし、また公認の「宗教」の深層部に組み込まれて、細胞中のミトコンドリアのようにしぶとく生き続けた。このように宗教という現象には、「前宗教」と「宗教」という二つの源泉を見出すことができる。

縄文と弥生

ここからいよいよ日本列島の話に入る。

いまから一万五千年ほど前、鹿児島の南端に土器を持った新石器人が海を渡ってたどり着いた。彼らの持っていた土器が「縄文土器」である。縄文人が日本列島へ初めて登場した。南方の島々を島伝いに渡ってきた縄文人が、南方スンダランド経由でユーラシア大陸の東海岸を北東に進んできた海洋的な人間の仲間であることは、ほぼ間違いなかろう。縄文人はユーラシア大陸の内陸部を東に進んでシベリアに入っていった北方系の人々とは、違う道を進んだ。その意味では、台湾を起点にして、南太平洋の島々（ポリネシア）や東南アジアの海岸部（マレイ）に広がっていった海洋性の人々とも、縄文人はなんらかの繋がりを持っていたはずである。

しかし縄文人は不思議な人々でもあった。しばらくして農業革命を起こす中近東でまだ土器が使用されていなかったような時代に、すでに土器を製作し使用していた。しかもその出来栄えの見事さたるや群を抜いてすばらしかった。それならば彼らは農業革命を知った上での移住者なのかというと、灌漑施設をともなう農業はおこなわず、焼畑のような散発的な農業しかしない人々なのだ。旧石器から新石器にかけての時代に人間が蓄積してきた自然にたいする膨大な知識と、人間社会を制御するためのバラエティに富んだ親族組織を持っているにもかかわらず、後期の新石器時代を特徴づける組織的農業をおこなわないのである。

縄文人は「組織的農業をおこなわない新石器人」として、狩猟採集によって生活した。新石器時代の人間として、縄文人の心はすでに新石器時代をつくりだした「象徴革命」によって根本から改変されていたが、中近東の人々のように「農業革命」への道へ踏み込むことをせず、象徴革命のもたらした自由度の高い思考能力を抱えながら、旧石器時代につながっていく狩猟採集経済を生きたのである。縄文人のユニークさはじつにここから生まれている。

狩猟採集の世界では、人間は自然の循環過程に包み込まれるようにして生きているから、この循環過程を大きく逸脱する過剰や増殖は起こらないようにコントロールされていた。象徴革命のおかげですでに縄文人の心も増殖性をはらんだ構造に改変されていたが、その増殖や過剰はもっぱら祭儀や芸術表現の領域で費やされた。その祭儀と芸術を結合するものとして、土器の表面にあの見事な造形がほどこされたのである。縄文土器の類を絶した自由奔放な高い表現力は、縄文人が組織的な農業をおこなわなかったことと結びついている。そのことを暗示するように、「農業をおこなう新石器人」である弥生人が日本列島に広がっていくと、縄文土器の奔放な創造性は消え失せていっている。

縄文人の宗教はと見ると、レリギオとしての「宗教」ではなく、「前宗教」としてのアニミズムが支配的である点は、狩猟採集社会の性格をよくしめしている。この点では縄文人と旧石器人は共通している。しかし「前象徴革命」的な旧石器人のアニミズムと、「象徴革命」をへたのちの縄文人のアニミズムとを比較できるようなデータがないのが、いかにも残念である。

そういうところに、「農業をおこなう新石器人」である弥生人が、日本列島に入ってきた。この弥生人と「農業をおこなわない新石器人」である縄文人との間には、水田による組織的稲作農業をやるかやらないかという技術の上の違いの他には、根本的に大きな違いはなく、ただ一点、自然と人間の世界に増殖ないし利子の考えを認めるか認めないかの違いしかなかった。縄文人は価値が増えること（剰余価値）を認めない。したがって自然にたいして投入した価値が、タイムラグをへて利子をつけて増えて戻ってくるという考えを認めないであろう。そのため、投入量をはるかに超えて収穫があったときなどは、祭りや他の村への贈り物として、その年のうちに消費してしまわなければならない、と考えたであろう。ところが、弥生社会ではその考えはとらない。年初に蒔いた種子は収穫時にはたくさんの利子分の種子をつけて増えて戻ってこなければならない、というのが弥生人の「常識」なのである。弥生人の世界では、世界は基本的に増殖していくものである。

この一点での違いが、神々の性格にも大きな影響を与えた。縄文人は精霊をなるべく驚かさないように慎重に行動した。精霊はエネルギーを保存しつつ循環していく世界を体現している。精霊はどんどん分割されて小さくなったり、集まって大きくなったりするようにイメージされていたが、全体ではエネルギー量は保存されている。精霊はじつにクールな存在なのである。ところが増殖性を本質としている農業革命後の神々は強力である。神々は人間と自然を凌駕する力を持ち、その過剰した力をもって、人間をも支配する。

その意味では、オーストラリア・アボリジニーの「虹の蛇」は、旧石器人の心から農業革命後の新石器人の心を貫通して、人間のうちに一貫して生き続ける「原宗教の神」であるということになる。それが「サピエンスを持った人類」の誕生の瞬間を記憶し続けているからである。それは聖地の奥に隠れて存在し続けている。そしてその聖地を、「前宗教」や「宗教」が取り囲んできた。循環型社会の「前宗教」は精霊や大精霊の考えを生み出し、農業革命後の増殖型社会の「宗教」は豊穣な神々の世界をつくりだしてきた。世界中に見出される聖地の中でも、由緒の古い有力な聖地には、このような「原宗教」「前宗教」「宗教」の三要素からなる多層構造が保存されている。そのため聖地学を実践するためには、多層構造を縦断することのできるアースダイバーの方法が必要なのである。

伊勢神宮に潜る

日本列島の聖地の研究を本格的に開始する前に、人間最古の「原宗教」や「前宗教」の要素が聖地の深層部に埋め込まれているなどという話は本当なのだろうかという疑問に答えるために、この列島でもっとも有名な神社でそのことを検証してみよう。ここで取り上げるのは、国家的神道の中心地、伊勢神宮である。

ここは天皇家の先祖神とされるアマテラスを祀る国家的な神社であり、稲作の神を中心とする神々の体系も整えられていて、とうてい国家以前の縄文人的な「前宗教」やそれよりももっと原始的なアボリジニー的な「原宗教」の要素などを見出すことはありえないと思われるかもしれない。しかしそれは伊勢神宮の表層ばかりを見ているからだ。アースダイバーの思考によって深層部にダイビングしていくと、そこには人間の心性の根源にまで達するとてつもなく古い地層を発見することになる。

伊勢神宮の正殿は、神明《しんめい》造りと呼ばれるじつに素朴な造りをしている。茅葺屋根と掘立て柱をもち、白木造りの屋根の上には、千木《ちぎ》と鰹木《かつおぎ》をのせる。弥生時代の穀物倉である高倉をモデルとし、二十年に一度、東西軸上に並べられた二つの敷地の上に、交替で新しい殿舎が建てられる。

内宮《ないくう》には天照大神が祀られ、そのご神体は鏡（八咫《やた》の鏡）である。小箱に納められた鏡は、「御船《みふな》

（上）神明造りの千木
（下）土器や棘に覆われた心の御柱

代《しろ》」という大きな櫃の中に入れられている。この櫃の形は、古墳時代の舟形石棺をかたどったものといわれている。このご神体は、天皇一族にとってはきわめて重要な神器である。しかし、伊勢神宮の伝統としては、この神器よりも、正殿床下にある「心《しん》の御柱《みはしら》」にたいする儀礼の方が、より大きな重要性をあたえられていた。

古層的思想へ

「心の御柱」はじつに神秘的な柱である。百五十センチほどの長さの檜《ひのき》の小柱で、大半の部分を土中に埋められている。地上にわずかに顔を出している部分は、まわりを五色の布でぐるぐる巻きにして、それを榊《さかき》の枝で覆い、その上から皿状の土器を何百枚ものせて覆ってあって、外からは見えないようになっている。

この床下の土中に突き立てられた「心の御柱」の前で、三節祭《さんせつさい》（十月の神嘗祭《かんなめさい》、六月と十二月の月次《つきなみ》祭《さい》）が、深夜密かに執り行われる。古代から天皇は、自分の妹や姪を「斎王」として、神々への奉仕に一生を捧げるべき女性として、伊勢神宮に送り込んでいた。しかし、不思議なことに、伊勢神宮でもっとも重要な神祭である三節祭に、この斎王は参加せず、かわって土地の豪族から選ばれた少女が「斎女」として、この深夜の床下の秘儀を、一人で執り行うことが定められていた。

「心の御柱」が性的なシンボル、しかも男性シンボルであることは、神宮内では古来なかば公然の秘密であったらしい。この柱にたいして、大物忌とも呼ばれた少女が、真夜中に奉仕をおこなうのである。ことの意味は、ほとんど明白である。鎌倉時代になると、外宮《げくう》の神官たちによっていくつもの神道理論書が書かれたが、そこにはこれが「陰陽和合の行為」であったことが、強く暗示されている。洗練の極致を極めた伊勢神宮という聖地の最深部に、サピエンス革命の構造を「虹の蛇」として表現する「クナピピ神話」によく似た、まことに古層的な思想の表現を見出すのである。

大地の奥深くに潜んでいる神聖なエネルギーは、ふだんは頭だけを地上に出して、土器皿の呪力に抑えられている。少女が柱に接近すると、その力はむくむくと立ち上がり、床下の密封された室《むろ》の中で、少女からの奉仕を受ける。陰陽の和合を果たしたエネルギーは、現実世界に向かって突き上がっていき、屋根の頂上から渦を描いて、外に向かって広がっていく。ここにあるのは、オーストラリア・アボリジニーの「虹の蛇」の思想と酷似した構造を持つ「力のあらわれ」をめぐる思想の、洗練を極めた表現にほかならない。伊勢神宮を形成する精神地層の最深部は、広大な人間精神の古層にまっすぐつながっている。

伊勢神宮は見かけによらず、おそろしく野性的な聖所なのである。それは大地の奥に隠されている聖なるエネルギーが、性的な誘いに応じて、現実世界のなかにダイナミックに顕現してくる様子を、抽象化してそのままに造形してみせている。

地下に埋められた柱をとおして昇ってきた力が、密封された箱状の室の中で転換を起こし、現実世界に力を放出される。その様子を抽象的にあらわしているのが、屋根に突き出た千木であろう。千木は交差させた二本の腕を、天に向かって突き上げている。それを見ると、まるで大地に潜んでいたエネルギーが、天に向かって吹き上げているような印象を受ける。人類学者レヴィ＝ストロースは、こういう形をした古層的な聖所を「砂時計型」と呼んだ。

砂時計型をした聖所

伊勢神宮は、この世から隠されている力が、世界にあらわれてくる仕組みを、美しいオブジェに造形してみせた芸術的傑作と言える。しかし、これとまったく同じ考えにもとづいて造形されたさまざまな「砂時計型」の聖所は、環太平洋地域のそこここに残されている。「砂時計型」は神話に特有な

（右）伊勢神宮に祀られている蛇神
（左）コギ族の神殿
Gerardo Reichel-Dolmatoff, *The Sacred Mountain of Colombia's Kogi Indians*, plate VII. より

弁証法的な思考そのものを空間的に表現した形態である。神話では内部に隠されているものが、話の進行とともに、くるりと反転をおこして外側の世界にあらわれてくる。それまで内臓だったものが、今度は皮膚になって外側の姿としてあらわれてくるのである。したがってこの形をした建築物などを見たら、すぐにそこに神話の思考が働いているのではないかと疑ってみる必要がある。

ポリネシアのフィジー諸島では、伊勢神宮の正殿と見まごうばかりの神殿が、建てられていた。その神殿は、タロ芋などを貯蔵する高床式の建物をモデルにしている。その屋根の両端から、長い棒が二本突き出ている。この神殿でどんなことがおこなわれていたかは、わからなくなっている。しかしこれとよく似た造りをした、南米コロンビアのコギ族の神殿の内でおこなわれていた秘儀の内容については、さいわいにして詳しい記録が残っている。

アマゾンの奥地に住むインディオのコギ族は、壺状をした大きな小屋を造って、聖所の神殿としている。地面の上にじかに建てられた小屋は、茅などの植物で屋根を葺いてあり、その構造は縄文人が住んだ家と同じような造りをしている。特徴的なのは、天井の部分である。小屋を支える何本もの柱が、てっぺんの部分でらせん状に組み合わされて、ちょうど砂時計の形をつくるようになっている。

この「砂時計型」神殿の中で、神官と巫女が文字通りの

「陰陽和合の行為」を執り行う。するとこの性的な誘いに応じて、大地の奥に秘められていた自然のエネルギーが、すさまじい勢いでこの世に顕現する。エネルギーは小屋中に充満し、上昇して、屋根のてっぺんに開いた穴を通して、外に吹き出していく。壺の口から聖なる力が噴出してくるのだ。

伊勢神宮が抽象化してあらわそうとしていることを、この南米の人々は具体的なナマの行為で表現しているという違いはあるけれど、おおもとの考え方はじつによく似ている。それは、神は天のいと高きところに住まいするものではなく、大地の奥に潜んでいる力が、「砂時計型」をした聖所の構造を利用して、まるで大蛇（龍蛇）のようにこの世界に立ち現れてくるという「あらわれ」の考えである。

もったいないの精神

あとでも詳しく説明するように、伊勢神宮が天皇家の先祖神アマテラスを祀る聖所として創設されるのは、五世紀に入ってからで、今あるような形態へ整えられるのは、律令制が確立してくる七世紀以後のことだ。その意味では、伊勢神宮は比較的新しい「新層型」の聖地である。しかしアマテラスがそこに祀られるはるか以前から、伊勢の地のその場所は、伊勢湾で暮らす海民たちにとっての重要な聖地であり、そこでは聖地の根源をめぐる普遍的な思想にもとづいて神話が語られ、さまざまな儀礼がおこなわれていた。

日本文化は「もったいないの精神」に育てられてきた。新しい文化がやってきても、それまでだいじにされてきた古い文化を捨て去ることなく、まるで座布団の下に納めてしまっておくようにして、保存するのである。そのためにこの列島には、おそろしく古い文化の地層が、壊されることなく保存されてきた。伊勢神宮のような新層型の国家的聖地の深層部に、オーストラリア大陸、スンダランド大陸、ポリネシアから南北アメリカ大陸にまで広がる、広大な環太平洋文化圏につながっていくような、きわめて古い文化層が発見される。そのため、伊勢神宮の最古層には「虹の蛇」につながる大地のエネルギーをめぐる旧石器的神話素が埋め込まれ、その上にスピリットの群れ集う新石器的神話の地層が重なり、歴史の地表に近くなればなるほど、国家の概念と親和性の高い新層的な神々が覆っているという、多層構造を示すのである。

三つの層

比較的新しい地層を「地表」に露出している伊勢神宮でさえそうなのであるから、それよりももっと古い来歴を持つ神社を調べれば、事情はなおさらである。そこには幾重にも積み重なった地層が発見される。

いちばん深い地層には「旧石器人」のサピエンスの起源を示す原聖地が埋め込まれている。人類の脳内に起こった爆発的進化を象徴するように、そこには大地に眠る大蛇の神話が深く埋め込まれている。その上には「農業をおこなわない新石器人」である狩猟採集者＝縄文人の聖地の層がある。縄文人の経済は、完全な循環型でできている。太陽が植物を媒介にして地球に与えてくれたエネルギーを、植物、動物、人間のあいだで分配するのである。毎年同じ規模の循環が繰り返されるから、経済規模の拡大はおこらない。そうすると利潤（剰余価値）が生まれないから、人間の社会にも格差は発生しにくい。植物、動物、人間はほとんど同じ資格をもった地球の同居人という感覚が育ち、動植物の世界と人間の世界のあいだには、強い一体感・共生感が生まれていた。縄文人の「前宗教」は精霊とアニミズムの世界である。私たちはそれをこれから「縄文古層」と呼ぶことにする。

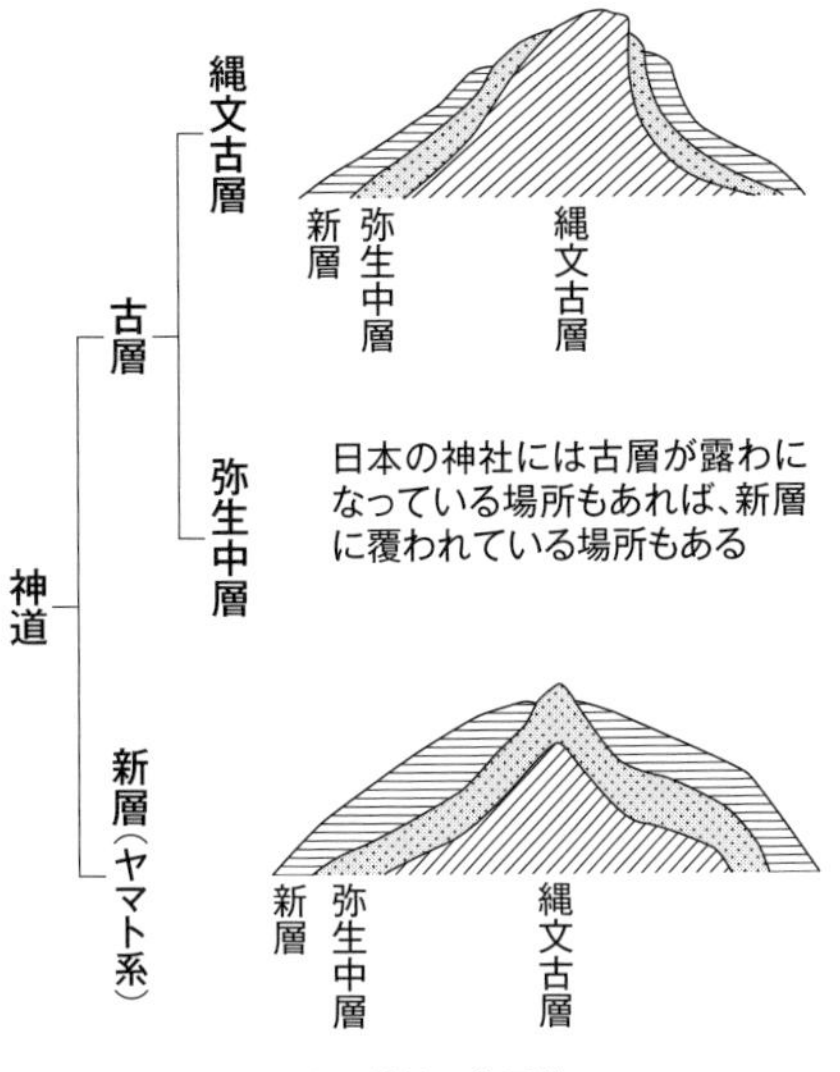

日本の神社の古層学

水田による稲作がはじまると、縄文時代には考えられなかった「利潤」というものが発生するようになる。春に蒔いた穀物の種子が、秋になると何百倍もの収穫をもたらすからである。増えた穀物量から、生活に必要な分を控除しても、大量の剰余分がでる。エネルギーの循環のなかから、増殖していく「資本」を生み出す方法を、人間は手に入れたのだ。

すると、人間の社会には階層制が生まれる。「王」の発生する条件が整えられた。この王は農民から余っている穀物を「貢納」させて、権力を固めることができる存在である。人間の社会には、さまざまな分断が生まれ、その分断は動物や植物の世界にも、拡大されていく。動物と人間はもはや一体ではなく、家畜動物は人間に一方的に食べられる存在になってしまう。精霊やアニミズムはこういう農業社会でもまだ強く生きているが、もはや主流ではなく、神々の体系においては隙間的《ニッチな》存在となる。水田稲作の広がっていくこのような社会の特徴を私たちは、「縄文古層」と国家的な「新層」のあいだに挟まれた「弥生中層」と呼ぶことにする。そして「縄文古層」と「弥生中層」をひとまとめにして、「新層」と区別される「古層」とも呼ぶことにする。

神社の古層学へ

私たちの知っている神社の世界をアースダイバーの方法によって掘り下げていくと、地表近くに露出している「新層」とはあきらかな違いをもった「弥生中層」や「縄文古層」に属する別の地層が、地下からあらわれてくる。神社じたいが重層構造をもっていて、第一印象とはずいぶん違う別の顔をあらわしてくることも珍しくない。

じっさいいくら掘っても出てくるのは「新層」ばかりで、いっこうに古い地層があらわれてくる気配のしない発掘現場があるかと思うと、数センチ掘り下げただけで古い地層があらわれてきてしまう場所や、縄文的な「古層」がそのまま地表に露頭している場所などが、この列島には混在している。地方によっては、いたるところに「古層」の露頭が観察されることがあり、その地方の歴史を詳しく調べてみると、ヤマト国家に同化されてしまうのを好まず、長いこと抵抗を続けていた勢力によって聖地とされていた場所であることがわかったりする。

見かけはまるで新しいタイプの神社が建っていると見えるところでも、地下へセンサーを下ろしてみるとそこには必ず古い地層があらわれてくるものである。そのあたりのことはこの国の温泉事情と同じであるので、地面の上ばかりを探っていても、大切なことはなにも見えてはこない。アースダイバーの精神をもって神社を探ってみると、いままで見たこともなかったような神々と精霊の世界があらわれてくる。神々は不変でなく、神道の世界も単一の原理でできているのではない。そこには多数の断層面が走り、断層の上と下では地質の成り立ちがまるで異なっている。神々は多層であり、神道にも「古層学」が必要である。今回の「アースダイバー」はその古層学を打ち立てる作業に取り掛かろうと思う。

第二章　縄文原論

環太平洋の三元論

ユーラシア大陸の東縁にたどり着いた人間は、南太平洋の島々から南アメリカ大陸まで、環太平洋の一円に広がっていった。日本列島に入った縄文人もその一員である。彼らは台湾、南西諸島をへて、一万五千年ほど前、鹿児島の南端部に上陸している。その後も何波にもわたって移住者の群れが日本列島に到着した。いずれも南方の海上ルートをわたってきた人々であるので、彼らの文化には深い「環太平洋的特性」が刻み込まれている。

この環太平洋的特性の一つとして、文化の深層部に「三元論」が組み込んであることをあげることができる。現代人には三元論の思考はあまりなじみがない。現代人の思考にもっとも大きな影響を及ぼしている科学的思考は「二元論」でできている。どんな命題も「正しい」か「偽である」かのどちらかでなければならず、「正であり、かつ偽である」や「正でもないし偽でもない」は、そこでは受け入れられない。「正」を「1」とすれば、偽は「0」である。この思考を機械化すればコンピューターができるが、じっさい計算機械の中では1と0の組み合わせによって森羅万象が情報化されて処理される。ところが三元論の思考では、「正でも偽でもない」という中間的存在が認められていて、重要な役割を果たすことになる。

二元論は世俗的な事物を思考するのに向いている。そのため縄文人のような古層文化の人々も、日常生活の場面では、身の回りの事物を男－女、右－左、上－下、内部－外部のような二元論的な対立項を組み合わせて、世界を秩序づけている。しかし古層文化の人々の心の奥では、人類への「サピエンスのあらわれ」を示すあの流動的知性の発出が生々しく感じ取られていたので、二元論でできる平面的な世界に「垂直に」突き刺さるようにして立ち上がってくる運動がなければ、この世界は生命を持たないと考えられていたようである。そこで二元論に垂直的に刺さってくる第三項を組み合わせた三元論によって、この世界を全体的にとらえようとした。

環太平洋の古層文化では、その力のあらわれを示す「垂直的な動き」を、蛇、雷、山などで象徴しようとした。蛇や雷や山は世界の奥に隠れている力を、垂直性の運動とともに現実世界に顕在化させる。その運動が二元論の組み合わせでできた世俗世界を縦断していくとき、この世界には全体性がよみがえる。

そういう垂直性の力のあらわれを示す場所が、「聖地」にほかならない。聖地は現実世界の中に設けられているが、垂直性の運動じたいは平面的な現実世界に所属していない。そこで、世俗世界に向かっては、ここに立ち入ってはいけない！　私に触れてはならない！　という威厳にみちた禁止を突きつける。環太平洋の古層文化の人々は三元論の思考によって、このような聖地を移住していった先々で見出していったのである。

日本列島が見えた！

長い航海を続けて日本列島の陸地が近づいてきたとき、縄文人は波間のむこうに、円錐形の秀麗な形をした山があるのを見つけたことだろう。海洋系の海人《あま》である彼らは、このような形をした山を見ると、深い感動におそわれる。縄文人の心にセットしてある三元論がこのとき発動しだす。世界の奥に隠された力は、このような山の形をとおしてこの世にあらわれると考えるような人たちである。あのような聖地の山から発する聖なる力を、身近に感じながら生活することは、海人の願いであった。

しかもそういう山の周囲には、不思議なことに、漁に適した入江も見つかりやすい。列島の沿岸を移動し続けてきた縄文人は、聖なる山の麓に居住することを好む古層人である。そして、そうした山を神聖な力の居ましますす、「神奈備《かんなび》」の聖所とした。縄文人はそうした山に、オオモノ（大精霊＝グレ

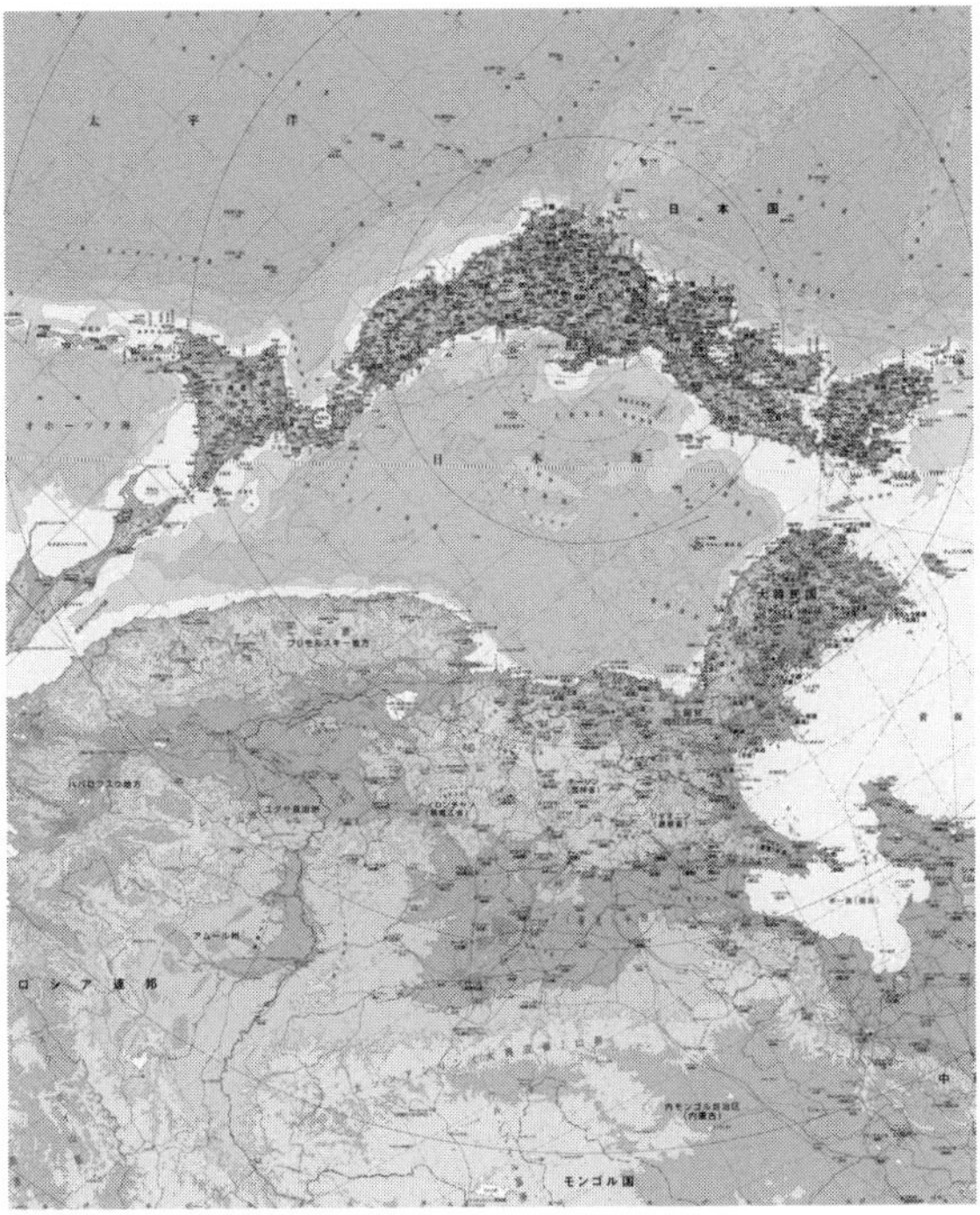

日本海は大きな内海だ（富山県が作成した地図の一部を転載）

ート・スピリット）の王（ヌシ）の住処を見た。じっさいに縄文人がそう呼んだかどうかは定かでないが、モノ（精霊）に充たされた縄文人の世界観を、この古代語はよく表わしているため、これから一種の概念語としてこの言葉を用いることにする。オオモノのヌシは、また大蛇であり、雷であり、山そのものでもある。オオモノヌシはまだ後の世の「神」ではない。それは旧石器時代の洞窟の奥で体験されたサピエンスの発出や、聖なる池の底から立ち上がってくる虹の蛇と同じ、力の表現にほかならない。オオモノヌシの住む神奈備の山を縄文人は海岸沿いに数多く発見していった。その山の麓に住み着いた彼らは、そこを聖地とした。海沿いに発見されていった神奈備山は、ずっと後の時代になって修験道の山伏が登場してくるまでは、立ち入ることを厳重に禁じられた、入らずの山として守られ続けた。

部族の世界

組織的農業をおこなわない新石器人である縄文人は、「部族」による世界をつくった。「国」というものがまだなく、血縁と地縁で結ばれた人間たちが、ほぼ平等な世界をつくっていた。住んでいる土地によっては自然の恵みによって富んでいるところもあれば、厳しい自然環境と闘わなければならなかった人たちもいた。しかし強大な村が出てきて、他の村々の上に立って支配するということはおこらないようになっていた。部族同士は互いの違いを強く意識していたが、平等な資格をもっておつきあいするというのが原則であった。交易や結婚や歓待や贈り物の交換や儀礼的な戦争をつうじて、部族同士の間には生き生きした関係が築かれていた。戦争でさえ、部族の世界では重要なコミュニケーション手段の一つだった。

地域的な文化の違いはあっても、新石器文化としての文化のレベルは、どこもほぼ同程度だった。黒曜石や瑪瑙《めのう》のような特産品のとれる地方は限られていたが、早くから交易ルートは確立されていて、稀少品を求めて、何百キロも離れたところから、海路や陸路を通じて、違う部族の人々が集まってきた。その逆に産地から交易のために遠くまで出かけていく、商人の走りのような人たちもすでに生まれていた。

部族間では、さかんに交易がおこなわれた模様である。物品だけでなく男女の出会いや行き来も、後の時代よりもかえって盛んだった。同じ部族の男女だけが結婚することのできる「族内婚」ばかりではなく、違う集団の男女でなければ結婚できない「族外婚」も、よくおこなわれた。縄文人の間では、父親のほうの系譜をたどる「父系」的な制度といっしょに、母親のほうの系譜をたどる「母系」や、父親と母親の両方の系譜を重んじる「双系」的な制度が発達していたことがうかがわれる。

部族の世界では、独特の距離の感覚が発達していた。「遠い」と「近い」の感覚が生活の全般で大きな意味を持たされていたのである。異なる部族同士は、おたがいに「遠からず、近からず」の適度な距離を保つこと、おたがいに適度な違いを持つこと、これが新石器文化に共通する政治哲学であった。あまりに関係が疎遠になると、戦争になる可能性がある。しかしあまり近づきすぎると、自立性が保てなくなる恐れがある。そこで部族と部族は、万事において、近づきもせず遠くなりすぎもしないように、上手な距離を保ったお付き合いをするように心がけた。縄文時代には「ソーシャル・ディスタンス」を保つことが、平和な秩序を生み出すための重要な政治哲学だった。

こういうバランスをもった距離感覚は、神話や儀礼の面にもよく生かされた。各部族の重要な知的財産である神話や儀礼は、お互いに深い共通点も持っていたが、それと同時にお互いの違いも重視された。その違いのあるおかげで、近隣の部族は皆が「同じ歌」を歌うことがなく、少しずつ違う歌を歌っていながら、全体としてみると調和ある音楽が奏でられているといった塩梅《あんばい》である。

縄文の美とは何か

つまり縄文人の世界には、唯一の正しいもの、という考えは存在しなかったであろう。新石器的な部族の世界は、ネットワーク状につながりあった世界であったため、こちらで正しいとされたことがそのままむこうでも正しいとは限らないからである。

「きたない」と「きれい」は表面的には同じではない。しかし、事物の表面にあらわれてこない第三項を介して、「きれい」と「きたない」の二元論は深層でつながっていると考えるのが、縄文文化に深く浸透している三元論の思考である。「きたないもの」を「きれいなもの」に反転させる弁証法の思考法が、さまざまな場面で展開されていて、縄文人の思考を豊かにしていた。

たとえば村のつくりかたに、その思考が見事に発揮されている。縄文最盛期の村は、家々が丸い円を描くように環状に配置され、中心の空き地が広場になっていた。広場は、祭りや踊りの場であるとともに、墓地でもあった。大きな壺のお棺に入れた亡骸を、広場に埋葬する。

生者の住む地上の村は、内部－外部、中心－周縁、右－左、上－下などの二元論をもとにして設計されていた。しかし村のほんとうの中心は、広場の地下に隠されていて、その第三項の場所には先祖の霊が住み、夏至や冬至の祭りなどに地上に出現して、生者とともに輪をつくって踊る（盆踊りの起源）。生者と死者がつくる三元論の構造が、縄文の村をつくりだしている。そして日常生活の場面では二元論が表面に出てくるが、宗教的な場面では三元論によって世界の構造がダイナミックに変えられていくのである。

縄文土器の装飾で活躍しているのも、同じ三元論の思考である。もっとも草創期の縄文土器の表面は、後の時代の弥生土器のように、むしろさっぱりと処理されている。ところが、縄文文化の成熟が深まるとともに、土器の表面には、複雑をきわめた造形が加えられるようになった。実用品だった草創期の土器の表面では、二元論の思考が働き、壺の内部と外部の区別がはっきりしていて、いわば「内容」と「形式」はくっきりと分離されて、壺の内と外がつながってしまうことはないようにできていた。そのため外部の表面は、すっきりと実用的に造形処理されている。ところが、縄文中期に入ると、実用を離れて、土器は宗教的な祭具としても用いられるようになった。

そうなると、土器の表面は、三元論的な神話思考を表現するための、キャンバスに変貌したのである。神話は、世界の表面から隠されている真実を表面に引き出すために、世界を反転するような表現をおこなう。壺の内部の見えない空間に隠されている神話の世界が、「砂時計型」の思考によって、ねじれて反転を起こしながら外側にあらわれてくる。内臓が皮膚の表面に引きずりだされると言おうか、「内容」が「形式」と一体になってしまうと言おうか、縄文土器はいまや容器であることを超えて、クラインの壺のような超立体へと変貌していく。

蛇や蛙をはじめとする、さまざまな神話の世界の生き物が、壺の口から外に躍り出て、そのまま土器の表面にへばりつく。これらの神話的生き物はそれまでは世界の「内臓」部に隠れて見えなかった存在である。それが弁証法の思考によって土器の皮膚表面に飛び出してくるようになる。シュールレアリズムも裸足で逃げ出す奔放大胆な縄文土器の表現の生みの親は、じつはいたってクールな三元論の思考そのものなのである。近代人はそれを、ホットな「芸術の爆発」だと勘違いして、現代芸術の仲間に入れようとする。しかし縄文土器の表現は、組織的農業を持たない新石器社会に特有な「冷たい社会」の原理の産物なのであって、「爆発的」な芸術は農業革命以後の「熱い社会」に特有な現象にほかならない。

国家を知らない世界

縄文人は国家を知らなかった。社会の発展段階がまだ未熟だったから、国家を知らなかったというわけではない。今の私たちには想像もできなくなっているが、国家がなくても縄文人は平気だったし、そういうものを人間が持つのは、わざわざ重荷を背負うことになるだろう、と気づいてもいたからである。

ときどき「諸部族を統一して、大きな勢力となそう」という主張がなされることもあったが、そのたびに、「そんなことをして、みんなが一つに呑み込まれて、部族の個性がなくなってしまうのはよくない」という意見が、大勢を占めることになり、国家への道はふさがれてきた。縄文人はむしろ積極的に、無国家の生き方を選択していたとも言える。国家は実在しているものではない。想像の産物でしかない国家が人々の上に君臨するのを、リアリストの縄文人が認めなかったとも言えるし、生活上のリーダーである首長の上により力の強い「王」のような存在がのしかかるのを良しとしなかったとも言える。縄文人は循環型世界の住人である。そこでは人間は自然の一員である。その循環世界を超出している「王」などを、彼らは認めなかったのである。そこで縄文人は、人間が国家なしで生きていけるための社会の形態を、さまざまに考案した。人々は分散して暮らした。狩猟のための狩り場が、重ならないためでもあったが、そうすることで「政治単位」を小さく自立させておくためでもあった。

ひとつの村は、系譜関係で結ばれた、「リネージ（同じ出自を持つ親族の集団）」という小さな集団をもとにできあがっていた。そういう村の一つ一つが、小さな政治単位として活動していたのである。よその村とは、結婚や物資の交換や共同の祭りなどをつうじてつながっていたが、それ以外のことでは、むしろよその村とはプツプツと切れていた。つながりながらも切れている、という関係を保つことで、村どうしがお互いべったりくっつかない関係の環で、社会はなりたっていた。

国家では、臣民は支配者に、租税という形

縄文中期の土器の蛇と蛙の文様（長野県富士見町曾利遺跡出土の深鉢、勝坂第Ⅲ様式。小林達雄編、小川忠博撮影『縄文土器大観２』より）

で、収穫物や労力や女性を「貢納」する。そこでは、富を差し出す者のほうが、それを受け取る者よりも、劣位に立つ、という不合理なことがおきる。そして租税を貢納するたびに、平民と貴族、臣民と支配者の間につくられる上下関係は、強化され、固定化されていく。

ところが国家のない縄文人の社会では、つねに、富を与える者のほうが、それを受け取る者よりも、優位に立つと考えた。最大の富は、子供を産む能力をもつ女性であったから、妻を差し出すリネージは、妻を娶るリネージよりも、優位に立つことになる。しかしそうやって娘のおかげでいったんは優位に立ったリネージも、自分の息子に嫁をもらう番になると、一転して劣位に立たなければならなくなる。優位に立つ者と劣位に立つ者の関係が、縄文人の社会ではくるくると変化して、固定化されることがない。そのおかげで、そこには上下関係の固定化がおきにくい。そうなると、社会は階層分化をおこさない。きれいはきたない、きたないはきれい。上は下、下は上。これが縄文社会の価値観である。

べつに縄文人が「平等主義」のイデオロギーを理想に掲げていたから、その社会が平等であったわけではない。交換というごく自然な人間関係をもとに社会をつくると、階層性や上下関係が発生しにくい、という合理性にもとづいているだけだ。しかもリネージを単位とする社会は細切れに断ち切れていて、それを大きな均質の社会単位にまとめることは困難である。人間は生まれながらにして平等だというのは、近代の幻想である。人間は生まれながらにして、みな違っている。だが縄文人の社会が教えているように、平等は善意や理想によってではなく、人間の合理的な知恵によって、つくりだすことができる。

縄文人の「前神道」

神社に、今日広く見られるような、社殿の建物がつくられるようになったのは、そんなに古くからのことではない。もっとも古い形式では、神体山をあおぎ見るようにして、ヒモロギ（神籬）と呼ばれる祭壇をつくり、そこから神の山に向かって祀りをおこなっていた。

この形式がはっきりしてくるのは、弥生時代に入ってからであるが、環太平洋文化圏の伝統に照らしてみるとき、縄文人の神の祀り方も、おそらくはそれとさして変わらないものだったことが考えられる。縄文人は神奈備の山のたたずまいのうちに、神のあらわれを見ていたので、ことさら神の像のようなものを必要としなかった。

力の「あらわれ」は、この世からは隠されている力が現実に顕現してくる仕組みの、全体をあらわしている。それはダイナミックに動き、変化し、空間の造りをねじったり、外に開いたりしている。この動きと変化からなる「あらわれ」全体が、「カミ（神）」にほかならない。

だからそういう力の「あらわれ」を、なにかの像のなかに、封じ込めてしまうことはできない。ユダヤ教やイスラム教のような一神教の神は、自分はイメージを超越しているから、像に刻んで拝んだりしてはいけないと、人間に命じている。じつは神道の原型をなす縄文人の思想においても、それとは少し違う理由で、神は像を持つことがなかった。

そこで、聖なる山に住まう大蛇神も、風や火や水や雷などに宿る自然神も、神々には名前だけがあって、目で見える像として表現されることはなかった。この点で、一神教と神道は、よく似ていると言える。一神教の神はある意味で旧石器時代の人間が体験していた「サピエンスのあらわれ」の復活である。象徴革命＝農業革命をへたあと、神々は象徴的に肥大していき、多様化し、ますます豊穣になっていった。ゾロアスターのような宗教改革者は、その象徴的肥大を否定して、神の思想を人類へのサピエンスの出現という一事に単純化していったのである。縄文人も神々を象徴的に肥大化させず、むしろ抽象化のほうに向かっていった。それゆえ近年日本を訪れたイスラム教の宗教指導者が、神社のたたずまいとその思想の中にイスラム教との共通性を直感していたことなども、このことと関わりがあるように思えるのである。

磐座の発見

力の「あらわれ」の構造そのものが、縄文人にとっての、霊威あるものであったから、なかなかそれをイメージで表現することは難しい。そのかわり、縄文人は「磐座《いわくら》」の存在によって、力の「あらわれ」の現象のリアリティをたしかめようとした。

聖なる力が宿るとされた山の中腹や山頂には、しばしば磐座と呼ばれる大きな岩が発見される。磐座は、いかにも霊威にみちた巨岩である。磐座とされた岩の多くは、どっしりと落ち着いていて、威厳ある無表情をたたえている。この威厳ある無表情というところが大事で、磐座には、それほど面白い、奇怪な形態をしているものは、むしろ少ない。

人間は変わった特徴のある形をした岩や石を見ると、すぐにイメージ喚起力が働いて、「この岩はなにかに似ている！」と思う癖がある。そういう岩や石は、犬石とか天狗岩とか呼ばれて、それにまつわる興味深いお話が語られたりする。ところが磐座とされるような岩は、圧倒的な無表情で、それを見た人のなかに、イメージ喚起力が動き出すことを拒否するのだ。

磐座は大地からわきあがってきたばかりのたたずまいを見せる。それを前にすると、どんな人でも、霊威に打たれる。人間を超えた、なにかとてつもなく大きなものの存在感が、磐座をとおして、放射されてくるように感じられるからである。

聖なる山に踏み込んだ人間は、「あらわれ」の現象のまっただなかに、入り込むことになる。そのとき目の前に、磐座の巨岩が出現する。その巨岩は、「あらわれ」の噴出口のひとつをしめしており、巨岩をつうじて、隠れた力の放出と顕現がおこっていることを、人は感じる。このような磐座に、縄文人は霊威を感じて、そこを聖なる山のなかでも、もっとも力の強い聖所とみなした。のちの時代になると、磐座はしばしば「荒神」としての扱いを受けるようになる。そこから放射される霊力は、荒々しいパワーに満ちているので、慎重に取り扱わなければならない、という意味である。「あらあら（荒々）しい」ということばは、「あらわれ」からできたことばである。隠された空間を出て、この世に顕現したばかりの力は、慣れない世界で、自分を制御できないでいる。時間がたてば、この世の仕組みのうちにおさまることができるほど「熟して」、穏やかな力を発揮するようになる神も、「あらわれ」たばかりの頃は、新生児のごとき荒神だったのだ。

赤城山（群馬県）の磐座（大場磐雄『神道考古學論攷』より）

こうして磐座の周辺は、神の住まう山の中でも、とりわけパワーに満ちあふれた場所になった。その場所で、目には見えない「あらわれ」の構造が、巨岩のたたずまいとして、見える存在に変わるからである。その様子は、縄文人に新生児の荒々しい誕生を、連想させた。そしてなにごとも、性的なメタファーで思考する癖のある彼らには、磐座が不思議な産出力をもっているようにも、感じられていた。

磐座の巨岩はひとつだが、その内部には、新生児とその子を産む母親のイメージが含まれ、さらにその背後には、そういう出産を可能にした、父親のイメージまで含まれている。ここにも環太平洋諸民族に好まれてきた三元論の思考が、強力に働いているのがわかる。縄文人は意外なほどに、抽象的な思考が得意だったと思われる。

古層の感覚

こういう磐座の多くは、そのままずっと神として祀られることになった。しかしなかには、そのことが忘れられて、ただの風変わりな岩や石と扱われることもあった。それでもそういう岩や石には、夜泣きをしたり、知らないうちに数が増えていくという、怪異の伝承が語られてきた。そこには、磐座に「あらわれ」の生々しい表現を見ていた、縄文人たちの思考の残響が見いだせる。

このようにして、縄文人たちによって発見された神の感覚は、日本人の宗教史の最古層に埋め込まれることになった。そして最古に属する精神の地層は、日本中の多くの聖地において、現代でも、地表にその威厳ある姿を露出させている。磐座は聖地というものの根源的な姿を示している。それは旧石器時代における人類の心への「サピエンスの出現」という重大な出来事の記憶を保存している。日本の神社の多くは、神社の建物がつくられる以前は、この磐座を聖域の中心に据えていた。神道においてはまさに聖地の思考の最古層が、地表に露頭されている。

第三章　弥生人の神道

倭人登場

いまから二千九百年ほど前、すでに一万二千年ちかくも続いた縄文時代が、終わりに近づいた頃、北部九州になにか重大なことがおこっているらしいという情報は、日本列島の広い範囲に急速に伝わっていった。その情報の伝わり方は、現代の私たちが想像する以上に迅速で、列島の北の端青森の縄文村落にさえ、日本海沿いの黒曜石交易ルートなどをつうじて、ほどなくその噂は届いた。

各地の縄文人の村々では、噂を確かめるべく、屈強な男たちからなる偵察隊を派遣した。その頃は陸上を行くよりも、船で海を行くほうが容易であったので、彼らは丸木船の船団を組んで、北部九州をめざした。このような場合、訪問先へは立派な贈り物を持っていくのが、縄文社会の大切な礼儀だったので、船の後部には、美しい壺や櫛などからなる、土産の品々が載せられていた。

北部九州の縄文村で

博多湾岸や糸島半島の平野部にやってきた縄文人たちは、そこで見たこともない光景にでくわした。平野は一面に均され、畦でたくさんの長方形の区画に区切られていた。どの区画にもたっぷりの水がたたえられ、そこで自分たちと同じ縄文人たちが、見知らぬ部族の人々といっしょに、泥まみれになって、なにかの植物を植える作業をしていた。

その夜、遠い土地からの来客を迎えての、歓待の宴が催された。縄文人たちといっしょに、見知らぬ部族の人たちも、その宴に参加していた。彼らの中には、日本列島でよく使われていた言語をしゃべれる者もいたし、もうすでに縄文人の女を妻として、その村に定住している者もいた。

彼らは縄文人よりも少しだけ背が高く、顔の輪郭はより柔らかい印象だった。友好的な性格で、縄文人たちはすぐに彼らとうちとけた。からだに入れ墨をほどこしているところは同じだったが、海洋生物をモチーフにしているらしい、入れ墨の文様だけが違っていた。

縄文人たちは、木の実でつくった焼き菓子（クッキー）を、お土産に持ってきた。お返しに北部九州の縄文人たちは、湯気を立てている白い粒々の食べ物を、葉っぱに盛って差し出した。食べてみると、はじめは味がしなかったが、言われたとおりに噛んでいると、そのうちに、ほんのりと甘みを感じるようになった。

しばらく滞在したあと、その白い粒を実らせる植物から採取した籾と、その植物の栽培法の知識と、装飾にとぼしいさっぱりとした薄手の土器を手土産にして、縄文人たちはそれぞれの村へ帰っていった。北部九州の村で、縄文人たちがそのとき出会った「米」が、そののち、日本列島の文化と社会に、大変革をもたらしていくことになる。(1)

稲を携えた倭人

このとき縄文人が出会った、稲栽培の知識をもった人々は、「倭人」であったろうと、今日では考えられている。(2)「倭人」という概念は、多少あいまいなところを含んでいるが、南中国の揚子江河口のあたりを本拠として、しだいに活動範囲を北に広げていった人々であると言えば、だいたい当たっている。彼らはもともとスンダランドという巨大大陸の周辺に住んでいた人々であるが、海進が進んでスンダランドの大半が海に沈んでしまうと、新しい土地を求めて中国大陸の南岸部をしだいに北に上っていこうとしていた。

中国大陸の海岸部に沿って、北上を続けていったスンダランド系人類のなかには、途中で移動をやめて、定着的な生活に入っていった人たちも、たくさんいた。台湾へ住みついた人々の中には、だいぶたってから太平洋に漕ぎ出していき、ハワイを始めとするポリネシア諸島に移住していった冒険的

（1）設楽博己『縄文社会と弥生社会』敬文舎。
（2）はじめ鳥越憲三郎や森浩一などによって提唱されたこの学説は、その後多くの証拠を得て、支持する人がふえていった。

2900年前に稲作を行っていた「雀居遺跡」（福岡市教育委員会編『福岡市埋蔵文化財調査報告書 雀居遺跡』福岡市教育委員会。福岡市埋蔵文化財センター蔵）

な海洋民もいた。倭人は、このうち揚子江の河口地帯に住み着いた海洋性の一部族のことをさす。

彼らが自分で自分のことを、「倭人」と言ったわけではなさそうである。黄河流域の内陸部から発展して、大陸全体に大きな勢力をのばしていった漢民族が、揚子江河口地域に住むこの部族のことを、「倭人」と呼んだ。そこから、この呼び名が広がっていった。それに「背の低い人」をあらわす「倭」という漢字を、当の倭人自身が喜んだはずもあるまい。

倭人はもともと海洋民である。それが、揚子江河口地域に長く暮らすうちに、稲作の技術を習得するようになった。いまでは中国南西部の山中に暮らす「苗《ミャオ》」族などの、非漢民族系のいわゆる「少数民族」は、その頃揚子江河口地域を生活圏として、そこで稲作の技術体系を開発し広めていった人々であったと推測される。中近東で開始された農業革命の波は、この地にたどり着いてイネ科植物の改良と水田による組織的耕作法を生み出したのである。海岸部に住む倭人はこの稲作民と日頃接触しながら暮らしていたので、ごく自然に、稲作の技術を習得していた。

稲作を始めるようになっても、倭人は海洋民としての性格を変えなかった。半農半漁が、彼らの生活形態で、水田をつくって稲を栽培するいっぽうで、海へ出て魚や海藻をとるという、複合的な生活を発達させていった。稲作を始めた人々の多くは、水田を耕すかたわら、川魚をとる漁も好んだが、倭人は海でおこなう本格的な漁業を手放さなかった。

いったん海へ出れば、倭人はすぐれた漁師であった。とりわけ得意だったのが、潜水《かずき》による漁法だった。胸や背中に大胆な入れ墨をした倭人は、イルカのような身ごなしで、水中に潜って、アワビやサザエや魚や海藻をとることができた。倭人の潜水能力は、内陸的な性格の強い漢民族の観察者を、大いに驚かせていた。

倭人世界の北上

その倭人が、いまから三千年ほど前から、しだいに生活の拠点を、北に移していこうとする動きを、見せ始めたのである。おそらく倭人は「部族的」な精神構造をした人々で、黄河流域からしだいに勢力を伸ばして南下してきた漢民族がつくっている「国家」というものを好まなかったのではあるまいか。「国家」に取り込まれるのを嫌って、海へ出ることを選んだのではあるまいか。彼らは海岸沿いに中国大陸を北上して、まず黄海に入った。そこから朝鮮半島の西の海岸部を南下していった。彼らの動きにつれて、稲作の技術もしだいに広まっていく。何世代も経ていくうちには、住んだ土地の周辺の部族との混血もおこなわれたはずである。

この時代に、倭人の世界は東アジアの海岸部を中心に、拡大していった。宮本常一はこの動きを、「倭人の植民地の拡大」と呼んでいる。航海に巧みな倭人が、南朝鮮から対馬に渡り、そこから北部九州に到着するのは、時間の問題だった。こうして日本列島の先住民であった縄文人は、別系統の南方系人類である倭人と、運命的な出会いをとげることになった。

縄文と弥生の出会い

国家以前の世界で、見知らぬ部族の者同士が出会ったときには、おたがいの社会の作り方や神さまの違いについて、立ち入った情報交換をおこなうというのが、しきたりである。昔の人類学者の記録などを見ると、初対面の異部族の先住民同士が、棒を使って地面に図のようなものを描いて、おたがいの親族システムの違いを説明しあっている光景を見かけることがある。

北部九州で、列島の先住民である縄文人と、海の彼方からやってきた倭人が、はじめて出会ったときも、それとよく似た光景が、繰り広げられたと想像される。縄文人は国家を持たない人たちであり、倭人は漢民族がつくっている国家なるものの存在を知ってはいたが、それに包摂されてしまうのを嫌ってここまで逃亡してきた人々である。国家は一つの原理を押し付けてくる。倭人はそれが嫌で

縄文人と倭人の接触の地（福岡県福岡市の今山遺跡）

海を渡ってきたのであるから、縄文人の考えとはもともとウマの合うところがあった。

その後の歴史の展開を見ると、縄文人も倭人も、相手に自分の価値観を押し付けることを、好まない人たちだったように思われる。彼らはまず、相手のことをよく知ろうとした。これからいっしょに暮らしていくためには、それが最良の一歩となることを、彼らはよく知っていた。ここにはどういう神さまがいるのか？　どういう場所が、神々の住まう聖所なのか？　神さまの祭りはどうしている？　結婚相手はどこに求めるのか？　こうした情報の交換をとおして、縄文人と倭人の結びつきは、深くなっていった。

スンダランド由来

縄文人はスンダランド方面から、きわめて古い時代に日本列島にたどり着いた人々である。いっぽう倭人も、もとをただせばスンダランド系人類であることには、変わりがない。古代人は一般に、アナロジーを感知する能力が高く、そのためパターン認識が得意である。縄文人も倭人も、おたがいの文化がきわめてよく似た深層パターンをもっていることに、すぐに気づいたはずである。

神奈備《かんなび》型をした山に、霊性を感じること。そういう山は聖なる大蛇の棲む「室《むろ》」でもあること。大蛇はその室から立ち上がり、雷は天空から室に落ちてくる。だから大蛇と雷は一体であるという考えなど、共通するものが多かった。現実世界は、二元論の組み合わせでつくられているが、その奥には見えない第三項が潜んでいて、ほんとうの世界は二元論と三元論の相克として、変化していくこと。そういう精神の内部で起こっていることを、可視化するのが、磐座《いわくら》の石であること、などなど。太陽と星座の位置で、宇宙のバランスを判断する知識も、その文化基層には蓄積されていた。

これらは、スンダランド系人類文化の、共通基盤をなしている。数千年も離れているうちに、そうした考えを表現する縄文人と倭人のやり方は、ずいぶん違うものになった。しかし、彼らはよく話しあってみると、それぞれの深層で活動しているパターンがまったく同一であることを理解できた。

これならば、一緒に暮らすようになっても、たがいの文化要素をうまく摺り合わせて、社会の仕組みや神さまの祀り方などを、ハイブリッド型に作り替えていくことができるだろう。こういう無言の認識の広まりとともに、縄文人と倭人の共生と混血が、北部九州からしだいに列島広くに拡大していったと思われる。

半農半漁の倭人

しかし倭人には、縄文人のまだ知らなかった、二つのイノベーションについての新知識があった。「水田による稲作」と「国家」という、生産と政治における二つの技術革新についての新知識である。縄文人と倭人は、心の深層部では、共通のスンダランド・ベースを抱えながら、その上に実現された技術革新の知識の違いによって、表層部では新旧の対比にも等しい、大きな違いを見せてもいた。

倭人は中国大陸の揚子江河口地域に、長く暮らしている間に、その地で開発された水田による稲作の技術体系を、身につけるようになっていた。この技術体系は、それまでの陸稲や根菜を栽培する古い農業のやり方にくらべて、格段に安定した大量の穀物生産を可能にした。稲作をはじめる以前の倭人は、海を活動の舞台とする漁師だった。そこに、米づくり中心の生活様式が、がっちりと組み込まれるようになって、倭人の生活は「半農半漁」という、新しいパターンに作り替えられていった。

それにともなって、倭人の「宗教」にも、変化があらわれた。それまでの「海の狩猟と航海」を中心として組織されていた宗教が、「半農半漁の宗教」に組み替えられるようになっていった。この地域に普遍的なスンダランド型の思考を土台にして、それを海の方面と水田の方面とに、分光器にかけるようなやり方で、分けていくのである。そうすると、おおもとは同じ思考が、海方面と水田方面とで、表面上はずいぶんと違う表現をとるようになる。そういう違うものを、平然と一つにとりまとめ共存させていくことにおいて、倭人は柔軟きわまりないオリジナリティを発揮した。

そこで大活躍したのが、環太平洋型三元論である。倭人の半農半漁型宗教では、海の神さまと稲作に関わる神さまは、鏡の像のような関係にある。海の生活をとおして発達した宗教の思考法を、上手に変形して、陸上でおこなわれる稲作の神さまの神話や祭祀を生み出した。この二つは、たがいによく似ているが右と左が反転している、鏡の像の関係にある。

そしてこの海方面と水田方面に分かれた、二つのタイプの宗教を、「山」の神さまが統合した。旧石器時代以来の、人類のもっとも古い思考をあらわす「山＝大蛇＝雷」の神さまと、海と水田の神さまとが、一つにつなぎあわされるようにして、倭人の宗教はできあがっていた。

ハイブリッドな神道

縄文人は、男たちは森や山に入って獣の狩猟をおこない、近海で釣り針と漁網によって魚をとった。女たちは海岸で貝を拾い、山に入って木の実や山菜の採集をした。これにたいして倭人は、男は釣りや網による漁のほかに、潜水によって大きな貝類や魚を上手にとったが、農繁期になると男も女も総出で、田んぼに出て農作業をした。彼らは縄文人が得意とするような、深山や深い森の中での狩猟は、あまりおこなわなかった。

こういう生活形態の違いから、同じスンダランド系人類とは言いながら、メンタリティ（心性）には、大きな違いがあった。心の深層部での思考構造は同じでも、表層に近いところの心性には、そうとうな違いがあらわれていた。それにもかかわらず、日本列島でいっしょに暮らしていく道を選択した縄文人と倭人は、たがいに争うこともなく、しだいに混じり合いの度合いを深めていったのである。このあたりの柔軟さと寛容度に、かつての日本人の心性を理解する鍵が潜んでいる。

この混じり合いの過程の中で、しだいに「日本人」の原型がつくられていった。それといっしょに、心性においても、混成化の過程が進んでいった。縄文人と倭人は、対等な立場で出会い、おたがいの伝統を突き合わせることによって、重要な要素は残すが、どうしても折り合いのつかないものは未練なく捨てるというやり方で、ハイブリッド文化をつくっていった。日本人の文化は、このようなかしこい妥協の産物として、その土台を形成していった。

ハイブリッド化への、この長い時間をかけた過程をつうじて、日本人の神の考えや、神を祀るやり方や、聖所の構造などが、だんだんとできあがった。日本列島の中でも、混じり合いの進行は一様ではなかったので、一口でハイブリッドと言っても、出てきたものはまことに多様である。

縄文的贈与論

縄文人の宗教と倭人の宗教の大きな違いは、「自然」にたいする向かい合い方にある。縄文人は、人間と自然を対等な存在と考えて、自然の内部にじかに踏み込んでいく生き方をしていた。彼らは、狩猟をおこなう森や山には、大いなる霊力の持ち主（オオモノヌシ）がいて、その霊力（モノ）から動物も植物も生み出されると考えた。人間の生命も、このモノに支えられている。だから、オオモノヌシの領地である森や山にいるときには、人間も動物も植物も、みな対等な存在である。

森や山の中にいるとき、人間は動物と一体化する努力をする。そうしなければ、オオモノヌシは動物の獲物を人間に与えてはくれない。細心の注意と動物を上回る知恵を発揮した末に、動物をうまく仕留めることができたとき、縄文人はそれはオオモノヌシからの「贈り物」であると理解した。

オオモノヌシと自然は一体であり、その自然の一部である人間は、自然から贈り物をもらったり、それにお返しをすることで生きている。縄文人の宗教は、自然との一体感から生まれるアニミズムをベースにしながら、このような贈与関係で表現された自然哲学として発達した。

ところが水田による稲作は、こういう人間と自然との関係に、ドラスティックな変化をもたらした。水田稲作には灌漑が必要である。起伏のある地形を平にならして、小さく区分けしてから、そこに山から流れ降りてきた水を、細い水路に分流させて流し込む技術が、米づくりを可能にした。この段階で、すでに人間と自然との関係に、決定的な変化がおこっている。倭人にとっても、山は大いな

「引き寄せる」と「切り離す」（島根県出雲市の荒神谷遺跡より発掘の銅鐸と銅剣、銅矛。文化庁保管。島根県教育委員会提供）

る霊力の持ち主のすみかであり、そのことは山に住む大蛇や雷神のイメージとして、あらわされた。縄文の狩猟民は、その山の中に直接入っていった。ところが稲作民でもある倭人は、山から流出してくる霊力を、平地に引き込み、水路によって細かく分流させて、制御する。

水田稲作をはじめた倭人は、霊力の源泉から距離を置いて、そこから流出してくる霊力を制御して、自分たちの世界に運び込もうとした。そうなると、人間はもはや神の霊力にじかに触れるのではなく、霊力の源泉とのあいだにいろいろな媒介や代理表象を挿入し、合理的に制御するようになる。倭人にとっても霊力の源泉地は、いぜんとして山である。人間はその山を聖地として信仰しながら、山から離れたところに生活と生産の場をつくる。そういう生活形態からはつぎのような考えが発生する。山の霊力は、山を降り下って里に流れ込んで、平地の自然を豊かにする。それがすむと、山へ昇り帰っていかなければならない。

自然霊力は媒介されて、人間の世界に取り入れられるが、過剰した自然力は、自然に送り返さなければならない。そうしないと病気や災害がもたらされる。稲作の技術は、こうして倭人に新しい宗教の形成を促した。そこでは「制御しつつ取り入れる」という操作と、過剰を「外に送り返す」操作という、二つの操作を対《ペア》にした儀式が発達する。

倭人は「銅鐸」と「剣」の対によって、これを表現しようとした。銅鐸は一種の鈴（鈴は古代人にとって女性性の象徴でもあった）として、均整のとれた音色とリズムを発して、霊力を制御しながら、媒介的に人の世界に呼び込み、そこに導き入れる働きをもった。これにたいして儀礼用の剣（剣は古代人にとって男性性の象徴であった）は、過剰して人間の世界に入り込んでいる力を、外の世界に送り出す鎮魂の働きをする。一対になった銅鐸（鈴）と剣は、弥生の自然哲学を表現している。日本人の心には、縄文人のものと倭人のものと、二つの異質な自然哲学が、折り合いをつけて共生している。

水田と銅鐸

稲は穏やかな環境でしか生育しない植物なので、日本列島に稲を持ち込んだ倭人も、いっしょに稲づくりを開始した縄文人も、稲の成長には、細心の注意を払った。稲の発育を促したり、害虫よけをしたり、確実な結実がもたらされるように、彼らはさまざまな儀礼や祭りを案出した。

戦前の沖縄の村々には、「山留め」という風習があった。あと少しで稲の実りが確実になる、という時期が近づくと、村々ではいっさいの音楽や踊りを禁止する。あの音曲好きな琉球人が、この期間はぐっとこらえて、沈黙を守るのである。これを山留めといった。山を刺激して、動かさないために、沈黙の状態をつくりだすわけである。稲が実り、山留めが解除される朝が来る。すると村々では爆竹を鳴らし、太鼓を打ち、三味線をかき鳴らして、村中を大音響に包み込む。沈黙から大音響へ。稲作りの過程には、音の感覚が大きい働きをしていた。

銅鐸は、倭人の稲作りで、重要な働きをしていた儀礼楽器にちがいないと考えるのは、こういうアジアの稲作儀礼の事例からの推理が、もとになっている。銅鐸は安定した、女性的で耳に心地よい振動をつくりだす。それは沈黙と大音響という極端の間にたって、対立を調停する振動音を生み出す。

この楽器の音が聞こえているあいだは、大いなる霊力の持ち主の住む山から里に向かって流れ出すエネルギーは、適度に制御されている。この銅鐸を剣と組み合わすことができる。剣が過剰した自然の力＝悪を破壊して、外の世界に押し戻す力を持つからだ。すると稲作の村には秩序が保たれ、神経質な稲も、安心して育ってくれる。

収穫直前の緊張した「危機の時間」には、その銅鐸の音すら停止されて、完全な沈黙が支配する。そして収穫と同時にはじまる、大音響の爆発。こういう生活のリズムのなかから、祭りは生まれた。りっぱに稲を育てるには、鋭い耳の感覚が、なくてはならないものだった。

海の霊力を呼ぶ

海民の祭り（大阪府岸和田市のだんじり祭）

倭人は「半農半漁」の生活形態をもつ。しかし体内には海洋民の血が濃く流れている。彼らが陸地の奥深く入り込んで、そこで水田を開き、稲作りに精を出すようになっても、倭人はどこまでいっても海洋民である。彼らは稲作りにかかわる儀礼といっしょに、その合わせ鏡として、海の祭りをあみだした。海の霊力を陸地に呼び寄せ、呼び込み、上陸させて、その霊力を陸地に暮らす人間たちに分け与えるという祭りである。海の霊力を呼び寄せるやり方は、さまざまである。

海神は蛇でもある。とくに東シナ海には、セグロウミヘビという海蛇が、悠々と海を泳いでいて、南方系海民の子孫である縄文人も倭人も、この蛇が海の神の使いだと考えていた。そこで船で海に出て、この蛇を捕まえて、聖所に運んで、神としてお祀りした。神の蛇は、海から山をめざして近づいてくる。山が大蛇の姿をしたオオモノヌシのすみかであるからだ。

海藻も、海の霊力の宿るモノである。特別な海藻を選んで「神の藻」となし、深夜の秘密の儀式として、祝《はふり》が海岸の岩場から採集してくる。この海藻を聖所に運んで、海の霊力の依り代として、おまつりをおこなった。性の魅力で、海の霊力を招き寄せようとした人々もいる。女性の巫女が、海岸の岩場に立って、前をはだけ、性器を露出して、海の神を呼び寄せるのである。この場合には、蛇のかたちが男性器に似ていることが、重要なポイントである。神々は、どこの古代世界でも、おしなべて好色であった。

「だんじり」の倭人的起源

しかしなんといっても、海洋民には、船である。船は航海や漁に役立つだけではなく、スンダランド系人類にとって、大きな象徴的意味を持っていた。亡くなった人の霊を、海の彼方の他界に運ぶのは、船であると考えられていたから、しばしばお棺は舟形に造形された。太陽を乗せて天空を移動するのも船である。舳先《へさき》に月が乗り込み、船尾には太陽が乗り込んで、船を漕ぐ。こうすると、日月の距離が保たれ、昼と夜が毎日きちんと交替する。こういう天空の船が、日夜大空を航行するのだ。

こういう船を使って、海の霊力を陸に引き寄せ、村に乗り入れ、村中を海の霊力であふれかえらせる祭りは、そこから生まれた。特別な船を仕立てて、身を清めた祝や若者が漕いで、沖から岸辺めがけて漕ぎ寄せる。海の霊力を詰め込んだ容器が、陸地へ上陸すると、こんどはそれを受け取った若者たちが、その神器をかついで、村中を荒々しく走り回る。あるいは、陸上を走れるような船の模型をつくり、それを担いだり曳いたりして、村中を走り回る。

このとき、この象徴の船が乱暴に走り回ることが、重要である。ここにも「あらわれ」の思想が生きている。隠されていた霊力が、陸にあらわれるのであるから、生まれたばかりの神らしく、荒々しく、若々しく、出現する必要がある。

現在でも日本の各地でおこなわれている、荒々しい「だんじり(檀尻、地車)」の祭りは、中世や近世に突然出現したわけではない。なぜ人々は、船形を曳いて、町中を駆け回るのか。その原型が、海人である倭人の祭りにある、とでも考えなければ、これはとても説明できるものではない。

だんじりでは、陸上を曳かれて走る船形が、荒々しい力を町中に発散させながら、街路を疾駆していく。しかも、その船の別名は「やま=山」である。倭人世界で、稲の祭りと海の祭りを統合していたのは、神宿る山であった。海から陸へ上がってきた海の霊力は、山をめがけて疾駆していたのではなかったろうか。

倭人=ゾミア仮説

倭人ははじめ南中国の一角で漁労と稲作をおこなっていた人々である。その人々が日本列島に進出して、先住民である縄文人と混血しあいながら「日本人」の原型をかたちづくっていった。縄文人とこの「倭人=弥生人」は、それぞれのよってたつ技術のレベルは異なっていたが、気質的にはお互いがお互いを認め合っていたように思われる。その点で倭人は漢民族と大いに異なる性格をもっていたようである。日本人の基礎が形成されるのに大きな影響力を持った倭人の集団は、中国平原部に国家

モン族の女性（ベトナムのラオカイ郊外にて）

を興した漢民族よりも、日本列島の先住民である縄文人とのほうが、はるかにウマが合ったと言えよう。なぜか。その理由を「ゾミア」という最近の文化人類学の概念によって探ってみよう。それを探っていくうちに、私たちは「日本人とは何か」という根本問題に、新しい光を当てることができる。

「ゾミア」とは聞き慣れない言葉である。ゾミアは、ベトナムの中央高原からインド北東部にかけて広がっている、広大な山地をさしている。その昔マグマの活発な活動によって、くらげなす陸地が移動を続けていた頃、インド洋を北上してきたインド亜大陸をのせたプレートが、ユーラシア大陸に衝突した。そのとき押し上げられた大地は天高く盛り上がってヒマラヤ山脈を形成したが、その余波でヒマラヤの東には、複雑に褶曲《しゅうきょく》するしわしわの山地が出現した。

　そこがゾミアと呼ばれる地帯である。そこには東南アジアの五ヵ国（ベトナム、カンボジア、ラオス、タイ、ビルマ（現ミャンマー））と、中国の四つの省（雲南、貴州、広西、四川）が含まれている。ゾミア地帯は、いまでは国に所属するようになっているが、そこに住む「少数民族」は、どこの国にとっても、頭の痛い存在である。

　とくにタイとビルマの国境にあたるゾミア地帯に住む民族のなかには、国からの自立をめざして、いまも戦っている人々がいる。そこには現在も、銃火の絶えない紛争地があり、平地の国の兵士たちは、やっきになってゾミア地帯の芥子畑を燃やして歩いている。山地の無法者たちが、法外なやり方で、経済自立をされてはたまらないからである。

　これらの山地民のことをさして、平地に住む「国の人」たちは、遅れた生活様式に固執している後進的な人々と見なそうとしているが、実態はそうではないということが、最近のジェームズ・スコットの研究などであきらかになってきた（『ゾミア　脱国家の世界史』）。ゾミア地帯に住む人々は、平地の「国の文化」とは違う文化を生きようと、自分たちで選んで山地に逃亡してきた、むしろ積極的な避難民なのであるが、このゾミアの民が、日本人の形成と深い関係をもっている。

逃亡者たち

こういうゾミアの民のなかでも、中国の四つの省にまたがって暮らす「少数民族」の場合、逃亡民としての歴史は、二千年を超える昔にさかのぼる。この人たちはもともと揚子江の南岸をテリトリーとして、そこで水田による稲の栽培を、大規模におこなっていた。そこへ、黄河の中流域から勢力を伸ばしてきた漢民族が、進出してきた。

苗族たち今日のゾミアに暮らす「少数民族」の先祖たちと漢民族とは、ものの考え方がことごとく違っていた。ゾミアの民の先祖たちは、水田稲作のシステムをつくりあげたが、それをもとに専制的な国家をつくろうとは、考えもしなかった。

穀物の収穫が豊富になれば、どうしても社会は階層化する。有力で豊かな首長が出現する。しかし、その首長はけして専制的な王や皇帝にはなろうとしないで、贈与交換にもとづく、小さい社会単位による柔らかい社会の仕組みが持続されていた。ところが、漢民族には、別の思想が生まれようとしていた。彼らは、古い首長を廃して、すべてに君臨する「王」をつくりだそうとしていた。絶対権力を持つその王は、大河の流域にできた平地に、灌漑施設を設けて、そこで農民たちに小麦や水稲のような穀物の単一栽培（モノカルチャー）をさせる。穀物は莫大な余剰生産物を生む。その余剰物を農民たちから強制的にあるいは自発的に「貢納」させ、その富に支えられて専制的な国家を生み出そうというのである。

ゾミアの民は、このような漢民族の国家の考えから、逃亡したのである。戸籍への登録や、租税の貢納を嫌ったばかりではなく、固定化した上下関係や階層性に縛られた社会や、ものごとを平準化して管理や計量をしやすくする、国家型のものの考えそのものを嫌った。

海のゾミア

こういう国家のなかに呑み込まれ、自分たちの文化を失うことを望まなかった彼らは、西南方に広がるゾミアの山地をめざしての、長征を開始した。ゾミア地帯には、四方八方からの避難民が集合してきた。タイやビルマに、仏教を背景とする専制国家がつくられると、そこからの逃亡民は、ゾミア山地の襞のなかに、隠れていった。ヒマラヤ東方のこの地帯は、長い時間をかけて、国家からの逃亡地として、生きながらえてきた。

私は、日本列島がそのような意味での「海のゾミア」だと思うのである。倭人が北部九州にはじめてたどり着いたのが、二千数百年ほど前のこと。彼らは水田による稲作の技術を携えて、この列島にたどり着き、そこで無国家の縄文人と出会った。倭人は青銅器の武器も携えていたであろう。それにもかかわらず、倭人は先住民である縄文人との共生の道を選び、それから数百年の間は、日本列島に国家発生の芽生えはなかった。

倭人の出身地は、今日でははっきりわかっている。彼らは揚子江の河口地帯に住んでいた、農業もおこなうスンダランド系海民である。水田による稲作技術の開発者である苗族などとは、近隣部族としてのおつきあいをもっていて、彼らの開発した技術を早くから吸収して、倭人特有の半農半漁の生活形態をあみ出していた。

倭人の「神道」の構造から判断するかぎり、彼らの社会は、階層性を備えた平等型社会である。生活万般にかかわるリーダーである首長はいた。しかし首長を超越した王はいない。強いて「王」らしき存在を探してみても、聖なる山に住む大蛇や、海の領域を支配する海神《わたつみ》のような、自然力の源泉をイメージしたもの以外には、みつからない。倭人の生活の痕跡のどこを見ても、漢民族の発明になる専制的な国家との折り合いは、きわめて悪い。

ここから私は推理する。内陸民であった苗族たちが、西南のゾミアの山地をめざして、漢民族国家からの避難と逃亡の旅を開始した頃、海民である倭人は、海の彼方に彼らのゾミアを見いだそうとして、海洋に乗り出したのではないだろうかと。

太陽を射落とす（宮城県丸森町の奉射祭）

たくさんの太陽

倭人の文化には、中国北方の文化や朝鮮半島の北方的文化からの影響は、ほとんど感じられない。『魏志倭人伝』などに伝えられる倭人の文化には、むしろ南方文化的な要素が強くしめされている。しかも興味深いことには、そういう南方海人的な倭人のものとそっくりな文化を、中国南西部に広がる広大な「ゾミア」の山岳地帯に、見いだすことができる。

ゾミアでは、大洪水の後、生き残った兄と妹が結婚することによって、人間の世界が再生されたいきさつを語る神話が残されている。この創世神話の、原初の男女が兄と妹の関係にあった、という近親相姦的な部分を隠せば、『日本書紀』や『古事記』が語る、イザナミとイザナギによる国土生成の物語に、そっくりの神話ができる。

ゾミアの民の神話には、原初の世界の天空には太陽がいくつも出ていて、人間が高温な環境に苦しんでいた様子が、描かれている。一人の男が、みんなの苦しみを取り除こうと決心して、大地の果てまで旅をして、そこでたくさんの太陽に立ち向かう。男は矢を放って、ひとつだけを残して、余分な太陽を撃ち落としていった。こうして地上には、快適な気温が実現された。

この天空の太陽を撃ち落とす神話を再現した儀式が、日本列島の各地の神社に、いまもおこなわれている。「オビシャ（御日射）」と呼ばれるこの儀式では、太陽をあらわす丸や、太陽に住んでいる「三本足の烏」の姿を描いた的に向かって、神官や若者が矢を射るのである。

二つのゾミア

共通点は、まだまだたくさんある。古代の日本人は「歌垣」をやっていた。適齢期の青年男女が、草原や市場にあつまって、踊りながら即興で歌のかけあいをしながら、パートナーを見つけては、二

（3）岡田英弘『倭国』中公新書、宮本常一『日本文化の形成』講談社学術文庫。

人で藪のなかに消えていく、という行事である。それとまったく同じ行事が、ゾミア地帯ではいまもおこなわれている。漢民族のように結婚相手は親が決めるのではなく、そこでは自由恋愛を通じて、相手を若者たち自身が決めている。倭人たちもそうしていたのだろう。

こういう共通点は、今日のゾミアの民と倭人が、かつて同じ地域に、隣り合って暮らしていたと考えれば、不思議でも謎でもなくなる。ゾミアの民の代表である「苗族（ミャオ、モン）」は、自分たちの部族がかつては揚子江の南岸に住んでいたが、北西から進出してきた漢民族の勢力に押されて、ゾミアの山地に移動したのだという伝承を伝えている。倭人の出身地も、この揚子江河口域である。

苗族をはじめとする、稲作をおこなう非漢民族が、西南山岳部への移動を開始した頃、海岸部に住む海民であった倭人も、船や筏を使って、海岸に沿っての北上を開始している。苗族と同様に、おそらくは倭人も、漢民族のつくろうとしていた専制的な「国家」というものに、同化吸収されるのを嫌って、海のゾミアへと漕ぎ出していったのではあるまいか。

黄海をへて、朝鮮半島の南部へたどりつき、そこから対馬をへて、北部九州へと、倭人の「植民地」は広がっていった。中国の史書に登場する「倭」というのは、倭人によって日本列島の西部につくられた植民地のことをさしていた。そこでおこなわれた「弥生式文化」とは、倭人が東方の海上に発見した、海のゾミアであみだした生活様式にほかならない(3)。だから、それは中国北方や朝鮮半島で発達していた北方的な文化の影響を、感じさせないのである。

神道の古層

その日本列島の西部において、先住の縄文人と倭人の混血が進むことによって、「日本人」の原型が形成されていった。それといっしょに日本人の宗教である「神道」の、原型的な土台も形成された。列島の各所に旧石器人や縄文人によって発見されていたさまざまな聖地は、そうしてしだいに「神道の聖地」として整えられ、そこが神社の設けられる場所となっていった。

その頃できあがった神道の土台をなすものが、私たちの言う神道の「古層」である。古層の神道は、縄文人の前宗教と倭人の宗教のハイブリッドとしてできている。縄文人は倭人よりも数千年も早くに日本列島に到着している。もともとは、倭人と同じスンダランド系人類である。倭人は東南アジアや中国の海岸部で、半定住生活を続けている間に、そこでおこった多くの技術革新を取り入れて、生活の形態を大いに進歩させた。そのあいだに、倭人は稲作をおこない金属器を手にする、半農半漁の海民へと変貌をとげていった。

狩猟採集民である縄文人の思考は、基本構造そのままの素朴さを保ち続けていた。それとくらべると、倭人はいささかすれからしで、自分たちの採用した半農半漁の生活形態に合わせて、環太平洋圏的基本構造を、「山的」と「海的」の二方向に分岐させる変形をおこなっていた。しかし、倭人の宗教は、技術や生活形態の変化を通じても、スンダランド系人類としての基本構造を変えなかったのである。宗教の領域は、技術や生活の進歩の影響を受けにくいどころか、それを排除する傾向すらあるからだ。そのためアナロジー能力の退化している現代人からすれば、縄文人と倭人の宗教は、まるで違うもののように見えてしまう。ところが、アナロジー思考の名人であった縄文人には、海の彼方からやってきた倭人たちの宗教の構造が、自分たちのものと基本は同じであるということが、すぐに理解された。

倭人にしてみれば、自分たちの宗教の思考を、この海のゾミアの自然環境に適応させて、海の彼方から携帯してきた構造に新しい命を吹き込むためには、縄文人が数千年の体験をとおしてつくりあげてきた、山や海の神々を取り入れていく必要があった。こういうものわかりのよさをつうじて、神道の古層は形成されていった。この思考の柔軟さは、現代の日本人の中にも生き続けている。そういう思考の古層が、日本の聖地である多くの神社の伝統の奥にいまも保存されている。その多層的構造を解明していく作業にこれから取り組むことにしよう。

聖地地図

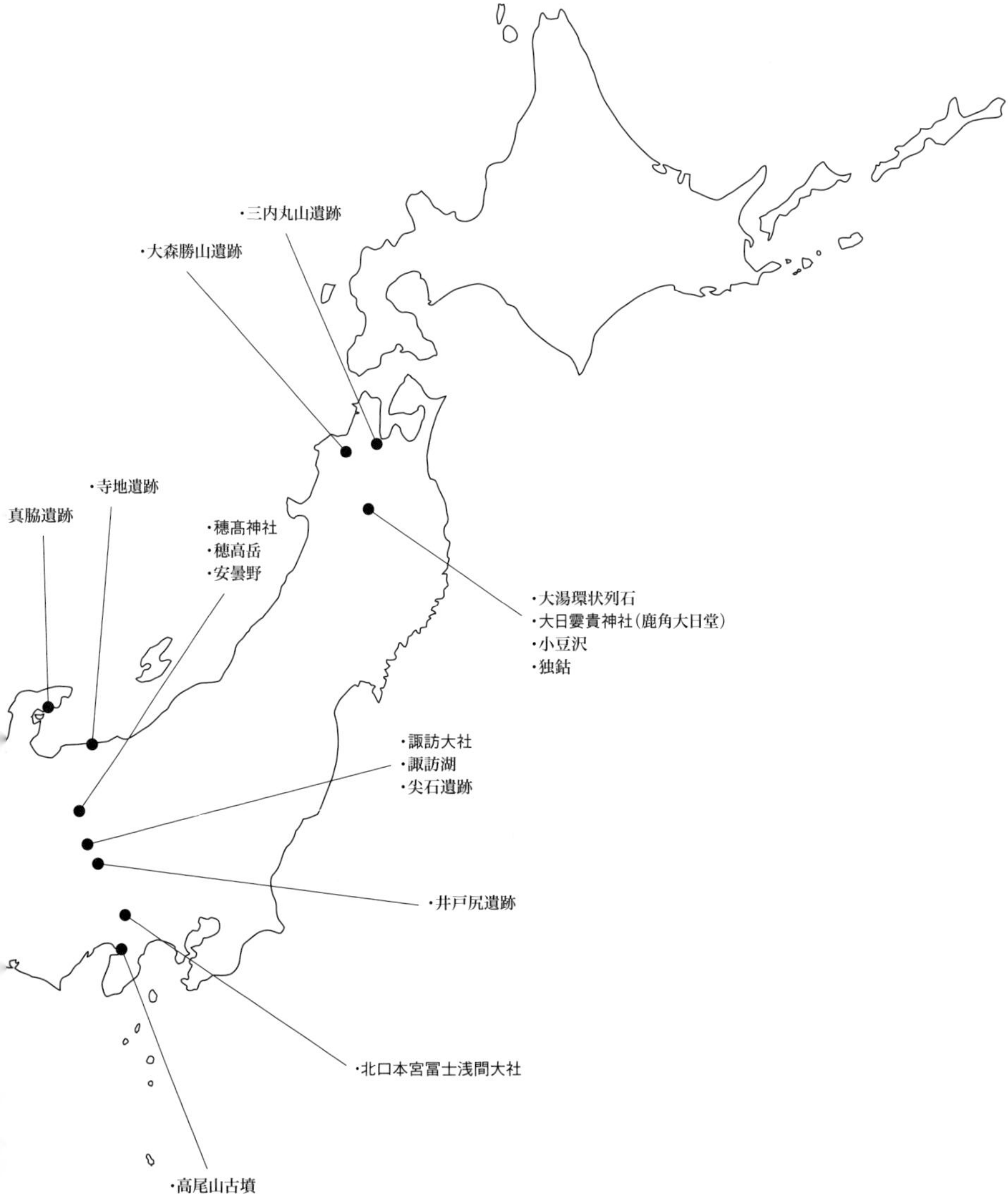
・三内丸山遺跡
・大森勝山遺跡
・寺地遺跡
真脇遺跡
・穂高神社
・穂高岳
・安曇野
・大湯環状列石
・大日孁貴神社(鹿角大日堂)
・小豆沢
・独鈷
・諏訪大社
・諏訪湖
・尖石遺跡
・井戸尻遺跡
・北口本宮冨士浅間大社
・高尾山古墳

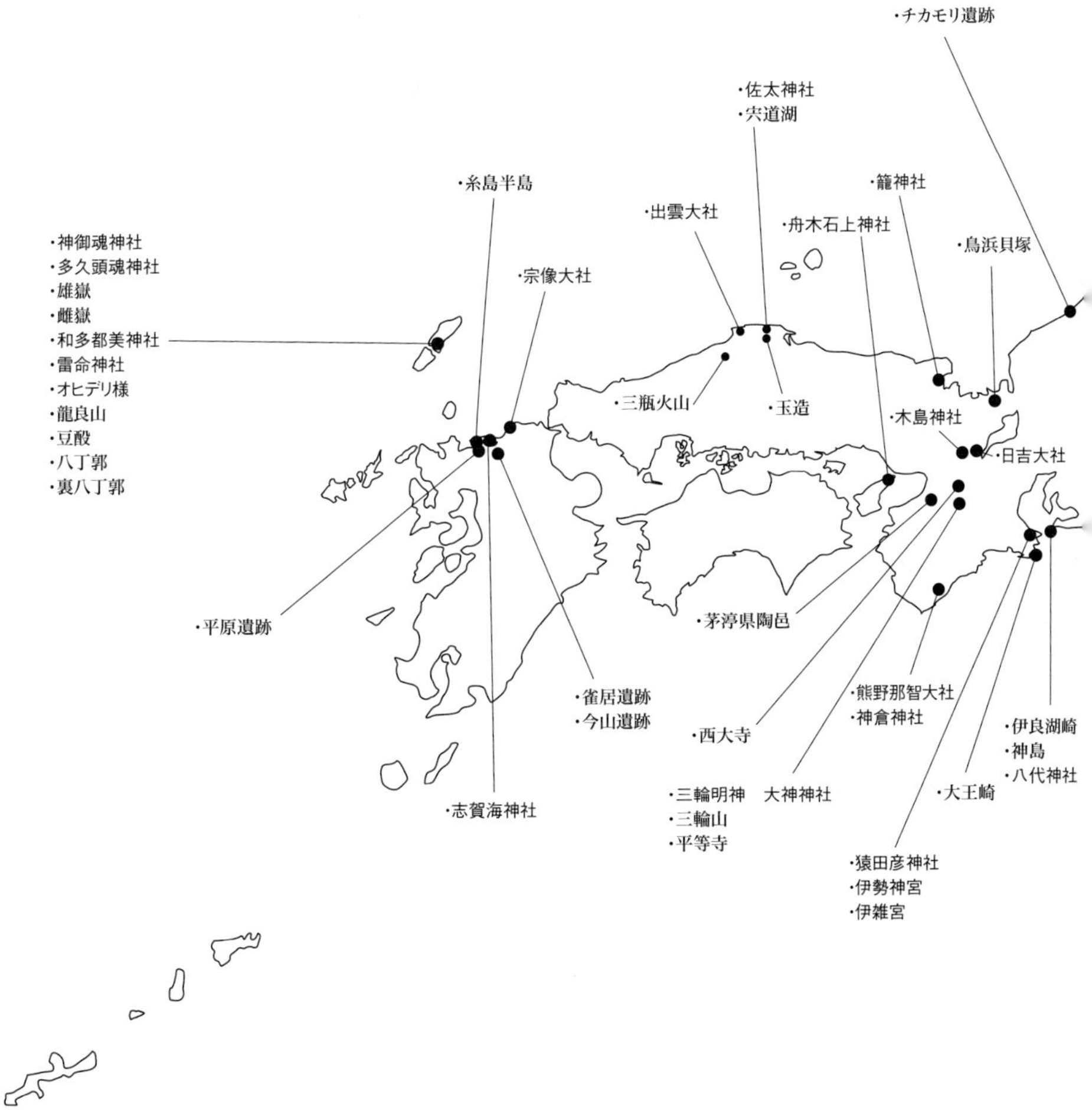
・チカモリ遺跡
・佐太神社
・宍道湖
・糸島半島
・籠神社
・出雲大社
・舟木石上神社
・鳥浜貝塚
・神御魂神社
・多久頭魂神社
・雄嶽
・雌嶽
・和多都美神社
・雷命神社
・オヒデリ様
・龍良山
・豆酘
・八丁郭
・裏八丁郭
・宗像大社
・三瓶火山
・玉造
・木島神社
・日吉大社
・平原遺跡
・茅渟県陶邑
・雀居遺跡
・今山遺跡
・熊野那智大社
・神倉神社
・西大寺
・伊良湖崎
・神島
・八代神社
・三輪明神
・三輪山
・平等寺
大神神社
・大王崎
・志賀海神社
・猿田彦神社
・伊勢神宮
・伊雑宮

第二部——縄文系神社

第四章　大日孁貴神社《おおひるめむち》（鹿角大日堂）

聖地のアースダイバーは、垂直方向へのダイビングを含んだ、新しい構造分析の手法を開発しようとしている。日本の聖地は三つの地層の堆積でできていると言った。それら三つの地層は、それぞれが異なる原理でできあがっている。しかしそれぞれがバラバラになることなく、しっかりとした全体のまとまりを保っている。そのためには異なる原理でできた地層の間をつなぐ「変換の構造」があるはずである。その「変換の構造」を探ることによって、古い要素がまったく断絶して消えてしまう部分と、表面の形は変わってもおおもとの構造は変わらない連続性の部分とを、はっきりととらえようというのが、この新しいダイビング型構造分析の目指しているところである。

そこでここではまず本格的な調査を始める前の腕慣らしとして、その新しい構造分析の雛形（モデルケース）となる事例をご紹介しよう。この事例では、聖地のいちばん深い部分に組み込まれている縄文的な神話や伝説や祭儀が、その古い構造をほとんど変化させないまま、非縄文的な新しい文化層の要素として生まれ変わっているさまを見ることができる。

ところは東北・秋田県の鹿角《かづの》地方。ここはヤマト化への抵抗がもっとも遅い時期まで続けられていた地帯で、西日本で新しいタイプの文化形成が進んで、古い縄文的文化層がいわば大地の下に埋められようとしていたその時代にもなお、縄文の古い構造を変換することによって新しい時代にも適応できる続縄文（考古学者山内清男の命名）の構造に自己改造をおこない、文化的アイデンティティを保ち続けようと努力していた。その結果、縄文文化と古代・中世の文化に目に見える形での連続性が保たれていて、それが現代の東北文化にまで続いているという稀有な現象が見られることになった。

東北の続縄文

稲作への抵抗勢力

縄文文化はおもに東日本で発達した。西日本に比べるとそこは森林が豊かで、住んでいる動物相も多様なので、狩猟採集を生活形態とする縄文人は、列島の東半分で持続性の高い新石器文化を大いに発達させた。中期には中部山岳地帯が文化的な創造の中心地帯となり、後期から晩期にかけては東北地方に縄文文化の花が咲いた。社会のつくりも複雑になり、階層差もあらわれていたが、クニや権力をつくらないという縄文文化の根本精神は、最後まで維持され続けていた。

日本列島で縄文文化がその最盛期を過ぎようというころ、西日本に稲作の技術をたずさえた、いわゆる弥生人たちが上陸してきたのである。確実な食料確保の手段として、北部九州の縄文人は彼らのもたらした稲作技術の到来を歓迎し、稲作は北部九州から瀬戸内海沿岸部へと広まっていった。ところが伊勢湾を抜けたあたりから、弥生化のムーブメントには急にブレーキがかかりだす。そこから東の方に、力強い狩猟民の精神力みなぎる人々の住む、広大な縄文文化地帯が広がっていたからである。

太平洋側では岐阜県から愛知県にかけての山沿いの地帯で、縄文人の強い抵抗に出会い、日本海側では石川県の金沢近郊から能登半島でも、頑強な反稲作の勢力に進出を阻まれている。土着の縄文人たちにとって、稲作の文化がそんなに良いことずくめには思えなかったからである。稲作には水路を掘りめぐらしたり、水を貯めるための畦を築いたりするのに、村人総出で計画的で組織的な労働をおこなう必要があるが、個人プレーを得意とする狩猟採集民には、そういう労働の形態はストレスを与えるものでしかなかった。その労働の見返りが米の収穫であるが、栗や果実や根菜も豊富に取れたその頃は、縄文人にとって米は苦労して手に入れた割にはそんなに魅力的な食物には思えなかった。彼らは積極的に、先祖以来の生活の形を守ろうとして、稲作勢力の進出を押し戻そうとしたのである。そのため稲作技術の東漸は、東日本の入り口で長期間の足止めを食らうことになった。

縄文勢力の中心地

列島の西と東の境界地帯でさえそんな情勢だったのであるから、東北の内陸部ではなおさらであった。東北地方では、稲作の技術そのものは比較的早い時期から知られていて、散発的な水田開発が試みられていたところもあるが、内陸部のほとんどの地方で、あいかわらず基調では縄文的な生活が続けられていた。西日本では弥生土器が使われていた頃に、東北の広い範囲では縄文土器をさらに洗練させた「続縄文」の土器がさかんにつくられ、日常的に使用されていた。

ものの考え方もすっかり縄文的であった。首長はいても王はつくらず、人間の間に階層をつくるのが社会の構成原理だった西日本の「先進地帯」に比べると、狩猟民らしい平等主義の原則が守られていた。王をつくらなかったのは、自分たちの社会に支配と被支配の関係を持ち込むことを好まなかったからであろう。彼らは「先進地帯」の人々から「蝦夷《えみし》」と呼ばれていたが、稲作をも取り入れた狩猟民であるこの蝦夷は、ヤマトの人々とは大きく異なる世界観を抱いていており、アイデンティティの意識も強かった。

その頃の東北北部に住む蝦夷の生活の一端を、『日本書紀』の記述（斉明天皇四年、六五八年四月の記事）から、うかがい知ることができる。

阿陪比羅夫が船師一百八十艘を率いて蝦夷を討った時、齶田《あぎた》（秋田）・渟代《ぬしろ》（能代）二郡の蝦夷が降服したので、船を齶田の浦に連ね碇泊した。蝦夷の族長ともいうべき恩荷が進み出て言うには「私共が弓矢を持っているのは、官軍に刃向うためではない。ただ私共は肉を食う習性があるので、その狩猟のために持っているのである。齶田の浦の神に誓って、清く明らかな心で官朝に仕えます」というのであった。このことから、七世紀半ばになっても、秋田・男鹿地方は「結論から言えば、稲作も知ってはいたが生産の主方向は明確に狩猟の方にあり、弓矢は最も中心的な生産用具であったということになる。」対馬海流などで西の稲作文化の影響を受けやすい海岸部でさえこうであるから、内陸部の鹿角においてはさらにその傾向が強かったであろう。（『鹿角市史第一巻』三百八十三頁）

ヤマト王権側によるこのような記述からも如実にうかがえるように、海岸部に住んで稲作を早くから受け入れていた秋田や男鹿《おが》の蝦夷でさえ、蝦夷たちの心性は縄文以来の狩猟採集民そのままであったのである。いわんや内陸部の蝦夷においてはさらに一層縄文的であったろう。その内陸部の縄文勢力の中心地は、鹿角の盆地だった。私はこれからその内陸部の蝦夷の代表として、鹿角の盆地に生きた人々に焦点を絞って、縄文後期から奈良時代にかけて展開した、彼らの心性の歴史をアースダイバーの視点によって語り出してみようと思う。

地名起源伝説

大湯環状列石

ＪＲの花輪線は大湯川《おおゆがわ》と米代川《よねしろがわ》に沿って、美しい鹿角の盆地風景の中を走って行く。大湯川は十和利山に水源を発し、米代川は八幡平《はちまんたい》高原から流れ出た川だ。二つの大河は毛馬内《けまない》の付近で合流して、そこから日本海へと流れていく。

この鹿角は古代には「上津野《かづの》」と書かれたが、土地の地名起源伝説で語られているつぎのような話のほうがずっと説得力がある。ある時、米代川を見下ろす五ノ宮嶽《ごみやだけ》から一人の山伏が盆地を見下ろした。そこにはたくさんの支流が枝分かれしながら大河に流れ込んでいく姿があり、山伏は「まるで鹿の角のようだ」と言った。そこから鹿角の地名が生まれたという。この伝説は鹿角のじっさいの地形

大湯環状列石（万座。日時計状組石）

の特徴をよく示している。

この盆地にはもともと十和田火山から流れ出た火砕流が、あたり一面を軽石でおおいつくしていた。火山灰におおわれたかつては起伏に富んでいたその盆地を、北流する米代川と南流する大湯川と小坂川が、時間をかけて浸食していった。たくさんの支流も両側の山地から流れ込んできた。こうして平坦な火砕流大地には、鹿の角を思わせるような複雑な地形が穿たれ、川の両岸に多くの段丘が形成されることになった。段丘はどれも広々として平らかで、縄文人はその段丘の上に村をつくった。

段丘が大河に接するところには、たくさんの舌状をした台地が突き出ている。縄文人は大河を見下ろす舌状台地に彼らの墳墓地を設けた。そのため盆地の北から南まで、川沿いにできた多くの舌状台地上に縄文遺跡が見出される。この遺跡群の中でひときわ注目を引くのは「環状列石」と呼ばれる、縄文後期の頃の施設跡である。環状列石遺跡は東北から北海道にかけての広い範囲で見ることができるが、鹿角のそれは規模の大きさで突出している。

なかでも大湯川沿いの風張台地の先端部につくられた「大湯環状列石」は、じつに雄大だ。ここでは九十メートルの距離を隔てて、万座《まんざ》と野中堂《のなかどう》と呼ばれる二つの大きな環状列石が、東西軸にそって並んでいる。大きい方の万座遺跡は環状の直径が四十六メートルもある。河原から集められた石を円形やひし形の組み石に並べて、外側と内側に二本の帯のように配置してある。そのためにこの環状列石は二重同心円の構造を与えられている。外帯と内帯の間に空いた空間には一本の大きな立石が立てられ、そのまわりを細長い石を放射状に並べて囲み、その外側にまた河原石を敷き詰めてある。この立石は「日時計」と呼ばれている。形状からもいかにもそれにふさわしい名前だが、あとで見るように、この「日時計」にはもっと深い意味が隠されていると思われる。

大湯環状列石の周囲には縄文人の集落の跡がない。そこには普段は人は住んでいなかった。一年の決まった時節に、環状列石から離れたところにつくられた集落から人々がここに集まってきて、共同でお祭りをおこなったと考えることができる。そこは生者の住む村ではなく、死者を埋葬した墓地であった。そういう共同墓地を村から離れた場所に、縄文後期・晩期の北東北の縄文人はつくったのである。

円環をなすものが好き

このような環状列石のことを考古学者は「集落外環状列石」と呼んでいる（佐々木藤雄「環状列石と縄文式階層社会」）。こういう形態をした環状列石は、それ以前に中部や関東で発達していた「集落内環状列石」の進化した形をあらわしている。縄文人は一貫して、丸い構造をした住居を円環状に並べた環状集落に住むのを好んだ。縄文人の仲間であるアメリカ先住民が語っているように、宇宙を環流する力は大きな円環を描いて流れており、価値あるものは人間の間を環をなして交換されていき、「わしらは円環をなすものが好きだから」、住居の形も丸くつくる。人が死ぬと、この丸い住居の入り口に穴を掘り、甕《かめ》に入れた死者の体をそこに埋めた。

この形態から集落内環状列石へ進化が起こった。環状に家が立ち並ぶ村の中央をぽっかり空いた広場として、そこを共通の墓地として埋葬をおこなったのである。広場の地下には先祖が眠っている。その上で生者たちが祭りの日には夜を徹して歌い踊り、先祖が活躍する神話を語り演じたのである。この広場には多くの場合、掘っ建ての蔵が建てられている。ここには大切な祭具や道具類が収められ、貴重な食料の貯蔵もおこなわれた。つまり、環状集落の外側には日常生活を送る場所である家々が立ち並び、内側には先祖霊のつどう聖なる空間が設けられていた。円環の内側のほうが高い価値をあらわし、外側のほうが低い価値をあらわす。

縄文中期の後半になると、聖なる空間であるこの中央広場を囲むようにして、円環状の配石のおこなわれた縄文集落が、中部山岳地帯や関東の山寄りの地帯にたくさんつくられるようになった。死者霊のやすらう聖なる領域を環状列石がぐるりと取り囲むわけである。集落内環状列石は一時期盛んにつくられたが、環境変化によってしだいに人口が減ってくると、環状列石の文化の中心地は東北へと移っていく。その頃には縄文文化自体の中心が東北に移っていた。

北東北に出現した環状列石は、人間の居住する場所とは完全に分離されている。わずかな人数の墓守がいたかもしれないが、ふだんは人気のない平坦な台地の上に、死者霊だけが眠る墓地が設けられた。そしてそれが二重の円環状に配石された環状列石をなしているのである。

生者の住む集落の構成には、内側／外側の二元論が作用している。内側がより価値が高く聖なる領域をなし、外側にはより低い価値をもった俗な事物が配置される。死者の住む集落外環状列石では、この二元論が「観念化」されて、空間構造として表現されているのである。二重の同心円（環）がそれをあらわしている。内側の環にはより身分の高い人物たちが埋葬され、外側の環にはより身分の低い人たちが埋葬される。集落と環状列石はこのようにパラレルワールドをなすのであるが、縄文後期にあらわれだした社会の階層性が、環状列石のほうにはあからさまな形に表現されている。

夏至祭り

ここは大規模な共同墓地だと考えられている。配石遺構の下を掘ってみると、副葬品をともなう土坑が出てきたからである。ここに別々の村に住むことになった同族の者や、あるいは後に同盟関係を結んで仲間になった者たちが、共同作業によって、この巨大墓地をつくりあげたのである。彼らは一年の内の二度、夏と冬の特別な日に、家族を伴いごちそうを持ち寄って、周辺数キロに散らばった村々からここに集合してきた。

大湯環状列石の場合、夏の祭りのほうが盛大だったと思わ

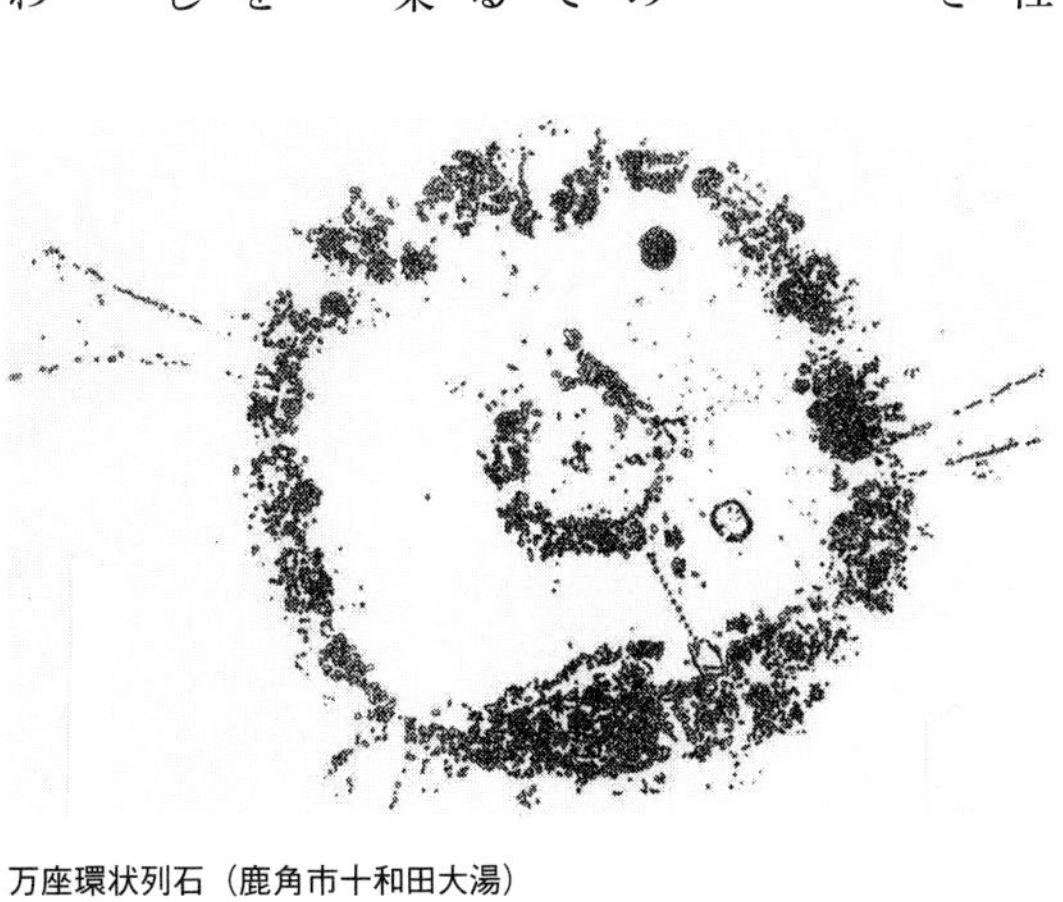

万座環状列石（鹿角市十和田大湯）

れる。そのことの痕跡は「日時計」状の立石の配置などに見ることができる。万座遺跡の場合も野中堂遺跡の場合も、それぞれの環状列石の中心から見て、夏至の日に太陽が沈む方角に、立派な「日時計」が立てられているからである。それに冬季に積雪の多いこの地方では、冬に野外で大規模な集団の祭りをおこなうのは難しかっただろう。また夏至の朝の日の出の方向には、人工造形物かと見まがうほどにみごとな三角形をした黒又山があって、その山の上に立つと、二つの環状列石の全貌を見下ろすことができるのである。

このような大規模な屋外インスタレーションを舞台として、夏至の日の祭りがおこなわれた。そのとき縄文人の心にはどんな世界が思い描かれ、どんな興奮が感じられていたのか。それを推測するための手がかりは、たくさん残されている。

盆行事の起源

環状列石でおこなわれた祭りの中核にある観念は「太陽」である。これは世界の他の地域に見出される同種のストーンサークルとも共通する性格で、太陽の死と再生をめぐる神話的思考を背景として、真夏の夏至の夕刻から翌朝までぶっとおしで祭りのおこなわれたことが、古代研究者によって古くから語られてきた。この推測はおそらく正しい。

大湯の環状列石でもそのことをしめす多くの痕跡が残されている。「日時計」と呼ばれる立石の象徴物に、まずそのことは示される。東西軸にそって並んでいる二つの環状列石の中心に立って、夏至の日の日没の方向を眺めると、そこにこの日時計が立っているのである。逆に見れば、一年でもっとも勢力の強い太陽が西の大地に沈んでいくとき、日没の光が日時計を介して、環状列石の中央部に差し込んでいくことを意味する。環状列石の中央部の地下には死者の霊がやすらっている。とりわけ内側の輪の中央部地下には、もっとも価値高い聖なる祖霊たちがいる。そこに向かって、日没の太陽の光が注がれるのである。

それに力を得て、地下の死者の世界から、死霊たちが立ち上がってくる。それを生者である子孫た

生保内節盆踊り（仙北市）

ちが恭しく迎える。子孫たちは特別な食べ物や祭具を並べて、感謝をこめて祖霊を歓待する。その夜、環状列石の祭場には生者と死者の霊が入り混じり、いっしょになって輪をつくって踊る。この光景はじつに、現代にも続く盆祭りの光景を思わせる。柳田国男は盆行事は仏教を起源とするものではなく、古い民俗の祖霊迎えの習俗に根ざしていると主張したが、その民俗の習俗そのものが、じつは縄文時代の夏至祭りを原型としているのではないだろうか。

同じ論文の中で、柳田国男は日本人は古くから夏と冬の二回、大きな祖霊祭をおこなったと考えた。夏至と冬至の二至に、祖霊だけではなくおびただしい雑霊もいっしょに生者の世界を訪問する。夏至の迎えにさいしては、そういう霊たちに捧げる供物や食べ物や水などを「お盆」に盛って、盆棚に並べて死霊たちの来訪を待つのである。したがって仏教による梵語の「ウランバナ」という語を日本人が知るようになる前から、夏の祖霊迎えは「盆」の祭りだったのである。これが柳田国男の考えである。

先祖霊が生者の元を訪れるのは、夏には夏至をはさんだ頃、冬なら冬至の時節である。なぜ死者の霊は夏至と冬至の「二至」を選んで帰ってくるのか。それはこの二至をはさんだ時節に、昼と夜の長さが極端にバランスを失うからである。昼の長さが極端に長くなっても、夜の長さが極端に長くなっても、生者と死者の力関係のバランスは崩れてしまう。もっともバランスが良いのは、春分と秋分の「二分」期で、その頃は青春や芽吹き（春の季節）、成熟と収穫（秋の季節）を祝う祭りがおこなわれ、生者と死者の関係は安定した静けさに包まれている。その均衡が二至には崩れて、他界から死霊たちの騒々しい来訪が起こるのである。

環状列石遺構はそのような「縄文の盆祭り」ともいうべき夏の祖霊祭の祭場となったと考えられる。鹿角のような豪雪地域で、屋根のある大きな施設でもない限り（そういう施設なら三内丸山遺跡で見つかっている）、冬の祖霊祭を冬至の時節に挙行するのは困難であったろうから、この環状列石遺構でおこなわれたのが、夏至の祖霊祭であった可能性はきわめて高い。縄文時代ほかの地方では冬至をはさんだ時期に祖霊迎えの祭りをおこなうところも多かった。北東北でも岩木山麓につくられた環状列石で、冬至祭りがおこなわれた可能性を考えることができる。この環状列石は冬至の日の入りの方角に、正確に岩木山を望む位置にある。またその脇には大型の竪穴建物の跡がみつかっている。その建物の中で冬の祖霊祭がおこなわれたのだろう。そこでも祭りの主役は、死者の霊のお迎えと太陽神の復活の儀礼である。環状列石遺構を太陽と切り離して考えることはできない。

鹿角の河岸段丘はそのような太陽神の聖地であった。祭りの主人公が死者霊と太陽の結合であるから、私たちにはもはや知ることのできない縄文鹿角人たちの語っていた環状列石にまつわる神話も、きっと死霊と太陽をめぐる深遠な内容を持っていたのだろう。しかしその失われた縄文神話を復元する手立てがまったく失われているわけではない。これらの河岸段丘上の環状列石遺構を埋め立ててその上に後世になってつくられた仏教寺院（その寺院は両部神道《りょうぶ》の時代をへて近世に神社となった）が、縄文人の思考の驚くべき保存場所となった。鳥類の骨格の中にその先祖である爬虫類の骨格のまぎれもない母型が見出されるように、鹿角に今も盛大に続けられている民俗の行事の中に、アースダイバーは縄文的思考のまぎれもない母型の変形体を見出すのである。

太陽神の聖地に建つ大日堂

太陽神と大日仏

縄文人が環状列石を配して太陽神の祭場をつくったその同じ舌状台地の上に、平安時代の後期（十世紀から十一世紀）になると、いくつもの「大日堂」が建てられたのである。これを建てたのは天台系の修験僧であったろうと推測されている。北東北へ教線を拡大しようとしていた彼らは、美しい鹿角の盆地に入り、拠点づくりにふさわしい土地を探しているうちに、河岸段丘の突端部にある野原に、いくつもの不思議な配石のなされた遺構のあるのを見たことであろう。これらの遺構がじっさいに使

鹿角大日堂と周囲の地形（カシミール3D（http://www.kashmir3d.com/）で作成）

1

2

1 各村から大日堂へ
2 雪の大日堂
3 １月２日朝
4 全村集合
5 権現舞
6 駒舞
7 鳥遍舞
8 鳥舞
9 五大尊舞

3

4

6

5

8

7

9

1 大湯環状列石（万座）
2 五本柱建物遺構（万座）
3 大湯環状列石遺構配置図
4 大湯環状列石（野中堂）

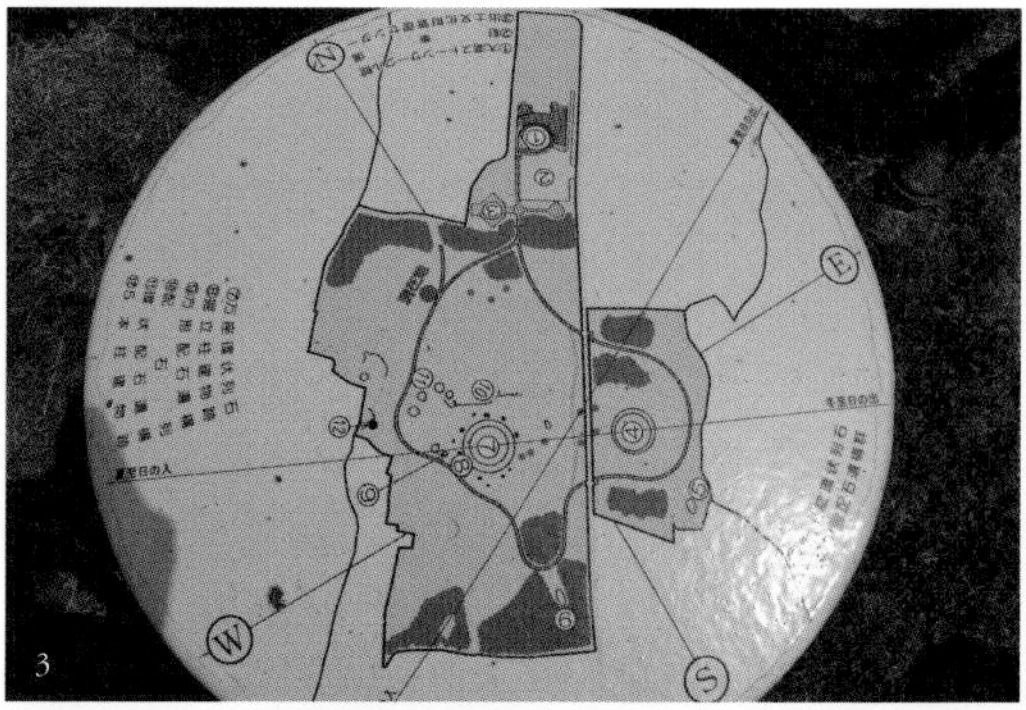

われていた時代から、まだ数百年もたっていない頃である。土地の古老たちはこの不思議な石の遺構をめぐる言い伝えを、まだ生々しく記憶していたはずである。

古老たちはこの遺構が、先祖たちがその昔に信仰していた、地下の死者の国に住む太陽神を祀る聖地だと教えた。環状列石の遺構を見る限り、太陽という神話素と地下にある死者の国とそこからの祖霊の来訪という神話素の結びつきが、重要な意味を持っていたことはあきらかである。その二つの神話素は容易に結びつくことができる。天台山伏はその話を聞いて大いに興奮したことであろう。なぜなら彼らの信奉する密教において、大毘盧遮那仏《だいびるしゃなぶつ》と言われる太陽をあらわす仏こそ、最高の神であり仏であったからである。彼らは東北の地に、大毘盧遮那仏（大日仏）の聖地を発見したのである。

天台山伏がその話を聞いたのは、米代川のほとりの小豆沢《あずきざわ》ないし独鈷《どっこ》という村であったと思われる。その村々も段丘の上にあり、川に面した舌状台地には大規模な環状列石の遺構が残されていた。天台山伏はそこに太陽の仏である大毘盧遮那を祀る「大日堂」を建立することにした。舌状台地の上に残された環状列石遺構の上に、彼らはつぎつぎと大小の大日堂を建てていった。教宣の中心地は、自然と小豆沢の大日堂（大日霎貴神社）とされていった。小豆沢がある意味このあたりで特別な場所であったからである。

ダンブリ長者

小豆沢や独鈷の村で語り継がれていた伝承を、想像で再現してみる。

独鈷村の娘の夢に太陽神があらわれ、川上をめざして向かって進み、そこで出会った若者を夫とせよ、というお告げを受ける。娘は小豆沢にたどり着き、そこからさらに山中に分け入って、そこで小豆沢村出身の一人の若者と出会った。二人は結婚する。正直者の若者夫婦の暮らしは貧しかった。ある夜、若者は霊夢の中で太陽神（大日神）を見る。太陽神は若者に、これよりも奥の平間田の地に入植して開墾をおこなえ、さすれば福徳がもたらされようと告げた。夫婦で同じ夢を見ていたので、これは正夢と感じ入り、一家をあげて移住を果たした。

はじめは暮らしはきびしかったが、ある日畑仕事の合間にうとうととまどろんだそのとき、寝ている男の唇におりしも飛んでいたトンボが尾をつけたのを、妻が見ていた。目覚めてから唇をなめるとなんとも言えない味がした。夫婦は太陽神のお告げによって、山中に霊泉を発見したのである。この霊泉を見つけてからというもの、夫婦の身には幸運が続き、金や漆や馬を売って土地を買い広げ、大きな富をなして奥の国きっての大富豪（長者）となった。男に幸運をもたらしたトンボにちなんで長者は「ダンブリ長者」と呼ばれた。トンボのことをこのあたりではダンブリと言うからである。

ダンブリ＝ダイビルシャナ

ここまでが伝説の前段である。「ダンブリ長者」と聞いて、天台仏教を学んだ修験僧たちはハタと膝を打ったにちがいない。密教では大日仏のことを「大毘盧遮那仏」と言う。これは文字どおり西アジアからインドにかけての宗教で太陽を意味する神格である。「ダンブリ」の真実の意味はこの「ダイビルシャナ」にちがいない。夢に現れたのはダイビルシャナ＝太陽神の御姿であり、トンボ＝ダンブリは音の類似によって大日仏の御使に選ばれたのである。霊泉や金の鉱脈は地下に隠されている富の源泉である。それは地下の世界を住まいとする太陽神の支配する領域に眠る富である。男はその大日仏の導きによって、地下界から富を得ることができたのである。

天台山伏たちはこの伝説を聞いて、ますますこの地に大日堂を建てようという、強いモチベーションを抱くようになった。山伏たちはこの太陽神の御姿を、神楽の舞踏をとおして表現したいと思ったにちがいない。山伏は学問よりも身体実践を好む人々である。なかでも神楽は彼らの得意技である。かつてこの地の環状列石を舞台として演じられた縄文の祭りに出現した太陽神を模して、その遺構の上に建てられる大日堂に、「奥の国の大毘盧遮那仏」ともいうべき太陽神の姿を出現させようとした。彼らは仏師に頼んで黄金の仮面をつくらせた。黄金の大日仏がお堂の闇の中から出現する。その床下には環状列石の遺構があり、古い縄文の太陽神の記憶ともつながっていた。太古の時間と現在の時間とが、神楽の中で一つに結び合うのである。

鹿角の盆地のそこかしこにあった環状列石遺構群では、主に真夏の季節に先祖の霊を迎える祭りがおこなわれていたと思われる。しかし、地下界から密教の太陽神が出現する小豆沢大日堂の祭りは、真冬の冬至をはさんだ季節におこなわれる。それは大雪でも祭りが挙行できる堅牢なお堂がつくられたからばかりではない。そこには、「ダンブリ長者」伝説の後段の展開が深く関わっている。

吉祥姫の物語

小豆沢大日堂にちなむ「ダンブリ長者」伝説はこう続ける。長者夫婦には子供がいなかった。そこで近隣の桂清水観音に詣でて懸命に祈ることによって、ついに世にもかわいらしい女児を得た。桂清水観音はもともとは月の神である月読尊《つくよみのみこと》の祭場であったと言われているところで、太陽神（大日仏）と双対になっている。姫は桂子姫と名付けられ、美しく育ち奥の国の若者から数多の求婚者があらわ

（上）鹿角（小豆沢）大日堂
（下）独鈷大日堂

れたが、彼女にふさわしいほどの者はこの田舎にいなかった。

　そんなある日長者は帝（継体帝と言われている）から長者の称号をいただくために都に上った。長者の娘が類い稀な才色兼備と聞いた帝は、急ぎその娘を上洛させ、入内《じゅだい》させよと命じた。帝の命令に背くわけにもいかず、泣く泣く長者は桂子姫を宮使いへと出仕させることになった。桂子姫改め吉祥姫は、朝廷にあがると一身に帝の寵愛を受けることとなり、人々の羨望の的となった。

　娘を入内させて鹿角へ戻ってから、ダンブリ長者は悲しみでめっきり弱ってしまい、まもなく息を引き取る。すると後を追ってその妻も病を得て亡くなってしまった。二人の遺骸は小豆沢に葬られた。両親が亡くなったという悲しい知らせは都にももたらされた。吉祥姫の悲しみは例えようもなく、帝に懇願して供養のため奥の国へ戻って、両親を手厚く葬ったのである。

　都に戻った吉祥姫はますます帝に寵愛され、第五の皇子まで出産されて、栄華を極めた。しかし帝が亡くなるとまもなくして吉祥姫自身も病に伏し、亡くなった。姫は自分の遺骸は鹿角の地に戻して葬ってほしいとの遺言を残して亡くなった。吉祥姫の墓は小豆沢のダンブリ長者を祀る祠《ほこら》の近くに埋葬された。

冬の祖霊祭への変換

　この伝説には神話学でいう「手の届かない求婚者」のモチーフが使われている。あまりに美しかったり、お高くとまっていたり、気が強かったりするために、人間の世界に結婚相手を見つけられなかった少女が、遠く離れた世界の超人間、たとえば月の世界の帝王などと結婚するというモチーフであ

（右）だんぶり長者湧酒の地の碑
（左）吉祥姫の墓（吉祥院）

る。少女は故郷から遠く旅をして超人間の都にたどり着くのであるが、そこは死の世界でもあった。このモチーフにしたがえば、吉祥姫は生者の国を去って、遠く死者の国に嫁入りしたことになる。吉祥姫は太陽神と月の神との申し子として、ふつうの娘のように生者の世界での一生を全うすることは許されない。そして故郷へ戻ると、こんどは本当の冥界へ入って行ってしまう。彼女には太陽神の娘＝大日女《おおひるめ》でありながら、つねに死のテーマがつきまとっている。

これは大日堂でおこなわれる祭りが、冬の祖霊祭であることと深く関係している。冬至をはさんだこの時節には、夜の長さが昼の長さを圧倒して、天体系のバランスが夏至の頃とは真逆の向きに傾く。このバランスの崩壊をきっかけにして破れた秩序の穴から、地上の世界には地下界からのおびただしい祖霊の来訪が起こる。このとき人間たちは象徴の力を用いて、バランスの回復を先取りしようとする。太陽神の死と新しい年の火となって再生する新生太陽との交代を、神話や儀礼や舞踏をつうじて表現するのである。

そのため、夏の祖霊祭では前面に出てこなかった、太陽の死のテーマが、冬の祖霊祭には表に登場することになる。夏至の祖霊祭と冬至の祖霊祭は同じ型をした祭りだが、表に顕在化してくる主題はしばしば反転したり鏡像のようにひっくりかえっていることが多い。死の主題が裏にひっこんだり表に飛び出してくるのである。そのために、小豆沢大日堂の由来を語る「ダンブリ長者」伝説には、吉祥姫という存在をつうじて濃密な死の主題が暗示的に示されることになっている。環状列石遺構でおこなわれた縄文人の夏の祖霊祭は、その遺構の上に建てられた大日堂における冬の祖霊祭に変換されている。そのとき太陽の死の主題が表面に浮かび上がってくる。吉祥姫のエピソードは、それを中世的な暗示法で表現している。縄文から中世へ、神話的思考はこのような反転や置き換えによる複雑な回路をつうじて、奥の国鹿角の地では途切れることなく連続していったのである。

現代に生きる大日堂舞楽

こうして「ダンブリ長者」伝説では、地下世界の太陽神、そこから湧出する富、死と埋葬という三つの主題が一つところに集合して、物語を紡いでいるのがわかる。大日堂の建立者である天台宗の修験者たちは、この神話的な物語を彼らの得意とする神楽舞で演じてみせた。それが養老の古式を残すものとして名高い「大日堂舞楽」である。

大日堂舞楽は今日では一月一日から二日にかけておこなわれているが、もともとの祭日はわからない。一月一日の夜、大里、長嶺、谷内、小豆沢の各集落では、舞を舞う「能衆（舞人）」たちによる舞が始まる。各村が違う舞の演目を担当していて、各自の受け持ちのパートを自分の村の神社で舞うのである。その舞がすむと、二日の未明から隊列を整えて、夜道を小豆沢大日堂に向けての行列を開始する。深い雪を踏み分けて、いっせいに周辺の村から提灯を灯した隊列が、しずしずと小豆沢に集まってくる。

大日堂に集合がすむと、つぎのような順序で舞が奉納されていく。

（1）籾押し　これは農作業の所作を美しい集団舞踏に仕上げたもの。近世に演目に加えられたと思われる。続いて大きな幡《はた》が二階の梁に投げ揚げられる。

（2）神子舞　能衆全員でおこなわれる「天の神」を礼拝する舞。

（3）神名手舞　能衆全体でおこなわれる「地の神」を礼拝する舞。

（4）権現舞　ここからが本番である。小豆沢の能衆によって舞われる。吉祥姫のなした継体天皇の五の宮皇子の伝説にまつわる舞。小豆沢を拠点とした天台修験の修行場である五ノ宮嶽の隣にある八森嶽に住む龍を鎮めるための獅子舞。

（5）駒舞　大里の能衆が舞う。行基僧の集団によって大日堂が再興されたとき（これが養老年間のことと言われている）、めでたい月毛の馬を模して舞われた。

（6）烏遍舞　長嶺の能衆によって舞われる。吉祥姫の遺体を埋葬する様を舞に仕立てたものと言われる。一人舞、二人舞、六人舞から構成される複雑な舞である。

（7）鳥舞　大里の子供能衆によって舞われる。ダンブリ長者の飼っていた鶏を模した舞。

（8）五大尊舞　谷内の六人の能衆によって舞われるもっとも重要で神秘的な舞である。ダンブリ長

深夜雪道を行く人々

者に化身した金剛界大日、胎蔵界大日の二仏と、お付きの普賢、文殊、八幡、不動の四天王が仕える。平安風の仮面、頭上の梵天冠、古風な打越の衣装、右手に太刀を構えて、きわめて古代風のステップで舞う。大日堂再興のときに定められたという「大博士」「小博士」の家系によって伝えられてきたと言われる。

（9）工匠舞　大里の能衆によって舞われる。大日堂建設時の大工たちの所作を舞踏化したもの。このあと小豆沢能衆による田楽舞があって、大日堂舞楽は終了する。

この舞の中で今日でももっとも重要な舞と言われる「五大尊舞」は、金色に輝く仮面、神秘的なステップによって金剛胎蔵の大日仏を象徴する。土中から黄金や漆を取り出して巨大な富をなしたダンブリ長者（大毘盧遮那長者）が、漆黒の未明の大日堂に出現するさまを中心にして、真冬のこの祖霊祭は構成されている。そこに吉祥姫の死と埋葬の儀式が重ねられる。

吉祥姫は太陽神であるダンブリ長者の娘であり、日御子《ひのみこ》である帝の愛妃であり、かつ五ノ宮嶽を修行場とする天台系修験の祖とされた不遇の五の宮皇子の母親でもある。この光り輝く女性の死と埋葬を描くことで、大日堂舞楽は鹿角蝦夷の抱いていた神話体系の主要部を、あますところなく表現することになっている。

伝統とその復活

この鹿角蝦夷の神話体系は、彼らの先祖であるこの地の縄文人たちの抱いた神話体系と、同じ構造を持っていることが考えられる。それは環状列石遺構から推理することができる。鹿角の縄文人たちは同じ構造を夏至の軸にそって表現し、大日堂舞楽を演出した山伏たちは、同じ構造に冬至の軸にふさわしい表現を与えたのである。

環状列石遺構
夏至の祖霊迎え
バランスの崩れ
太陽神
死霊の来訪
盛大な富の消費
野外での宴

大日堂
冬至の祖霊迎え
バランスの崩れ
大日仏（ダンブリ長者）
死への拉致（吉祥姫）
莫大な富の集積
室内への籠り

深夜の雪道を大日堂めざして進んでいく現代の舞人の一行を見ていると、私には真夏の残光を浴びながら環状列石めざして、四方の村々から列をなして集まっていく縄文人たちの姿が彷彿とされる。彼らはこの日のために蓄積しておいた豊富な食べ物や果実酒などを携えて、祖霊との再会をめざして、環状列石に集まってくるのである。もしもこの縄文人たちが村ごとに違うパートの舞踏を受け持っていて、それらをつなぐと一つの太陽神話が出来上がるようになっていたとしたら、環状列石での縄文の祖霊祭から現代の大日堂舞楽まで、途切れることのない伝統の連続が実現されていることになる。そのような夢想を誘うほど、大日堂舞楽は歴史の連続を感じさせるのである。

この歴史の連続を保存するのに大いに力をはたしたのが、山を修行場とする修験者たちであったことには、深い意味が隠されている。東北地方の祭礼や習俗には、修験道の関わるものがたくさんあるが、それらの多くに縄文文化的な要素の露頭を見ることができる。ほかの地方では地中深く埋葬されてしまってまったく見ることのできない縄文文化の残存が、東北のいくつかの場所では地表に露出しているのを見ることができる。その露出は多くの場合、山伏のおこなう舞楽や儀礼にあらわれている。鹿角大日堂の例でも見たように、修験者たちは縄文的な文化要素に巧みな変形やカモフラージュを加えながら、古代・中世文化の中に生き残れる工夫をこらしてくれたのである。

その理由は、修験道そのものの本質に関わっている。とくに東北で発達した修験道の修行は表向きは天台宗や法相宗の教義で意味づけされているが、そういう仏教的な外皮をめくってみると、その内側からは仏教以前からこの地方で実践されてきた山中修行の体系が現れてくる。その山中修行では象徴的な「死と再生」が演じられる。修行者たちは象徴的にいったん死んで、新しい生命として再生してくる。この儀礼の構造は旧石器文化以来のきわめて古い来歴を持つホモサピエンス最古の儀礼である。修験道はこのきわめて古い人類的構造をもつ儀礼の体系を、仏教と神道によって蘇らせたのである。そのおかげで、旧石器文化以来の太古からの思想が、古代・中世型の宗教にヴァージョンアップして、生き延びることができた。

鹿角大日堂で山伏たちは一つの奇跡を起こしたのである。太古の太陽神が新しい大日仏という神格になって蘇っただけではなく、環状列石遺構で繰り広げられていた縄文人の思考の世界が、「ダンブリ長者」伝説という中世的な説話として姿を変えて再生している。「伝統と現代」をめぐる古くて新しい問題に、彼らは一つのみごとな回答を与えたと言える。

第五章　諏訪大社

縄文の「王国」

富士眉月弧

多摩川か相模川をさかのぼって、多摩丘陵から山岳地域にわけ入り、甲府盆地へいったん下ってから諏訪湖に至り、さらに天竜川を下る。人の眉毛のような形をしたこの地帯のことを、「富士《ふじ》眉月《まゆづき》弧《こ》」と呼んでいる考古学者たちがいる。(1)この地帯には、いまから五千年から六千年前、縄文式の文化がかつてないほどに高度な発達をとげた。

その時代にここで作られた土器の独創的な造形は、現代人を驚倒させる力をみなぎらせ、祭祀に使われたとおぼしき遺物は、背後に、複雑で深い神話思考の活動の様子を想像させる。日本列島の縄文文化は、この地帯でひとつの絶頂を実現した。その眉月弧地帯の西の端に、スワ（洲羽または諏訪、古い発音はスハ）の地があった。

この眉月弧の形は、縄文土器を携えた新石器人が、どのようなルートで内陸部に入っていったのかを、暗示している。彼らは刳船《くりぶね》に乗って、海洋から多摩丘陵の突端に到着し、そこから多摩川や相模川を遡上して、内陸に入り込んでいったのだろう。

このルートは、彼らが南方系の出自を持つ海洋的な人々であったことを暗示している。じっさいのちにこの地帯で発達する縄文文化には、南方的な要素が色濃くしめされることになる。そればかりではなく、この縄文文化の土台の上に生み出された弥生型の文化もまた、多くの面で、南方的な特質をみせるのである。

人の眉の形をしたこの地帯に、日本列島の縄文文化の粋が集められ、高度な達成がおこなわれた。そののちの文化発達を見ていると、たしかに日本の古代はここから流れ出した、といっても言い過ぎではないほどである。

古代の諏訪

南方系の新石器人（私はそれを「スンダランド系人類」と総称してきた）は、美しい形をした山と、その山の麓や中腹にある湖の対《ペア》に、神聖さを感じてきた。この感覚は、旧石器の人類から受け継いだものである。そのことは、旧石器文化を伝えるオーストラリア先住民が、砂漠にある丘と深い泉の対を神聖視して、そこに「虹の蛇」が潜んでいると考えてきたことからもわかる。山と湖と蛇のかたちづくる三位一体は、南方系新石器人のもっとも重要な思想となってきた。

こういう思想を抱いた新石器人が、日本列島の中部に進入してきた。富士眉月弧地帯をたどって、八ヶ岳の山麓地帯にたどり着いた彼らは、そこではじめて諏訪湖を見たであろう。そのとき彼らが感じた感動と驚きを想像して、私はしばしば胸が熱くなる。

諏訪湖の水面は、いまよりもはるかに大きかった。透明な湖水には、湖の周囲を取り囲む山々の、美しい姿が映し出されている。北東には霧ヶ峰、蓼科《たてしな》の山々が、こんもりとした山容をもってうずくまり、南方にはモレア（守屋、洩矢）の山が立ち上がっている。いずこを見渡してみても、山と湖のなす神聖な対の候補者を見いだすことができた。

このうち、八ヶ岳南麓の有力な縄文村落から出たグループが、諏訪湖の南岸にできた扇状地に進出して、そこに新しい村をつくった。彼らは村の背後にそびえるモレア山を、自分たちの「宇宙」の中心というべき、聖なる山と定めた。

（1）八ヶ岳山麓を拠点に活動する小林公明氏を中心とする考古学者たち。

富士眉月弧地帯には、「同じような生産用具をもって雑穀農耕を営み、宗教観念を共有し、同一の暦をもち、同じことばを話し、風俗習慣を等しくする民族が割拠していた」（地図は長野県諏訪郡富士見町編『富士見町史　上巻』を基に作成）

山と湖と大蛇

モレア山と諏訪湖のつくる神聖な対をいただく彼らの宇宙は、突出した力のみなぎる堅固な構造を、他に誇ることができた。モレア山と諏訪湖のつくる対の深層部には、ほかのどの地域よりも強力な、神聖な蛇の存在を感じ取ることができたからである。

神聖な蛇は、現実世界にはあらわれてこない。それは人々の心的構造のなかに潜んでいて、トランスや夢想的な想像力のなかにしか、あらわれてこない。しかし山と湖のなす神聖な対のおかげで、その蛇の存在が、人間に感知できるものとなる。

湖は「運動しない川」である。それは大地の窪みに、満々たる水をたたえ、その水は見えない深みへとつながっている。その湖の脇から、神聖な山が立ち上がる。この景観を前にした人類の心は、偉大な力をひめた「流動するもの」が、湖の底から山をとおして、天に向かって立ち上がってくる動きを、感知していた。天に向かったその流動するものは、雨となって地上へ降り注ぐ。雨は大地にしみ込んで、湖に集まり、ふたたび底に沈んで、蛇への変身のときを待つ。

自然がしめすこの循環運動と、人類の心の構造が共鳴をおこすとき、山と湖と想像上の大蛇がつくりなす、南方系の根本神話が動きはじめるのである。モレア山の麓である諏訪湖南岸ほど、そのような神話思考の発達にふさわしい土地は、日本列島のなかにも少ない。縄文時代の中期、この土地で神話的文化が、つぎからつぎへと高度な作品を生み出していったのは、そのこととと無関係ではない。

氷上に出現する大蛇

厳しい冬になって、川の流れさえ氷に閉ざされて、動かなくなる。その季節に、諏訪湖は縄文人たちの眼前に、驚嘆すべき氷上の神秘を、出現させてみせるのだった。

厳寒の日が何日も続いた朝、諏訪湖からバリバリという大音響が轟きわたり、凍った湖の表面に、まるで雷が走ったかと思われるような、ジグザグの亀裂が縦断する。亀裂にそって氷の山が盛り上がり、なにかが氷上を走り抜けたことを、誰もが感じた。

この「御神渡《おみわた》り」の現象は、厳冬のまっただなかに、すっかり動きの止まった現実世界の背後で、あの大いなる「流動するもの」が動きを続けていることを、目に見える形でしめしていた。湖をつうじて深淵に通じ、山となって立ち上がり、雨となって落下する。大蛇としてイメージされた、この流動し循環するものをめぐるさまざまな思想が、のちのち諏訪神社の祭祀や神話に、結晶していった。

縄文の「王国」

八ヶ岳山麓から諏訪湖畔にかけて広がる、ゆるやかな傾斜地には、縄文時代の中期をピークとして、驚くほどに豊かな文化が発達した。とくに土器や神像や人物像の造形にかけては、日本列島に展開した縄文文化のなかでも、空前絶後の達成を実現している。

創造の中心地は、井戸尻や尖石《とがりいし》を中心とする、八ヶ岳の傾斜地につくられた村々にあった。それと同じ流れの人々が、モレア山の麓にいくつもの村をつくった。その頃はまだ諏訪湖は、今の二倍近くも広い湖だったので、これらの村はどれも、諏訪湖の南岸に直面していた。

諏訪湖の北岸、今の諏訪神社下社の周辺にも、縄文人は住んだ。このあたりは、のちに弥生式の文化を携えたアヅミ系の人々が、いち早く進入してきた場所である。これにたいして諏訪湖南岸に住む、モレア系の縄文人の土地（ここに上社がつくられた）は、それよりもすこし遅れて、イズモ系の人々の進入を許した。そのため、のちのちまで諏訪湖をはさんで、北岸と南岸の人々の間には、微妙な対立感情が生まれることになった。しかし、縄文文化真っ盛りの頃には、そういう違いはまだ発生していなかった。

いずれにしても、諏訪はかつて縄文の「王国」だったのである。もちろん「国」もなかったし、

尖石遺跡の復元住居（K）

「王」というものもいなかった。そのかわり、モレア山麓を拠点にした村々から選ばれた首長が、諏訪一円の縄文世界のリーダーとなっていた。

そこには、霊力の世界の「王」もいた。その「王」は、諏訪湖とモレア山とそこにひそんでいる「流動するもの」がかたちづくる、三位一体のカミにほかならない。このカミは、しばしば大蛇の姿にイメージされた。地中にひそみ、生命の流動を思わせる大蛇は、たしかにこの三位一体のカミのイメージにふさわしい。

縄文の露頭

新石器的な思考をした諏訪の縄文人たちは、自分たちの住む自然や土地を、カミと人間がいっしょにつくりだす、ひとつの「世界」に、つくりかえていった。土地の景観の隅々にいたるまで、名前が与えられ、それぞれの場所にちなんだ物語が語られることによって、見知らぬ自然は、人間になじみのある空間につくりかえられていった。

そういう場所には、きまって「シャグジ」が設置された。シャグジは、のちの神道の神のような存在ではない。それは、人間と自然とその底にひそむカミとの間につくられる、霊的な通路をあらわしている。人間と自然とカミをつなぐものといえば、キリスト教では聖霊がそれにあたり、新石器人にとっての精霊である。シャグジは縄文人とともにこの列島に住みついた、最古のスピリットだったと考えられる。

このシャグジという存在を、縄文人たちは植物と石のセットで表現した。周囲に秀でた樹木の根元に、男根状の石棒や睾丸をあらわす丸石をおいて、土地ごとのシャグジのシンボルとした。諏訪には、おびただしい数のシャグジが設置された。それは自然と人間とカミがつくりなす縄文の「王国」の、いわば国旗のようなものである。シャグジをつうじて、縄文人は自分たちの魂の根源に、つながっているという実感をもつことができた。

諏訪の冬室

こういうシャグジをはじめとして、さまざまな縄文文化の産物が、諏訪には数多く残されている。そして、ほかの土地にはめったに見られない特徴として、ここでは、時代によって表面上の機能は変わってきているように見えながら、そうした縄文の産物が、深いレベルでの本質を変えずに、連綿として受け継がれ、利用され続けてきた。諏訪では現代でも、いたるところに、縄文の思考が露頭しているのである。

その一例が、「冬室《ふゆむろ》」だ。かつて諏訪の冬の風物詩はといえば、いたるところに見ることのできた冬室であった。諏訪の農村では、冬が近づくと、何軒かが共同で、冬室というものをつくった。畳三畳分もある大きな竪穴を地面に掘り、柱を立てて、草や藁の屋根をかける。入り口をはいるとすぐに梯子がかけてあって、ここから土間に降りていく。小さな明かり取りから、わずかな光が入ってくるだけで、室の中はいたって暗い。そのかわり、いったん室に籠ってしまえば、厳しい冬の寒さから完全に守られていた。ランプを吊るしているだけで、防寒具は必要がなく、かえって汗が出てくるほどであった。諏訪の農民は、長い冬の間この室の中に籠って、藁仕事などの仕事に精を出した。

諏訪の農民は、夏と冬とで、完全にちがう生活の形態をとったのである。夏は弥生式の高床の母屋に住んで、開放的な屋外で作業をおこない、冬は縄文式の竪穴住居に籠って作業し、ほとんど動かない暮らしをした。

エスキモー的な諏訪

明治大正の学者たちは、諏訪からの報告でそのことを知って驚いたという(2)。季節ごとの諏訪人の生活パターンの変化が、アラスカのエスキモーやシベリアの先住民のものと、そっくりだったからである。エスキモーやコリャークは、夏至を中心とする夏の日々を過ごす住居と、冬至を中心とする冬の

(2) 栗岩英治編『諏訪研究』(大正五年刊)など。

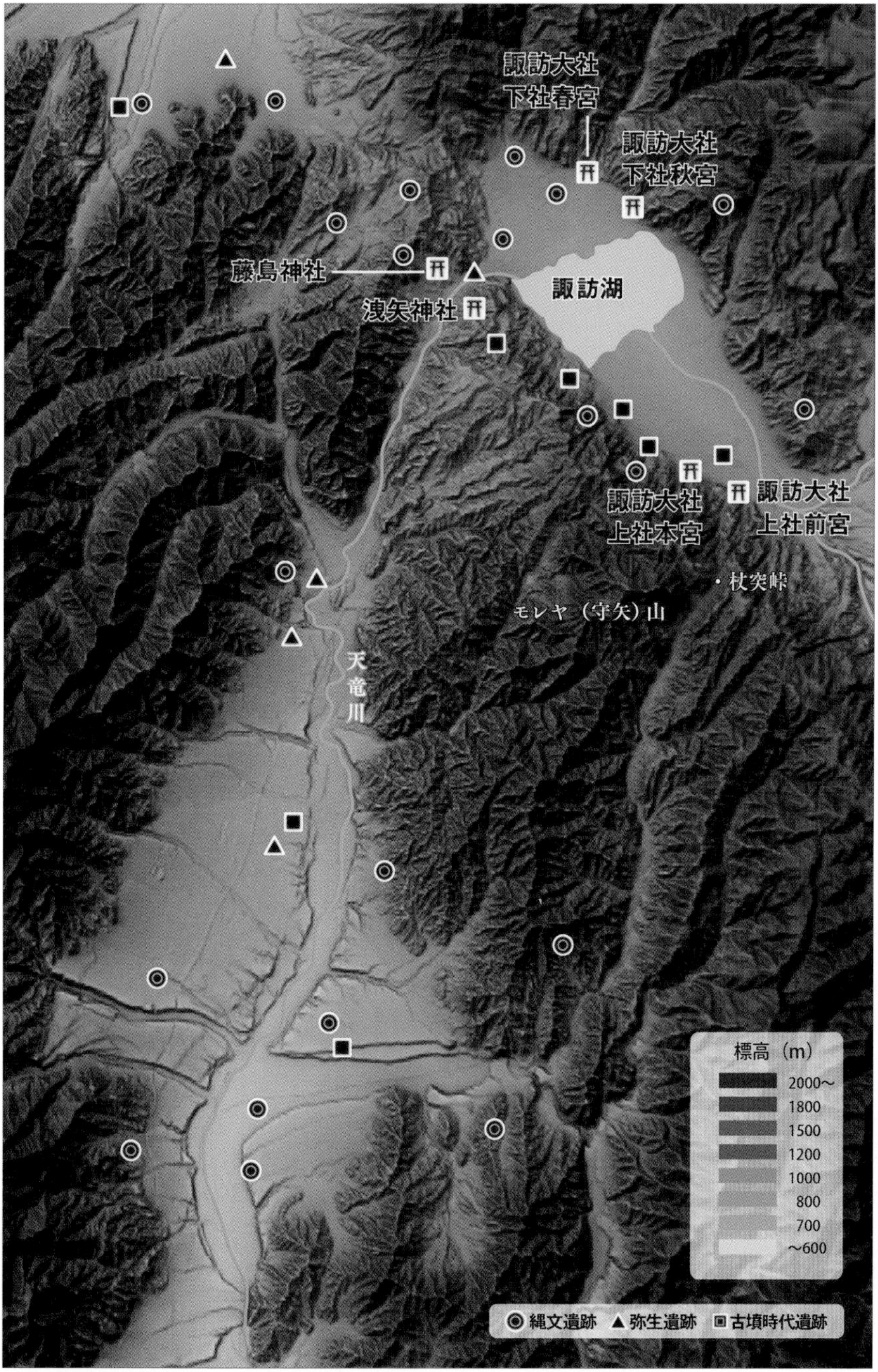

縄文の王国に進入したイズモ系弥生人（カシミール3D（http://www.kashmir3d.com/）で作成）

1 諏訪湖
2 石棒と丸石
3 洩矢神社

2

1 諏訪大社下社秋宮の御柱
2 佐奈伎鈴（神使がならす鈴）
3 諏訪大社上社前宮

3

1 井戸尻遺跡の復元住居（K）
2 曾利遺跡出土蛇文深鉢（井戸尻考古館蔵）（K）
3 青塚古墳

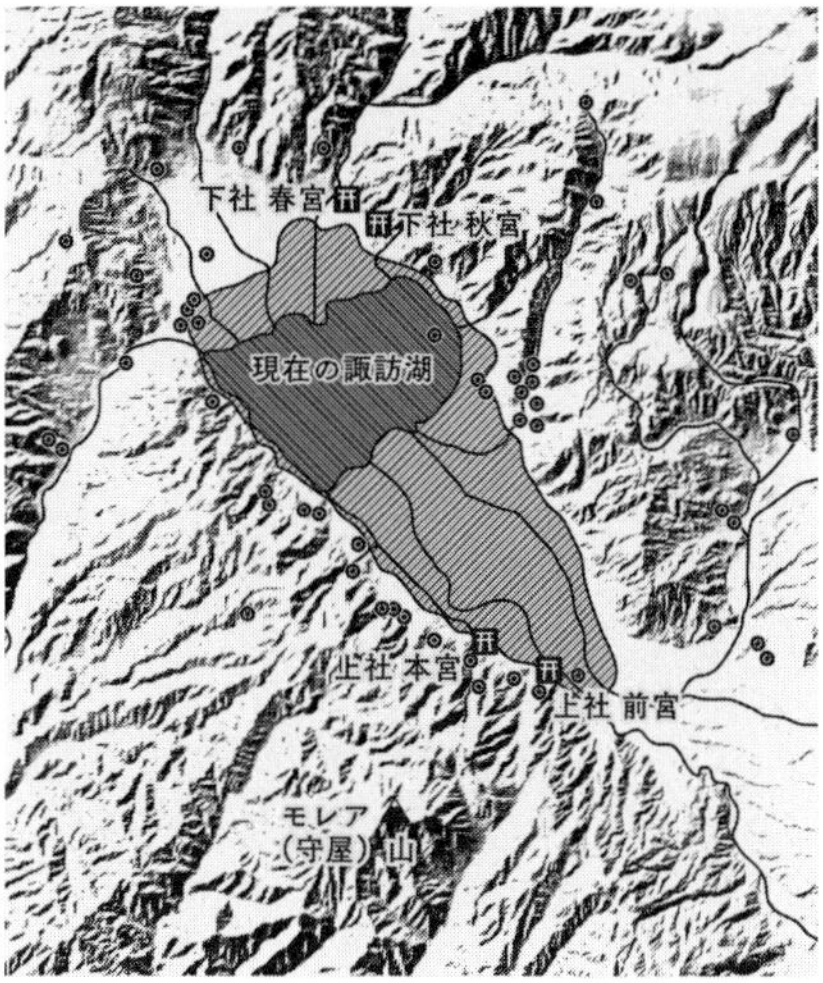

薄い色の斜線部は縄文中期の諏訪湖面　●は主な縄文遺跡のある場所
八ヶ岳山麓を下った縄文人は、諏訪湖の南岸、モレア山の麓に進出した。のちに諏訪神社上社がつくられる（図版は『諏訪市史　上巻』を基に作成）

季節の住居とを、はっきり二つに分けていた。冬は氷や土で覆われた、暖かい「室」で過ごす。その中で二、三ヵ月の間、祭りを中心とした生活を送るのである。

このことは、諏訪人の伝統的な世界が、寒冷地適応を果たした北方の狩猟民たちと、きわめて近かったことを示している。新石器人の生活形態が、諏訪には少し形を変えただけで、そっくり生き残っている。それは古代、中世、近世と時代をへても、新石器的＝縄文的な文化の要素が、諏訪世界には色濃く残されている、という驚くべき事実の一端を示している。

聖なる「室」

雪と氷でできたエスキモーやコリャークの「冬の家」と、竪穴式の諏訪の「冬室」の類似性から、もっとも豊かな推理を引き出したのは、民俗学者の折口信夫である。彼が読んでいたフランスの人類学者の研究には、エスキモーは夏の季節を、野外での仕事中心の「俗」の時間にあて、冬は屋内での祭り中心の「聖」の時間に割りあてて、それぞれの季節で住む家まで変える、と書いてあった。

折口はこのことから強いインスピレーションを受けて、こう考えた。諏訪の冬室の習俗などがしめしているのは、古代の日本人が、自分たちが生きる時間を、聖と俗に分けていたことの名残なのではないか。

俗の時間は、弥生式の高床の家に住んで、水田や畑で農作業をする。ところが、一年の中の聖なる時間は、冬至をはさんだ寒い季節のもので、その期間はわざわざ、先祖が住んでいた縄文式の竪穴住居に籠って、「ふゆの祭り」にうちこんだ。この期間は、「室」に閉じ籠って、斎《いみ》の暮らしをするのである。

「ふゆ」の祭り

北方に暮らす民族は、冬の間もっぱら「室」に住んで、祭りに精を出す。少年を大人にするための成人戒＝イニシエーションと、この世に霊力を増殖するための儀礼がおこなわれている。

ここから折口信夫は、こう推理した。日本列島でも古代人は冬の季節に、密閉された室や、卵の形をした空間などに籠って、イニシエーションや増殖の祭りをおこなっていたのではないか。そうとでも考えなければ理解のつかない話が、万葉集や『記紀』神話には、たくさん出てくる。

古代の日本人もきっと、生命の根元である「霊力《タマ》」が、増えていくことを願って、室に籠って、祈り、歌い、踊ったのである。イニシエーションの儀礼も、その季節におこなわれた。子供であった自分が「死んで」、真人間として生まれ変わるのである。

冬の季節が「ふゆ」と呼ばれるようになったのは、そのためである。冬の季節には、地面の下や樹木の内部では、霊力や生命の増殖が、着々と進行している。人間はその増殖のプロセスを、祭りをしてサポートする。閉じられた室に籠って、霊力や生命が増えるプロセスを、後押しする。これを古代語で、「ふゆ」と呼んだ。「増殖する」という意味である。そのため、人々が室でお籠りをする寒い季節までも、「ふゆ」と呼ばれるようになった。

この大胆な仮説が生まれるのに、諏訪の農民が冬に籠る「冬室」の風習が、インスピレーションの源泉のひとつとなったことは、まちがいない。折口は天竜川沿いの村々でおこなわれている、花祭や冬祭を何度も見学しにでかけ、当時はまだたくさん見かけることのできた、諏訪の冬室も、じっさいに見ていたはずである。

縄文的諏訪

折口信夫の言う「古代」は、考古学の発達した現代から見ると、あいまいなところのある概念である。私はそれを「古層」という、もう少しきちっとした概念に置き換えようと思う。古層のうちの下層では、縄文文化がおこなわれている。その上に、稲作をおこなう弥生式文化の層が重なり、両者のハイブリッドとして、日本文化の原型である古層が形成された。

（右）イヌイットと室（K）
（左）戦前の諏訪地方の農村の冬室（図版は宮地直一『諏訪神社の研究　後篇』より）

諏訪世界では、その古層の中に占める縄文文化の影響力が、ほかの地方に突出して強力である。ほかの土地では、歴史の侵食作用で削り取られてなくなってしまった古い層が、そのままの姿で、現代世界に露頭している。冬室の風習などは、そのほんの一例である。諏訪はじつに偉い世界である。

イヌイットやコリャークは狩猟民族であり、水田稲作をおこなわない縄文社会は、それと同じ段階にある。その点からすると、夏と冬とで生活の様式を劇的に変化させ、密室になった室に長期間籠って、霊力の増殖を願う儀式をおこない、少年を大人にするための「ふゆの祭り」を、同じ新石器人である縄文社会の人たちもおこなっていた、と考えるのが自然であろう。

諏訪では、じつに数千年の時間を超えて、あるひとつの同じ思想の構造が、変わることなく働き続けている。諏訪の冬室を、縄文的な古層が機能を変えて、現代に露頭しているものの一つと考えると、考古学者や歴史学者たちを悩ませてきた、多くの疑問が氷解する。

八ヶ岳山麓から諏訪湖畔にかけて、たくさんの縄文人の村があった。村の中の家々は、円環状に並べてあり、まん中は広場になっている。その広場は周囲が墓地にもなっていた。住居は竪穴式で、中央の地面には炉が掘ってあり、床が平らな石で敷き詰められた、高級な文化住宅もすでにつくられていた。

その中に、一般の家とはおもむきを異にする建物があった。生活の匂いが少ないのに、炉の設備が堂々としていて、そこから掘り出される土器は、とても日常生活で使われたとは思えない、完成度の高さをしめしている。土器の表面に描かれた図像は、その当時人々が語り合っていた神話の主題を、もののみごとな手法で、表現している。あきらかに、それは「聖なる室」の跡であった。

冬至の朝に

この室の中で、「ふゆの祭り」がおこなわれていたことを、考古学者たちは確信するようになった。それは物好きな一人の考古学者が、冬至の日の早朝に、この住居跡に座り込んでいたときにわかった。竪穴住居の入り口と炉が一直線状にあり、日の出の角度から推定すると、入り口から差し込んだ朝一番の光は、まっすぐに地面の炉に飛び込んでいくように、設計されていた。

炉の脇には、男根をあらわす石棒と、女性器をあらわす石皿が、転がっていた。小ぶりな丸石も、近くにあった。この室で、生命と霊力を増殖させるための、「ふゆ」の儀礼がおこなわれていたのではないか。この推理は、土器に描かれた図像の分析から、さらに確かなものとなる。

ふゆの胎児

「富士眉月弧」地帯では、いまでもドンド焼きなどの小正月の行事として、道祖神を彫り込んだ石神の上に、藁でこしらえた小屋をかけ、夕方これに火をかけて燃やす習俗が、さかんにおこなわれている。この行事が、なにを意味しているのかは、あからさまに明白である。

道祖神は男女のペアをあらわしている。そこにこめられている性的な意味を、表に出すために、石神には仲睦まじく抱擁する男女像が描かれたり、縄文時代の遺物である石棒や石皿が、祀られている。その石神の上に、原始的な藁小屋をかぶせ、冬至の季節に火を放って、盛大な火祭りをおこなう。この現代の祭りは、やはり冬至の頃、この同じ文化圏の縄文人の村でおこなわれていた祭りと、「ふゆの祭り」としての、あきらかな共通性をもっている。

縄文人の村で、祭祀用に特別につくられた竪穴住居。その中央部には、儀礼用の「炉」が切ってある。その炉に、冬至の朝一番の光が差し込んでくるのを合図に、炉には新しい火が点火される。炉の脇には、男女の性器をかたどった石の祭具がおかれ、それを使って神官役が、性行為のまねごとをする。想像的な「受胎」が完了する。すると竪穴住居の扉は、ふたたび閉ざされる。

炉に燃える火は、これからふたたび「よみがえり」をめざして、勢いを増していく、太陽の力をあらわしている。そしてそれといっしょに、想像力のつくりだした霊力の「胎児」が、閉ざされた小屋の中で成長を始めるのだ。この胎児は人間の子供をあらわしているだけではなく、森に住む動物たちすべての生命を生み出す、霊力の根源をもあらわしている。

これから冬の三ヵ月ほどをかけて、生命のおおもとである霊力の胎児の成長が、この室の中で進行していく。火を絶やすことなく、外界からの影響をいっさい絶った室の中で、想像的な増殖の過程が、進んでいく。これはまさに、縄文における折口信夫的「ふゆの祭り」である。

子供から大人へ

新石器文化に一般的なように、この時期には、少年が一人前の大人の男になる、イニシエーションの儀礼が同時に進行した。それまで少年は女性の世界に守られて、育ってきた。それは自然の原理と一体になった世界である。その世界の中で、少年は自然な愛情を身につけ、感情と一体になった言葉をしゃべっていた。そういう少年としての自分が「死んで」、一人前の大人の男になるための修行や儀式がおこなわれた。

昼間は野外に出て、大人たちから狩猟や生活のしきたりを学び、夜は長老のもとで、シャグジの精霊や神々についての、秘密の知識をたっぷりと教え込まれる。長く続いた苦しいその修行期間が、いまようやく最後の段階に入ろうとしていた。

大人候補の子供たちは、あの特別な祭祀小屋に閉じ籠って、これから数日間、飲まず食わずの潔斎の暮らしに入る。「子供

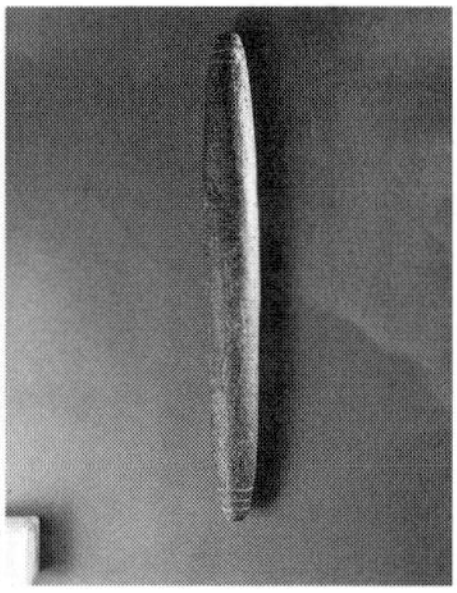

（右）石棒（K）
（左）小正月の道祖神祭り

のお前は死んで、真の人間に生まれ変わって、ここから出てくるのだ」と、子供たちはあらかじめ長老から聞かされていた。死んで生まれ変わる、という聞くだに恐ろしげなその最後の儀式が、これからはじまろうとしていた。

蛙の背中からの出生

竪穴式の室の中は、真冬なのに、汗が出てくるほどに暖かかった。炉には赤々と火が燃やされ、火にかけられた土の壺からは湯気が出ていた。奥のほうに祭壇がしつらえられていて、そこには一段と見事に造形された、大きな壺が置かれていた。

壺の表面には、まことに不思議な図像が描かれていた。一匹の大きな蛙が、両手と両足を開いて、壺の表面に抱きついている。その蛙の背中が、ぱっくりと割れて、そこから人間の赤ん坊が顔を出そうとしている。赤ん坊の顔は、まるで猪の子供（うりぼう）のように見える。

大蛇に呑み込まれて

神官役の長老はそのとき、つぎのような内容の神話を、語り出したかもしれない。「自分たちの住んでいる諏訪世界は、村の南方にそびえるモレア山と、その麓に広がる巨大な諏訪湖を中心にできあがった、精霊と神々に守られた世界だ。大地にはシャグジの精霊が住んでいて、立派な姿をした『タエ（湛）』の樹木をとおして、人間の世界に出入りしている。そのシャグジの精霊が、この室の中には満ち満ちていて、火と水の力をもらいながら、数を増やし、力をつけて、ぐんぐんと成長をとげている。この室は、胎児の姿をした大地の精霊が、成長していく、母の子宮なのである。

モレア山と諏訪湖をつなぐ巨大な洞窟が、諏訪世界の地下を走っている。諏訪の大地の底を、『大いなる力』が、流れ動いている。それはとてつもなく大きな蛇だとも言われている。真冬の諏訪の湖上に、轟音をたててあらわれる氷の道が、その大蛇の姿をあらわしている、という者もいる。

お前たちはこれから、その地下の洞窟に潜り込む旅をおこなう。地下を流れる大いなる力に呑み込

（上）蛙や蛇や不思議な水棲生物の姿を描いた図像は胎児との関連を想起させる（図版は中沢新一『精霊の王』より）
（下）湛の木（茅野市）

まれ、嚙み砕かれ、いままであった自分を、粉々に壊してしまうのだ。そうして長い暗闇のトンネルに入る。すると遠くに光が見えてくるから、その光の方角めざして、駆け出すのだ。暗い地下世界と、人間の生きるこの世界との間には、蛇と人間の間をとりもつ動物がいる。蛙だ。

その蛙の背中を割って、お前たちは赤ん坊として、生まれ直してくるのだ。この世界のなりたちを知っているお前たちは、赤ん坊の姿はしているけれど、立派な真人間になっている」。

室に充満している煙にあてられたのか、さきほど呑まされた変な液体の力か、子供たちはイビキをかいて寝始めてしまう。一昼夜ほどして、ふたたび目をさました彼らは、蛙の背中を割って生まれ直した、「人間」になった自分を見出すことだろう。

諏訪の奇跡

先ほど描いて見せたイニシエーションのシナリオは、旧石器から新石器にいたる数万年の間、人類が行っていた儀礼の普遍的構造をもとにして、そこに八ヶ岳山麓考古学の成果をとりいれて、具象画にしてみたものである。それはいまから五千年から六千年も前の、縄文時代の話である。こういった儀礼は、神道の「古層」に属するものであるが、ほかの土地ではおおむね、大きく形を変えるか、姿を消してしまった。

　ところが驚くことにこの諏訪では、それからずっとのちの時代に創建された、諏訪神社の上社と下社の中心的な祭事の中に、縄文人のおこなっていたものと、構造をほとんど同じくする儀礼が、原始的な姿を変えずに、あっけらかんと登場してくる。

　それも一例や二例でなく、重要な神事の多くが、あからさまな古層性の特徴をしめす。しかも古層のなかでももっとも古い、縄文層に属する神事が、続けられてきた。こんなことは、どんなに強い古層性を残す出雲大社でも三輪神社でも、見られないことである。諏訪では、まさにありえないことがおこったのだ。

　一例をあげよう。ときは室町時代。諏訪は甲斐の武田信玄の勢力下にあった。古代的な精神の持ち主であった信玄は、長いこと廃れてしまっていた諏訪神社の古い儀礼や祭りを、復活させたいと強く願い、復興のための援助を申し出た。そのさいに、伝統的な儀礼の目録と、それの簡単な説明を書き添えた書類の提出を、諏訪神社に求めた。そのときの関係書類のなかに、大地の精霊「シャグジ」をめぐる、まことに不思議な儀礼が登場してくる。

大地のメッセンジャー

　その頃の諏訪神社には、上社にも下社にも、大祝《おおほうり》という最高位の神官がいた。この大祝は、上社では神《みわ》氏、下社では金刺《かなさし》氏から、選ばれることになっていた。この大祝という存在については、のちに詳しく説明するとして、その大祝のもとに、神使《こうのと》と呼ばれる、重要な役職をつとめる少年たちがいた。文字どおり「神の使い」をあらわす。いわば天使である。しかし諏訪神社の祭神であるタケミナカタトミやヤサカトメの神意を伝達するのではなく、それよりもはるかに古い来歴をもつ、大地の精霊シャグジの霊力を伝えるメッセンジャーが、この神使であった。

　諏訪の国を構成する三つの地域である、外縣《そとあがた》、内縣《うちあがた》、大縣《おおあがた》のそれぞれから選出された、八歳以上十五歳以下の少年が、その役についた。この中から四人が選ばれて、早春の三月、各地を巡行して、そ

（3）武田信玄による諏訪社舊規復興下知状。宮地直一『諏訪神社の研究』。

諏訪各地のシャグジ（ミシャグジ）の社の石棒（K）

この大地に、室の中でたっぷり増殖したシャグジの霊力をふりまいていく。

この行事を「大立増《おおたてます》」といった。このとき、各地巡行の旅に出立する一月以上も前から、神使の少年たちは、厳しい精進の暮らしに入らなければならなかった。少年たちは、竪穴式の室を精進小屋として、その中に籠った。地面に大穴を掘って、そこに柱を立て、垂木を渡して、萱《かや》で屋根を葺いた、とある。それについてある文書は、「冬は穴にすみける神代の昔」を模した、と書いている。縄文時代の祭祀用の室、近世にも見られた諏訪の冬室そのままである。

室に籠る少年

室に籠った少年たちは、なにをしたか。武田信玄に提出された文書には、つぎのようなことが書いてある[3]。

> 選ばれた少年たちは、沐浴潔斎しながら、室（精進小屋）の中で清浄な暮らしを続け、三十日かけて、シャグジをあらわす不思議なオブジェをつくるのである。これを「王子胎内の表躰《ひょうたい》」と言っている。聖なる童子が胎内に宿っている姿をあらわすオブジェ、という意味である。

少年たちが制作していたのがどんなオブジェか、それについて文書は沈黙していて、脇に誰かが書き込んだ注釈に、これは諏訪のいたるところに見られる「御左口神」と同じであろうから、さだめて陽物（男根形オブジェ）にちがいない、と書かれている。御左口神は、シャグジの精霊にあたえられた、よく使われる宛て字である。

たしかに大地の精霊であるシャグジ（ミシャグジ）は、秀麗な樹木の根元に置かれた、男根状の石棒であらわされることが多い。そこで少年たちは、室の中に籠って、三十日かけて男根状のオブジェをつくっていたとも考えられる。しかし私がこだわるのは、「王子胎内の表躰」という表現である。

私はここで、縄文人が好んで作り、身につけた胎児勾玉《まがたま》や、日本海の渚に作り置かれた、魚期の胎児の形を模した巨大インスタレーションのことを思い出す（後出、第六章「出雲大社」、「渚のインスタレーション」）。「王子胎内の表躰」をすなおに理解すれば、とうぜんそれは母の胎内で成長する胎児のこととなる。

大地の精霊シャグジは、母の胎内に籠る胎児であり、それをあらわす神秘のオブジェを、室の中に籠った少年たちが、一月もかけて、精進潔斎しながらつくるのである。神使となる少年は、まず自分をシャグジの精霊と同じ「空の容器の中の胎児」に変身させ、密封された室に籠り、心をこめてオブジェをつくり、それによってシャグジの霊力を増殖させようとしているのではないか。これはまぎれもなく、折口信夫いうところの古代の「ふゆの祭り」である。「ふゆ」の期間が満ちれば、「はる」の時間がやって来る。妊娠した女性のお腹が「はる」。植物の蕾が「はる」。繁殖期をむかえた動物たちのお腹が「はる」。

神使の少年たちは、室の中で思うさま増殖をとげたシャグジの霊力を、諏訪の大地に撒種するために、三郡巡行の旅に散っていく。植物が芽吹き、動物たちがつがい、大地に「はる」がもたらされ、生命の息吹が諏訪の大地にみちみちるよう、美しく着飾って馬に乗った精霊の使いが、早春の諏訪の野道を行く。

蛇から王へ

縄文と弥生の見分け方

考古学者は縄文文化と弥生文化を、おもに土器の様式によって見分ける。しかし私はここでは、それとは違う、もっと本質的な見分け方にしたがおうと思う。縄文文化と弥生文化は、エネルギー循環の様式の違いによって、はっきり区別することができる。

縄文人は、自然エネルギーの全体量が、つねに一定に保たれているような世界を生きている。狩猟や採集中心の彼らは、動物や植物に姿を変えた自然エネルギーを、自然の霊力の主（モノヌシ）からの贈与として受け取っている。そのとき、自然界から人間界へのエネルギーの移動がおこるだけで、全体としては、エネルギー総量の増減はおこらない。

縄文人の文化は、そのことを意識してつくられている。狩りで鹿や熊が獲れたのは、モノヌシからの贈り物が届けられたからである。人間はそれに応えるために、動物の体を飾り立てて、その霊をモノヌシのもとに送り返す、「送り」の儀式をした。

獲物をいただくとき、それまで動物の体に包まれていたエネルギーが、解放されて、人間のほうに移動をおこす。動物の殺害は、この移動が実現されるのに必要な方便であった。縄文社会では、自然エネルギーが生物の衣を身にまとうとき、「生」の現象がおこり、その衣を脱ぎ捨てるとき、「死」という現象がおこるにすぎない。だから彼らの死生観では、生死はひとつながりである。

きびしい基準を立てる

こういうエネルギーの循環構造を土台にして生まれた文化は、まぎれもない「縄文的」と見なすことができる。そうでない場合、見かけが野性的で狩猟的だからといって、それを縄文的と即断することはできない。

すでに述べたように、水田による稲作をはじめた弥生式の社会では、自然にたいして投入された量よりも、ずっと量の大きい収穫がもたらされる。人間の開拓した領域でだけ増殖がおこり、自然循環からもたらされるものをはるかに超えた、「利潤」がもたらされる。弥生社会では、そういう利潤の思想に合致するように、宗教や文化もその形を変えていった。

そこでは、狩猟で殺した動物の霊を、もとの循環に送り戻すために、儀礼をおこなうのではなく、循環を超越した「神」に向かって、生け贄や供物の捧げ物をおこなう宗教が発達する。そういう儀礼で、豪勢な動物の供物などが捧げられているのを見て、「いかにも縄文的だ」と考えるのは、間違った「アルカイズム幻想」である。そこにあるのは、すでに弥生式のイデオロギーによって変形された、狩猟文化にほかならない。

私は縄文と弥生の区別について、こういうきびしい判断基準を、自分に課そうと思う。それをしておかないと、「縄文的な諏訪」について、いくら情熱を込めて論じても、思い込みの域を脱しないことになってしまう。しかしそういうきびしい基準にしたがって、諏訪世界を見直してみても、そこには分厚い縄文的古層の露頭を、見分けることができる。縄文的な諏訪は実在するのだ。

春の祭り再考

シャグジ（ミシャグジ）の精霊を主人公とする祭式の多くが、そのような古層の露頭の典型である。「神使《こうのと》」と呼ばれる少年たちが選ばれて、諏訪湖周辺と隣接地帯を、祝福しながら巡行していく祭式に、そのことがいちばん強くあらわれている。

農事がはじまる前に、大地を祝福していくのだから、少年たちの行為は、農耕儀礼そのもののように見える。しかしよく観察してみると、少年たちが優先的に熱心な信仰心をしめすのは、水田にではなく、大地とそこに育った秀逸な樹木にたいしてであることがわかる。

諏訪の各地に「湛《たたえ》」と呼ばれる、みごとな樹木が生いている。神使の巡行路は、湛の木のある場所に沿って定められていて、湛のもとで丁重な礼拝をおこなっていく。シャグジの霊力は大地のものであり、植物をつたわって現実世界にあらわれる。そのシャグジの霊力が、半地下の室の中でおこなわれる、「ふゆ」の祭儀をとおして、いちじるしい増殖をとげた。その増殖した霊力を身にたっぷりつけた少年たちは、それをまず湛の木に捧げるのである。

このとき、冬のあいだ動きを止めていた、見えない「流動するもの」が、目に見える形で活動を始める。宇宙エネルギーの大いなる交換と循環が、再開される。そして「はる」が訪れる。ここには、縄文社会に特有の、エネルギー循環の思想が、はっきりあらわれている。

その神使が巡行に出立する直前に、上社の「前宮《まえみや》」で、驚くような饗宴が催された。「十間廊《じっけんろう》」と

（上）現代に再現された御頭祭のお供え物（写真は長野県茅野市神長官守矢史料館所蔵の鹿の剝製）
（下）上社本宮

呼ばれる長細い建物に、七十五頭もの鹿の頭をお供えし、さらに鯉や兎や猪や雉などの、動物の肉を高盛りにしたお膳をお供えした。

御頭祭は縄文的か

その饗宴の座には、最高の神官である大祝《おおほうり》をはじめとする、高位の神人たちがそろって居並び、神使の出立を祝った。この饗宴は、そこに供えられる鹿の頭の供物にちなんで「御頭祭《おんとうさい》」と呼ばれ、しばしば「そのかみの狩猟神の遺風」とも考えられてきた。つまり、狩猟によって生きていた縄文文化の名残である、というわけである。

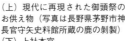

しかし、私たちの採用するきびしい基準にしたがうと、この饗宴は縄文的な狩猟祭ではなく、のちの農耕時代に発達した、別種の擬似縄文的な狩猟祭であることがわかる。饗宴の構成に、少しも動物霊の送りの要素が含まれず、エネルギーの循環を促そうとする思想も、含まれていない。

この饗宴では、動物の獲物は自然界から得られた利潤と考えられ、それを盛大に消尽することに重きが置かれている。そのために、外見は狩猟神的であっても、この御頭祭を「縄文的」と考えることはできないことになる。

調和的な社会

小麦や米のモノカルチャーをしない新石器社会は、しばしば「原始」とか「未開」と呼ばれてきた。この言い方にしたがえば、縄文人の社会は未開であり、原始的である。しかしこの原始・未開社会のもつ最大の特徴は、その社会が「調和的」である点にある。[4] 縄文人の社会と、米のモノカルチャーをおこなう弥生社会を区別するものは、まさにそこにある。

未開社会では、権威のありか、親族の構造、結婚の制度、食料の分配システム、神話、儀礼、宗教などが、たがいに矛盾しないよう、調和的につくられている。どこかの部分だけが突出して、ほかの部分を押さえつけたり、歪めたりしないようにつくられている。その結果、未開社会には首長はいるが、王はいない。精霊はいても、最高神などはいない。

自然との間にも、調和的な関係が築かれている。人間の営みと自然の営みが、全体で一つのエネルギー循環をなしている。女たちが採集してくる果実や山菜も、男たちが仕留めてくる森の動物たちも、自然が人間に与える「贈り物」と理解されていたので、人間が自然をせきたてて、より多くの収穫を得ようとする動機も、そこでは生まれようもなかった。

縄文文化とは、このような調和的社会を背景にして生み出された、調和的文化のことを言う。現代人がしばしば縄文人の作品の中に見出したがる、「原始的なエネルギー」なるものは、じつはこのような調和の原理が生む表面効果にすぎない。縄文社会は「冷たい社会」だからこそ、一万年もの間、調和的な性格を失わずに、持続し続けることができた。

月と女神

調和的な縄文社会では、生と死の間にも、調和が保たれていた。そこでは生と死は、ひとつながりの現実で、私たちの社会でのように、おたがいを排除しあう関係にはない。死んだらおしまいではな

(4) レヴィ＝ストロース「民族学におけるアルカイスムの概念」『構造人類学』所収。

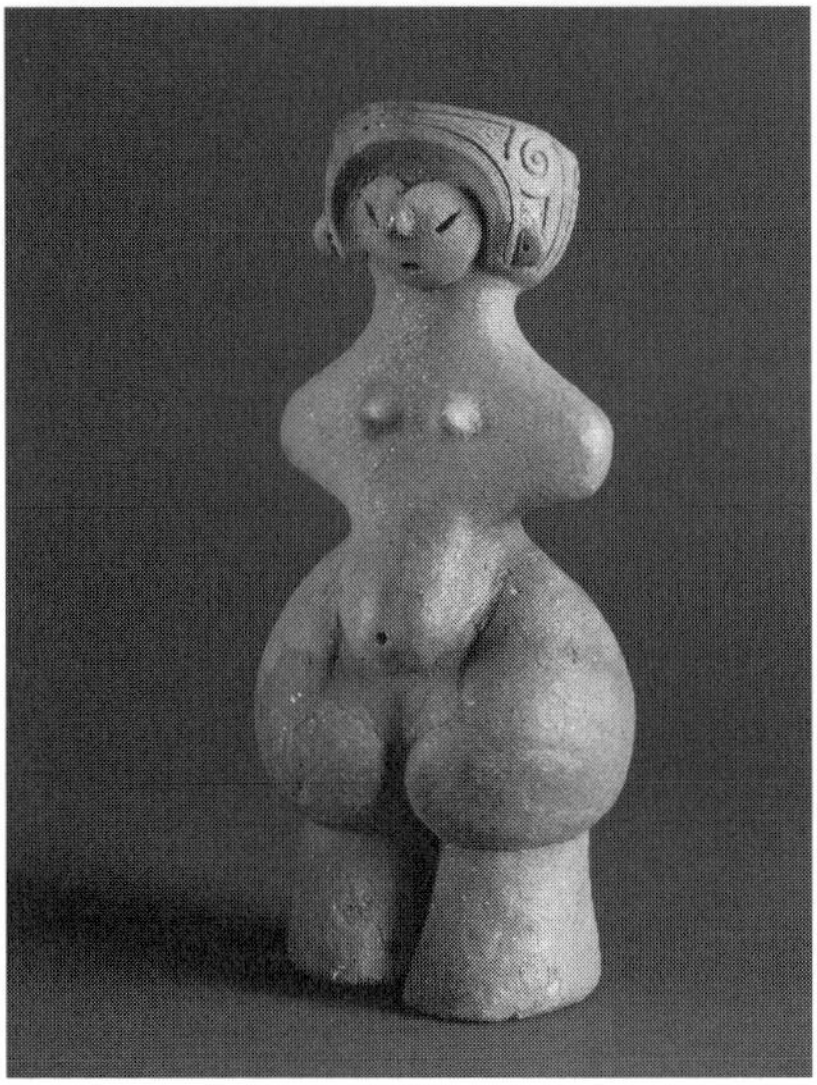

縄文のヴィーナス（茅野市尖石縄文考古館蔵）（K）

く、生と死をともに包み込んでいる、「偉大な流動しているもの」に戻っていく。そしてその流動するものの中から、未来の生命が出現してくる。

　このような循環的な世界観を象徴しているのが、月と女神である。月は生と死の調和的な変化を、天空のスクリーンに映し出す。生命の真っ盛りを思わせる満月の状態が実現されたばかりなのに、早くも翌日の晩には、死の翳りをあらわす。翳りは日に日に増大していき、ついには生の輝きを飲み込んでしまう。真っ暗な夜空が、二日ほど続く。するとふたたび空には、生の印をもった新月が出現する。死は生の否定ではなく、死が生を準備し、生は死を母とする。

　女性はこのような月の、親密な仲間である。彼女の体は、月のしめす変化に敏感に反応して、満月に向かう月に歩調を合わせて、子宮内の血液を増大させていくが、ピークに達すると、過剰な血は体外に放出されていく。月のように、彼女の体は満ち欠けをくりかえしながら、新しい生命を自分の体から産み出す。

　同一律（同じものは同じのまま）は成り立たない。矛盾律（矛盾したものは排除しあう）も成り立たない。月と女神のイメージをとおして、縄文人は彼らの根本哲学を表現した。原日本人の頃から、日本人はこういうやり方で、自分の思想を表現してきたのだった。

縄文の黄昏

　現在の茅野《ちの》市の尖石や和田にあった大きな村が、諏訪の縄文文化の中心地である。そこで驚くほどに見事な女神像が作製され、複雑な月齢暦を刻んだ儀礼用の土器壺がつくられたのが、この地域の縄文文化の最盛期だった。

　それがいまから五千年ほど前のこと。ちょうど地球温暖化が進み、縄文海進期が続いた頃である。しかしその頃をピークとして、八ヶ岳山麓から諏訪湖にかけての縄文文化は、ゆっくりと衰退に入っていった。気候の寒冷化が、衰退の原因である。広葉樹の森が後退し、そこに住んでいた動物の数が、劇的に減り始めた。多くの人々は村を捨てて、暖かい地方への移住を開始した。その結果、高度な文化を生んできた山麓傾斜地の村々が、一つまた一つと姿を消していった。それでもこの地方に残ることを決めた人たちは、生活をいっそう寒冷地に適応したスタイルに変え、食料を確保するために、焼畑による農業を発達させていった。衰えたとは言え、諏訪は縄文世界のへそであった頃の威厳を、かろうじて保ち続けていた。

神原の聖域

縄文人が、諏訪の地に住みついてから、すでに数千年がたつ。そのあいだも、モレア山と諏訪湖がかたちづくる、聖なる対の存在と、それにたいする信仰は、まったく変わらなかった。神話の大蛇のイメージによって結びあわされた、この山と湖があったせいで、生え抜きの縄文人たちがこの地を去らなかったとも言える。どんなに生活環境が悪くなったとしても、そこは南方系新石器人にとっての、「宇宙の中心」だったからだ。

寒冷化が進んで、冬季に起こる御神渡《おみわた》りの現象は、ますます荘厳さを増していった。氷がつくるその神の道は、諏訪湖南岸にあった、このあたりの縄文人にとってもっとも聖なる地と考えられた神原《ごうばら》から発して、湖の北岸にある二つの舌状台地に向かって、まっすぐに走っていた。

御神渡りが結ぶ、南岸の扇状地である神原と、北岸にある舌状台地は、その頃からますます神聖さの度合いを、深めていった。とくに神原は神の土地として、狩猟さえも禁じられた「聖域（アジール）」とされ、神原周辺に住む縄文人たちは、自分たちがモレア山によって精神的に結ばれた一族である、とする意識が育っていった。

モレアの一族は、その頃、上伊那地方まで進出していた弥生系のイズモや、安曇《あづみ》地方で勢力を伸ばしていたアヅミが、諏訪の土地への進入をめざしているという情報を知っていた。

アヅミの列島進出

日本列島の西では、すでに米のモノカルチャーをおこなう、弥生系の勢力が拡大していたが、山深い諏訪にその足音が聞こえてくるまでには、ずいぶんと時間がかかった。おもに二つの方向から、その足音は迫っていた。一つは信州の安曇や松本平《まつもとだいら》の方面からで、そのあたりの開発の中心を担っていたのは、倭人＝弥生系のなかでも、「アヅミ」と呼ばれる集団である。

いくつかの異なる集団からなる倭人系海洋民のなかでも、アヅミはとりわけ海人性の強い人々で、農業よりも漁業や海上交通を、得意としていた。もともとは北部九州の博多湾を拠点とし、そこから各地に広がっていった。

海上交通に巧みであったアヅミは、いちはやく日本海沿岸をたどって、縄文文化の盛んなコシ（越）に上陸し、そこに開発の拠点を築こうとした。しかしコシは古くから、イズモ世界と深い関係をもつ地域であったので、強大な弥生化されたイズモの影響を好まないアヅミたちは、中央地溝帯に沿って姫川《ひめかわ》をさかのぼる旅を続け、とうとう信州安曇野にたどり着いた。そこには神聖な穂高の峰がそびえ、平地には稲作に適した巨大な沼地が広がっていた。海人族アヅミは、内陸信州の盆地に、彼らの理想の里を見出すことができたのである。

諏訪湖北岸へ

古代の諏訪地方に、最初に進出を果たした倭人＝弥生系の人々は、このアヅミの集団であった可能性がある。安曇野での開発が進んだ頃、彼らは塩尻峠を越えて、諏訪湖の北岸、いまの下諏訪あたりをうかがってた。

アヅミにとっても、諏訪湖とまわりの山々がつくる景観は、理想的であった。南方系海洋民の彼らは、秀麗な山と湖のつくりなす対の構造に、深い神聖感情をかきたてられた。おまけにそこに先住していた縄文の人々の話を聞くと、対岸に見えるモレア山と諏訪湖を貫いて、巨大な蛇の神が遍在し、厳冬期にはその蛇神が、南岸にある神聖の地「神原」からここまで届くほどに巨大な姿を、湖の氷を割いて出現させるのだと言う。アヅミの人々は、それこそは、彼らの信仰する大地の女神ヤサカトメにほかならないと考えた。

その当時、寒冷化による人口減少のため、諏訪湖北岸にはすでに、有力な縄文村は少なくなっていた。そのためさしたる抵抗を受けることもなく、アヅミはそこに生活拠点をつくることができたのではないか。弥生人と諏訪縄文人の間には、米のモノカルチャー技術以外には、文化的な落差などは存在しなかった。海人であるアヅミの人々は、すぐに刳船《くりぶね》をこさえて、諏訪湖に浮かべ魚取りをはじめた。こうしてごく自然な形で、諏訪湖北岸の弥生化は進行していった。

ヤサカトメの聖所

都合のよいことに、その地には湖に突き出して、二つの舌状台地までそろっていた。諏訪湖北岸地域に進出したアヅミたちは、その二つの舌状台地に、ヤサカトメを祭祀する聖所を設けた。

南方系海洋民の世界観の基礎には二元論があり、それにもとづいて「双分制《そうぶんせい》」の組織がつくられた。それによって、ヤサカトメの聖所も、二つに分けられた。東方の台地には、のちの「秋宮」がつくられる場所に、祭祀場が設けられ、西方の台地には、のちの「春宮」の原型が置かれた。双分制では、なんでも二つに分かれて、結び合ったり、競い合ったりする中から、統合の感覚が生まれてくるように仕組まれたのである。

ヤサカトメという名前の「トメ」という音の中には、原初の蛇のイメージがしまい込まれているという説がある。「トメ」は「トミ」からの音韻変化だが、古代語「トミ」は蛇をあらわすというのである。諏訪湖に進出した彼らは、先住の縄文人から、そこが神聖な大蛇に守られた土地であることを知って、うれしく思った。そしてすぐさま、諏訪湖の神に、自分たちが南方から運んできた神の像を、重ね合わせた。

御神渡りの時、轟く大音響とともに盛り上がった氷の道は、湖上を切り裂いて、北岸にある二つの

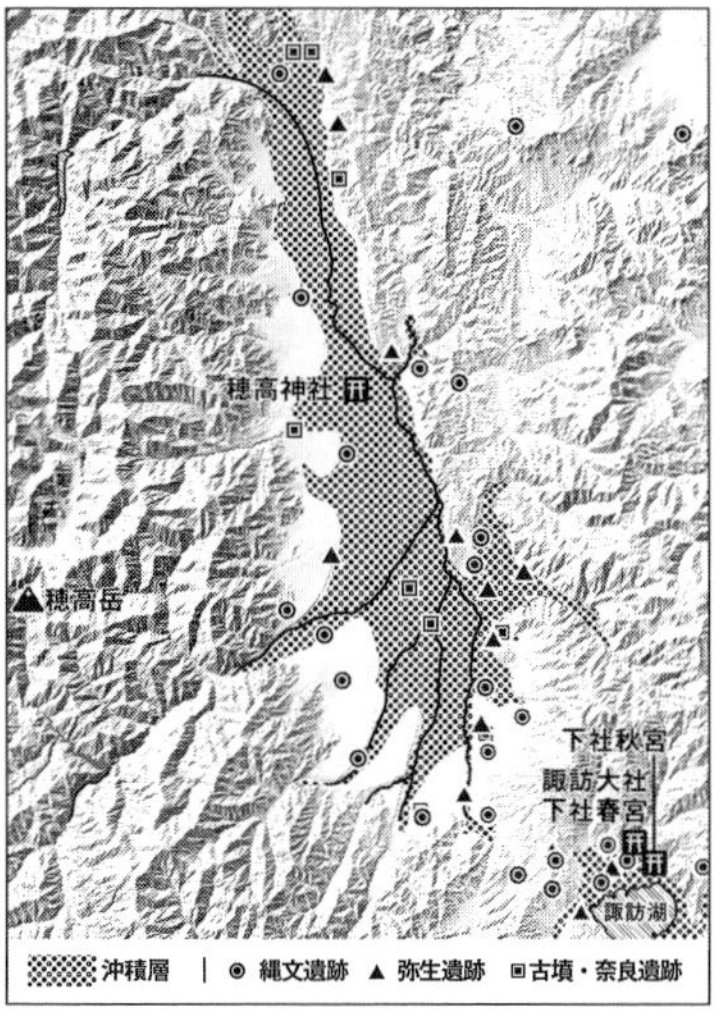

巨大な沼地をアヅミ族が水田開発したのが安曇野。
安曇野から諏訪湖にかけての主な遺跡（古川貞雄責任編集『図説 長野県の歴史』を基に作成）

舌状台地めがけて、走ってくる。氷の道は、まさに顕現した諏訪湖の蛇神の姿である。アヅミたちはその蛇神が、ヤサカトメであることを確信した。

アヅミの文化英雄

安曇野を開拓したアヅミたちの神であるヤサカトメは、大地に潜む大蛇のイメージで描かれていた。この大蛇には息子がおり、人間の世界との間をつなぐトリックスターの役目を果たす。海人の神話で、海の女神トヨタマヒメには、「渚の少年」を意味する息子イソラがおり、陸と海をつなぐ活躍をしていた（後出、第七章「対馬神道」、「磯良がいた」）。それと同じように、ヤサカトメにも、男の子がいた。

この少年神をめぐって、中世には、つぎのような伝説が語られた。

かつて安曇野一帯は一面の湖水であった。そこに犀龍《さいりゅう》という怪物が住んでいた。これが白竜王と交わって、日光泉小太郎《にっこういずみこたろう》を生んだ。犀龍が身を隠すと、小太郎はそれを追い、渓谷の奥で追いついた。母は言った。「我は諏訪大明神タケミナカタトミの変身である」。小太郎は教えられるままに、犀龍の背に乗って、巨岩を砕き、湖水を決壊させて、陸地となした。小太郎はのちに文化英雄として神に祀られた。

この伝説から中世的な創作部分を取り除いてみると、アヅミたちが伝えた古い形の神話が、浮かび上がってくる。一面の湖水であった安曇野の大地には、ヤサカトメという大蛇の姿をした神がおり、その息子がアヅミタロウである。母子は協力して湖水を決壊させ、陸地をつくり、稲作を可能にした。のちにヤサカトメは、双分制の考えによって、上社の祭神タケミナカタトミと男女の対の神に組織され、諏訪明神をかたちづくった。両者はともに大蛇の神であったから、この結びつきもまたごく自然だった。

イズモとモレア

のちに諏訪神社の下社（春宮と秋宮）が設けられることになる諏訪湖北岸地帯に、海人族であるアヅミが進出してきたと思われる頃、いまの上伊那地方には、美濃の方面から移動してきた別の弥生系集団が、安定した水田技術をもって、定着しはじめていた。彼らは自分たちのことを「イズモ」と称していた。日本海側の出雲地方のイズモと、直接の出自関係をもっているのかどうかは、定かではない。おそらくは、広い概念でのイズモ系、という意味であろう。

この上伊那のイズモは、自分たちの先祖神は「タケミナカタトミ」という名の、神話的英雄であると考えていた。この神の本性は、とても興味深い。伊勢神宮外宮《げくう》の神官が書き残した、きわめて古い伝承などによると、タケミナカタは「カカセオ（香々背男）」という星神と同体で、甕星《みかぼし》すなわち金星のことをあらわしているという。古代人は、惑星が自分だけのきまりにしたがって独自な運動をしている様子を観察して、恒星がつくりだす天空の秩序にしたがわない不順な星、自主独立で服従しない星と考えていた。

それに蛇をあらわす「トミ」が結合して、タケミナカタトミとなる。上伊那のイズモたちが、どうしてこのような神を、自分らの先祖神に据えたのかを想像してみると、なかなかに穏やかならざるものを感じる。『日本書紀』の説くところでは、のちに諏訪湖南岸部に進出して上社の祭神となったこの神は、イズモ王国がヤマト王権に政治的に屈服したとき、その決定に従わずに、シナヌ（信濃）の国へ逃亡した集団の長の名前であるという。

この伝説は、『古事記』に記載されていないところから見ると、書紀作者による政治的創作の可能性が高い。しかし、創作であればあるだけ、じっさいに起こった事件の深層部に触れている、と言えないこともない。上伊那のイズモ系集団は、じっさいに政治的惑星のような人々だったのではなかろうか。天にあっては不順の惑星、地にあっては狷介なる蛇。このような存在を先祖神と仰ぐ、自主独立の人々。弥生系のなかでも特異な性格をしめす、この人々の勢力が、諏訪湖の南岸にまで、迫ってきていた。

対峙する二大勢力

しかし上伊那のイズモは、縄文勢力の希薄な諏訪湖の北岸に入ったアヅミのようには、容易に諏訪地方に進出することはできなかった。聖なる山モレアに守られて、南岸には先住の縄文人たちが、有能なリーダーのもとに結集し、イズモの進出を長いこと食い止めていたからである。

伝説では、二つの勢力は、諏訪の湖水が天竜川となって流れ出す口元、藤島の地のあたりで対峙しあっていたと、場所まで特定されている。じっさいそこには川を挟んで藤島神社と洩矢神社とが、にらみ合うようにして向かい合っており、その場所で金属の武器で武装したイズモ勢力（藤島神社勢）と、原始的な石武器しか持たない縄文モレアの勢力（洩矢神社勢）が、決戦に及んだという伝説に、信憑性をあたえている。

しかし、そののち南岸に出来上がった、ハイブリッドな政治・宗教の体制を見てみるかぎりでは、じっさいの「弥生化の過程」は、もっと穏やかに、なだらかに進行した、と考えたほうが無難である。いまの飯田や高遠を中心とする、上伊那の弥生系の人々は、おもに交易のために、モレア山中腹の杖突峠を越えて、諏訪湖南岸の縄文の村々に、以前からも足繁く出かけていた。移民もぽつぽつとはじまっていた。ただ両者の均衡が、なかなか崩れなかっただけである。

ハイブリッド体制

上伊那のイズモにとっても、そこに見た諏訪の景観は、理想の聖地と思えたことであろう。秀麗な湖と聖山の配置は、彼らの中に眠る南方系海洋民の記憶を、揺さぶった。そればかりか、彼らの先祖神タケミナカタの本性は「トミ」、つまり大蛇である。イズモたちは、タケミナカタトミはこの土地にこそ祀られなければならない、と強烈に思ったであろう。こうしてついに均衡の破られる時が来た。神原の聖地を中心とする諏訪湖南岸の地に、弥生系の人々の大集団が、移住を開始した。

しかし衰えたとはいえ縄文系の人々の勢力も、あなどれなかった。つばぜりあい、こぜりあい、困難な交渉、部分的屈服と妥協の末、とうとう武器と技術と人の数で勝る上伊那のイズモ系集団が、諏訪湖南岸の政治権力を掌握した。しかしそのことを、聖なるモレア山や諏訪湖の大蛇神や大地の精霊シャグジたちが、すなおに受け入れたかどうか。

受け入れなかったのであろう。そうでなければ、神と精霊たちの祭祀権を、モレア山麓の縄文系集団のリーダーであった「守矢《もりや》」の一族が、その後ずっと掌握し続けたことの理由は理解できない。

弥生系イズモの人々は、彼らの先祖神タケミナカタトミを、古い蛇体の神に置き換えて、新しい諏訪湖南岸の祭神とすることには成功した。この当時の考えでは、古い神々を新しい勝利者の神々に置き換えることが、政治権力を確保したことの、証《あかし》となっていたからである。

しかしイズモは、モレア山麓の広大な扇状地にあった古い縄文神の大聖地である、神原の土地を掌握することは、できなかった。神々と精霊の反対にあったからであろう。そのためイズモの人々はタケミナカタの祭祀場を、神原よりも霊的な条件においていささか劣る、湖畔西方の狭い土地に求めるしかなかった。これはある種の挫折と呼んでいいのではないだろうか。そこに、のちの諏訪神社上社の「本宮《もとみや》」が建てられることになる。

いっぽう神原の地は、縄文系守矢一族から出る神官たちの管理下に置かれ、重要な秘儀祭儀のほとんどが、そこで執り行われ続けることになった。そこに設けられたのが、諏訪神社上社の「前宮」である。

諏訪の双分制

諏訪の「弥生化」プロセスは、時間をかけてゆっくりと進行していった、と思われる。そもそもそこには、高度な縄文文化の土台が、生きたまま残されてあり、その文化を担ってきた人々の末裔たちの勢力にも、侮りがたいものがあったからである。

そのために諏訪地方では、弥生的な文化の中に組み込まれた、縄文文化の要素の生命力がいつまで

（右）諏訪湖の御神渡り（K）
（左）下社秋宮

も強力だった。縄文文化の要素は多少の変形を加えられるだけで、ほとんどもとの構造を保ったまま、新しい様式の中に取り入れられている。その弥生化の過程の中で、重要な働きをしたのが「双分制」の原理である。

森羅万象の出来事や事物を、二元論にしたがって分類し、それをもとにして宗教と政治の制度を作り出すのが、双分制である。この双分制は、南方系海洋民の文化すべての創造原理になっている。

縄文文化の深層にも、その原理が働いている。また弥生文化を列島にもたらした、倭人系海人の文化も、その原理を生かしている。そのため、この原理を使うと、先住の縄文文化の要素をあまり壊したりしないで、新しい様式の中に組み込むことができる。双分制はとくに、新しい宗教システムを生み出すとき、創造的に働いた。アヅミ系海人の影響が強く及んだ諏訪湖北岸では、湖に突き出した二つの舌状台地上に、対《ペア》をなす二つの聖所が設けられた。

上社と下社

これらはのちに、「春」と「秋」の社《やしろ》と呼ばれるようになる。この命名はいかにも稲の成長サイクルを重視した、弥生の趣味をあらわしている。春と秋の社は、対立しあうのではなく、一連の農耕暦の流れの二つの極（作付けと収穫）をあらわしている。祭神はヤサカトメという大地神である。

北岸につくられた二つの聖地は、ひとまとめにされて、今度は諏訪湖南岸の聖所と対立的な対をつくる。南岸には、アヅミ系弥生人とは微妙なライバル関係にある、イズモ系弥生人の集団が設けた聖地があった。その聖地は、聖山モレアを背後に抱え、その山を礼拝する形でつくられていた。祭神はタケミナカタトミ、不穏な惑星の性格を有する大地の蛇神である。

北岸の神と南岸の神は、もとはライバルの関係にあった。しかしそのライバル同士が、諏訪湖がそのもっとも神聖な姿をあらわす厳冬期に、一つに結ばれる自然現象が起こる。「御神渡り」の現象である。この荘厳な自然現象を、古代諏訪人は双分制の思考をもってとらえた。湖上に出現する氷の道は、南岸の神と北岸の神を結ぶ道であり、聖なる冬の時間には、俗なる時間にあって対立しているもの同士を、一つに結合する「聖婚」の道でもある、と彼らは解釈した。対立する原理を抱える男と女が結ばれて、新しい生命が生まれるように、対立する南岸の聖所と北岸の聖所は、冬の聖なる時間に結ばれて、一つの「家庭」をなすのである。

その「家庭」では、南岸の神が男神となり、モレア山に近いことによって、「上」の聖所をなす。北岸の神は女神となって、「下」の聖所におさまる。上＝南＝男的なものが、下＝北＝女的なものに優越し、対立しあいながら、全体として一つの聖所をかたちづくる。

協力関係と微妙なライバル関係を内に秘めた、上社と下社からなる諏訪神社の構成は、こうやってつくられていった。もしも御神渡りの現象がなかったならば、諏訪神社はまったく違う歴史を歩んでいたかも知れない。

縄文の優位

しかし、南岸の聖地では、もっと複雑な過程が、進行していた。ここにはモレア山を聖山と崇める強力な縄文人の村がいくつも残されており、のちに「守矢氏」と称することになる一族から、有能な宗教と政治のリーダーを輩出していた。この地に進出したイズモ系の人々は、先住の縄文系の存在を無視しては、なにごとも進められない立場にあった。

縄文系の人々は、モレア山の中腹に広がる扇状地に、「神原」と呼ばれる、広大な禁断の聖地をつくっていた。山の中腹から流れ出る神秘的な泉は、いつしか清らかな小川となって流れ下り、その流れの途中には、「小袋石《こぶくろいし》」という巨大な磐座《いわくら》があった。小袋石、つまり万物を生成するマトリックス（子宮）という意味であろう。

扇状地をさらに下っていくと、うっそうとした森林が広がり、そこではいっさいの狩猟が禁じられていた。そこに住む動物たちは、神の化身と考えられた。その森の中に大きな池があり、縄文人たちはそこを重要な聖地として、イニシエーションをはじめとする重要な儀式をおこなっていた。

この神原の聖地を、イズモ系弥生人の勢力は、完全に手中に収めることができなかった。そのかわりに、神原の西方の、湖の渚に近い場所に、彼らはモレア山を礼拝するための聖所を設け、自分たちの神を祀る場所とした。政治的には優勢な力をふるいながらも、宗教的には縄文文化を、自分の中に飲み込んでしまうことができなかった。

そこで、別の形の双分制が起動することになった。縄文系の人々の聖地がある神原の一帯を「前《まえ》宮《みや》」と称し、イズモ系弥生の人々が新たに設けた聖地のある場所を「本宮《もとみや》」と呼んで、前宮すなわち神話的時間の支配する空間と、本宮すなわち現在の政治宗教の中心地のある空間とを、対立的に区別した。その上で、前宮と本宮は一体となって、上社として下社に対立する。

双分制は、じつに偉大な叡智の制度である。それはたがいの違いを否定することなく、違いを内包したまま、全体をつくることができる。全体主義を否定しながら、全体のつながりを生み出す叡智が、そこでは働いている。

大祝金刺氏

上社と下社からなる諏訪神社の組織が、整いだしてくるのは、ヤマト王権の東国進出が進んだ、八世紀以後のことである。ヤマト王権側の前線基地は、鹿島や香取に置かれ、そこに中央から兵士が派遣された。そのさいに、背後に控える内陸の蝦夷《えみし》勢力から攻撃を受けないためにも、ヤマト王権は諏訪勢力との協調を必要とした。縄文的要素を多く残す諏訪の神道が、ヤマト的に「文明化」されることを、王権側は望んでいた。

そういう動きの中から、最高神主としての「大祝《おおほうり》」と、その大祝を中心とする神社組織の形成がはじまった。最初の大祝になったのは、諏訪湖北岸にあった春と秋の二つの聖地の神主を輩出していた、有力な一族「金刺氏《かねさし》」から出た人物である。

金刺氏はアヅミ系海人族の直系ではなかろうかと推察される。金刺とは、金属の道具で肌を刺す、という意味をもっている。これは肌に刺青をいれていた一族、という意味にもとれる。

アヅミは倭人系海人の一員として、潜水漁法を得意としていた伝統がある。信濃《しなぬ》のアヅミは、内陸部に移り住んだ稲作主体の集団であったが、そのリーダー格の家系では、かつて身体に刺青をほどこしていた先祖の面目と誇りを、金刺の名にとどめたのではなかろうか。

この金刺氏出身の大祝を頂点として、その下に副神主たちをしたがえた、ピラミッド型の神官組織が、まず下社のほうに成立したことは、なかなか意味深長である。諏訪湖北岸の文化は、すでに早くより弥生型に均質化され、このようなピラミッド組織を整えるのに向いていた。

神長官守矢氏

ところが、縄文型と弥生型のきわめて不均質な混交体《ハイブリッド》であった、諏訪湖南岸の上社の神道では、そんな均質的な階層組織をつくるのは、ほぼ不可能な相談だった。縄文の野性を色濃く残す上社のほうにも、「文明化」された組織をつくらなければならない、という時代の要求にしたがって、北岸下社の大祝である金刺氏から人を迎えて、下社と同じような大祝制を整備することになった。

そこで問題になったのが、縄文以来の先住民文化の継承者であり、諏訪全体の霊性の保護官であり、大地の精霊シャグジ（ミシャグジ）の最高祭祀者である、モレアの一族の存在である。彼らはその頃すでに「守矢氏《もりや》」を名乗るようになっていた。諏訪湖南岸の神道組織においては、精神界の真の実力者、陰の王は、この守矢氏にほかならなかった。

そのため、上社に成立した大祝制は、奇妙なねじれを含んだ混交体をつくることとなった。いちば

下諏訪の古代氏族金刺氏の墳墓と推定されている古墳（写真は青塚古墳）

んの頂点には大祝、つづいて大祝を補佐する副神官たち。ここまでは均質な官僚組織であるが、その下に、いや実質はそれらと並んで、守矢氏が出す精霊の祭祀者が、「神長官《じんちょうかん》」という名を得て、きわめて重要なポジションを占めるという、まことに異様な体制ができあがることになった。

この神長官守矢氏の存在が、諏訪神社をして、神道の最古層を歴史の表層に大きく露頭させた、空前絶後のアースダイバー的神社たらしめることになったのである。そしてそのことが、北岸下社の弥生的な均質文化にも強い影響を及ぼして、諏訪神社全体を特異な祭祀と伝説でおおわれた、類例のないユニークな神社に成長させていった。

大祝神氏

初期の上社大祝は、金刺氏によって襲名されていた。ところがしばらくして突然、この職が「神氏」によって襲われるという事態がおこる。「神」と書いて、「みわ」と読む。ときには「大神」と書かれることもある。これから三輪神社の章に登場してくる、オオタタネコの子孫、大神氏と同じ名前である。

三輪神社の大神氏は、イズモ系の神オオモノヌシに斎《いつ》く一族である。それにたいして、諏訪神社の歴史に突然登場する神氏の奉斎するのは、タケミナカタトミとヤサカトメの夫婦神であり、イズモ系の部族標章であるオオモノヌシの名前はでてこない。このあたりの事情は、古代末期の諏訪神社におこった勢力図の変化を暗示している。

上社の大祝職を握った神氏は、三輪神社の大神氏とは、もともと関係のない人々であったが、同じイズモ系であるという一点で、結びついていた。上社はもともと、諏訪湖南岸に住む縄文系モレアと、上伊那方面から進出してきたイズモ系弥生人が、共同して作り出していた聖地である。その上社の最高神官である大祝の職を、下社勢力から奪還して、南岸勢力のための真の神社とするためには、イズモ系から出た精神界のリーダーが、由緒ある三輪の大神氏と同じ神氏を名乗って大祝になることが、巧妙な解決法であった。

上社の大祝にイズモ系の神氏が立つことによって、上社と下社の間の双分制的バランスは、ますますよくなった。これによって神官の世界の「文明化」が進んだ。しかしじっさいにそこにつくりだされた文明化された諏訪神道の内部には、先住縄文人の古層神道の精神が、深くセットされていた。

上社の不思議

上社の前宮は、縄文人の聖域であった神原に設けられている。本殿にはタケミナカタトミとヤサカトメが、祀られている。本殿脇にある古墳の跡が、その夫婦神の墓所だという伝承もあるほどで、縄文の聖域の本丸に食い込もうとした、イズモ系勢力の努力の跡がうかがえる。

しかし、重要な祭祀のおこなわれる場所は、扇状地のもっと下の方にある。そこはかつて深い森でおおわれ、大きな池のまわりに神秘的な神代型の「室《むろ》」が並び立ち、守矢神長官の先導のもと、そこで重要な上社の祭祀が執り行われた。それらの祭祀について書き出そうとしている私は、いまかすかな震えを禁じ得ない。

諏訪神社の大祝には、「王」というものが、原初の状態で、どんな原理にもとづいて出現した存在なのかが、驚くほどはっきりとしめされている。ヤマト王権の「大王」にあっては、この原初の原理は見えなくなっている。ところが大祝を見ると、王なるものの出現の過程に働いた、人類に普遍的な論理が、あらわな形で表現されている。

縄文人の社会には、王はいなかった。弥生人の社会が発達して、古墳を築く有力者があらわれ、その中から首長以上の存在である、王や大王があらわれる。王のいない縄文社会から、それを否定して、弥生的な社会に王が出現してくる、その弁証法的なひっくり返しの過程は、きわめてダイナミックだ。諏訪神社にはその過程の痕跡が、はっきり残されている。

縄文人の世界に、人間の王はいないかわりに、自然がその「主権者」である。縄文人の世界は、現

（5）中沢新一『熊から王へ　カイエ・ソバージュⅡ』講談社選書メチエにもっと詳しい説明がある。

実界、想像界、象徴界のすべてにわたって、調和が保たれている。人間の社会は自然に包み込まれ、人間を巻き込んだその自然の奥に、すべてを動かしている「グレート・スピリット」がいる。それは北方世界では熊、南方世界では蛇の姿で、しばしば象徴される。その熊や蛇が、人間をも包み込む自然全体の、真実の主権者だった。[5]

蛇から王へ

小麦や米のモノカルチャーが開始されると、しだいに人間の自然からの分離が進行した。人間は田や畑に作り替えられた自然の一部を、コントロールできるようになる。余剰生産物が発生するようになるから、社会に格差が出てくる。そのうちに富と力を、自分のまわりに集中したものが、それまでの首長を超えた存在に成長してくる。彼は、人間がコントロールできる領域内で、自分のことを主権者、王と称するようになる。このときひっくり返しが起こるのである。それまでは動物や植物の世界の側にあった主権が、人間の社会の内部に持ち込まれる。そのとき、それまで人間よりも遥かに偉大な力を持つとされた自然が、人間の側に主権を譲ることになる。

こうして王という存在が出現する。人間の王は、もともとの主権者であった自然界の「王」たちから、主権を譲り受けたのである。そこで原初的な人間の王たちは、自然界の主権者であった熊や蛇から、主権者をあらわす王の霊力をもらわなければならないことになる。原初の王は、神秘的な蛇や熊から霊力を受けることによって、人間たちに君臨する存在となれる。

王が出現したときに、人類の意識に起こったこの革命的な変化の過程を、諏訪神社では大祝という存在をとおして、はっきり保存している。ヤマトの王権祭祀では、その過程はすでに奥に隠されて、見えなくなってしまっている。ところが大祝をめぐる祭祀や観念には、その原初の記憶が表面にあらわに出ている。古くから我が国の学者によって、大祝の中に、「天皇」の原初形態を見いだすことができると言われてきたのは、そのためである。

写真は現在の鶏冠社。祠前の石は以前のものではない

現人神としての大祝

大祝の由来については、諏訪神社の古文書も守矢神長官家の古文書も、ほぼ同じ内容のことを語っている。いわく、大祝とはタケミナカタとヤサカトメの二神からなる諏訪明神が、現実世界へ顕現（ミアレ）した姿、すなわち垂迹《すいじゃく》のお姿である。これには上社では神《みわ》氏から、下社では金刺《かねさし》氏（のちには武居《たけい》氏）から選ばれた八歳の男の童子が立つ。

この童子に大祝としての神衣をお着せ申し上げると、この童子がその場で諏訪明神となる。古代には「襲衣《おすひ》」という神事服を、中世から以後は優美な狩装束をまとった。この衣を身にまとうだけで、少年が諏訪明神ご自身となった。大祝は人間の肉体に顕現した、「現人神《あらひとがみ》」なのである。

即位の儀式は、古来の聖地である神原の一角で、守矢神長官立ち会いと指導のもとに、おこなわれた。鶏冠社と呼ばれる小さな聖所に生えた、柊《ひいらぎ》の下にある石の上に、葦でつくったムシロを敷き、その上に立った少年に、神長官が神衣を着け、なにやら秘法を伝授して、即位は完了する。自然界のものであった主権者の霊は、まず霊石に憑き、その霊石から人間の少年の体に入り込む。ここにも自然界から人間界への、主権の転換と移譲の思想が、よくしめされている。

諏訪明神ご自身が、神託をつうじて、こう述べている。「私は非物体であるから、この大祝をもって体とする。私を拝みたい者は、大祝を拝むとよい」。

そうなると大祝は人間の体をもっていても、それはたんなる「器」であって、そこに入り込んでいる非物体の神霊こそが、大祝の権威をつくる、ということになる。大祝はそういう神聖な存在として、通常は神殿に寝起きし、諏訪の土地を一歩も出ることなく、人馬の血をはじめとして、一切の不浄から厳しく遠ざけられて、暮らさなければならない。

我は蛇なり

原初の王は、もと自然界に属していた主権を、人間界に譲り受けた（あるいは奪い取った）存在である。自然界にあったとき、熊や蛇の体を持つものが、その主権を身につけた。それならば、その主権が人間界に持ってこられるときには、その主権の霊を受け取る「器」となる体が必要になる。だから、人類の意識に最初に出現した王は、すべからく現人神でなければならない。

しかももとはその主権が、熊や蛇のものであった記憶をとどめている必要もある。ヤマト王権の大王たちは、王権の観念の中から、蛇や熊の記憶を消し去ろうとした。ところが諏訪神社の大祝は、自分が身につけている主権のおおもとが蛇であったことを、隠そうともしない。現人神の本体が蛇であることを、前宮の諸儀式が、はっきりと表現してみせるのだ。

御室社

大祝と精霊

諏訪の縄文人は、自然の背後に、流動するエネルギーの流れを感知して、それを大蛇のイメージで思い描いた。また大地には精霊シャグジ（ミシャグジ）がさきわい、三郡の土地をあますところなく充たしていた。

そこに進入したイズモ系弥生人の勢力は、縄文文化が強力な生命力を保っていた諏訪湖南岸の地に、彼らの「王」である、大祝を立てなければならなかった。タケミナカタトミという彼らの運んできた神は、縄文人の抱いた大蛇としての超越者のイメージと、うまく重なり合うことができた。新旧の大蛇神の相互スライドは、縄文と弥生に共通する南方的基層文化のおかげで、スムーズに進んだ。

ところが問題はシャグジである。この精霊の自然児たちの霊力を、いかにして彼らの文化的な「王」である大祝の観念の中に、取り込むことができるか。上社の政治・宗教体制は、縄文勢力と弥生勢力のハイブリッドとしてつくられていたから、弥生的な文化王の中に、縄文的な自然主権の力を取り込むことが、大きな課題だった。

それをおこなうに際して、諏訪人は巧妙な解決法を案出した。それについての中世の記録が詳細に残されている。おかげで私たちは、日本列島に出現した王権の、原初の形がどのようなものであったかを、推察することができる。

御室神事

そのことは、大祝のかかわる最大の秘儀、「御室《みむろ》神事」のうちに見ることができる。執行の場所は、前宮のある神原の地。そこに大きな縄文式竪穴住居が掘り立てられた。構造は冬室とよく似ているが、規模ははるかに大きく、畳で計算すると、二十四畳分はあったと言われる。

内陣に萩の枝を組み合わせて衝立《ついたて》にした、「萩組」と呼ばれる至聖所が設けられた。その内部には、大祝、神長官、六人の神使の、八人しか入ることを許されなかった。萩組には葦で編んだ壁状の「うだつ」が結びつけられ、それに原野から切ってきた笹の葉が、結わえられた。この笹の葉に、精霊シャグジを憑依させる。

十二月二十三日。「御正体」と呼ばれる、小さな蛇の模型三体が、室に運び込まれる。十二月二十四日。萩組の内部に、大祝以下が着座し、シャグジの憑依した笹の葉と、三体の小蛇を入れて、儀式がおこなわれる。

十二月二十五日。長さ十七メートル、太さ八十センチに及ぶ、巨大な蛇の模型が、室に運び込まれる。榛《はん》の木の皮を編んだ、長い籠のまわりに、紙と布を貼ったもの。この蛇体は「御身体」と呼ばれ、またの名を「ソソウ神」と言う。室の中の萩組に、大きな蛇体がとぐろを巻き、シャグジとの間でなにやら不可解な秘儀が執り行われる。[6]

これが、御室神事の中心部をなす。諏訪人の感覚からすると、シャグジ（ミシャグジ　御社宮司）は

（6）宮地直一『諏訪神社の研究』、寺田鎮子・鷲尾徹太『諏訪明神』岩田書院。

男根状の石であらわされるし、「オソソ」といえば、このあたりでは女性器の隠語であるところから、笹の葉に憑いたシャグジと蛇体のソソウ神の執り行う秘儀は、きっとエロチックな行為にちがいない、とひそかに噂されてきた。そのとおりなのだと私も思う。

神話の公式

この御室神事は、諏訪信仰の研究者たちを、長いこと悩ませてきた。たしかに、神事の構成要素はまるで不統一で、結びつきにも一貫した筋道が欠けているように思われる。

しかしこの不思議な神事を、人類学で研究されてきた「神話の公式」という考え方にあてはめてみると、意外なことに、そこに一貫した「論理」が展開されているのが見えてくる。それによって、自然主権の状態から文化的な人間主権へと転換される道筋を、巧みに表現しているのが、この御室神事なのである。

このことを、左の図を使って、手短に説明してみよう。神話の公式では、物語の進行につれて、主人公たちが担っている機能が変化していき、最後にはひっくり返しがおこって、現在の世界の秩序が生まれてくる様子が、説明される。世界中の創世神話は、この公式どおりに展開していく。ここでは、スサノオによる八岐大蛇《やまたのおろち》退治をめぐる、有名な出雲神話を例に取り上げてみよう。

王出現のからくり

原初、大蛇神は自然の主権者であり、スサノオ神は文化の世界=高天原世界に属していた。話の流れでスサノオは、そこを追放され、地上に降り立って大蛇と戦うことになる。この戦いをとおして、スサノオは大蛇の自然力を手に入れる。スサノオはそのとき、文化力に加えて自然力をも、わがものとする。すると自然の

神話公式（世界の転換）

$$Fx(a):Fy(b) \simeq Fx(b):Fa^{-1}(y)$$

はじめ、aはxという機能（Fx）をもち、bはyという機能（Fy）をになっていた。物語の進展につれてbがxという機能（Fx）まで手に入れると、aは表舞台から消えて（a^{-1}）、yという機能が現実の前面にあらわれてくる。（レヴィ＝ストロース「神話の構造」など）

イズモ神話（戦争による転換）

F 自然（大蛇）：F 文化（スサノオ）≃ F 自然（スサノオ）：F 大蛇$^{-1}$（文化）

御室神事（交合による転換）

F 自然力（シャグジ）：F 文化的な王（大蛇）≃ F 自然力（大蛇）：F シャグジ$^{-1}$（文化的な王）

主権者であった大蛇は没落して、文化の側に主権が移譲される。

それと同じ論理が、御室神事をつくりだしている。そこでは、戦いではなく、性的な交合が、世界の転換を引き出す仕組みになっている。原初の精霊シャグジは自然力に属し、諏訪明神を象徴する大蛇の女性的な面をあらわすソソウ神は、文化的な人間主権を体現している。この大蛇神はシャグジと交合することによって、シャグジの存在に包み込まれている自然力をも、自分の内部に取り込むことになる。するとシャグジは現実の裏へ消えて、文化的な王である大祝が出現する。


御室神事は、精霊シャグジが体現する自然力を、諏訪明神の象徴である大蛇神に移譲することによって、現人神である大祝を、自然力を内包した文化的な王として、出現させようという儀式である。しかし神事が執行されるのは、縄文竪穴式の室の中であり、立会人は神長官と神使の少年たちである。どう見ても、真の主役はシャグジの側ではないか、と思えてくる。諏訪湖南岸の縄文勢力は、陰の脇役の位置に没落すると見せかけて、じつはひそかに歴史の力を乗り越えようとしていたのではないだろうか。

御柱祭の意味

御柱は残った

大祝も神長官も神使《こうのと》も、今はもういない。金刺氏も神氏もいない。縄文以来の血脈を誇った守矢氏も、最近ついに途絶えてしまった。前宮の「室」を中心におこなわれていた秘儀の数々も、今はおこなわれていない。

明治維新によって、神道が国家によって管理されるようになってからは、諏訪神社のような、神道の古層が生き続けている、特異ななりたちと歴史をもつ神社が、その独自性を維持していくことは、きわめて困難なことだった。近代的な国家神道にとって、諏訪神社の存在自体、ひとつの脅威であったろう。

しかし、重要な伝統のなかで、いくつかのものだけが、かろうじて生き残った。その生き残った伝統の筆頭が、御柱祭《おんばしら》である。いや、かろうじて生き残ったどころの話ではなかろう。今では、諏訪といえばまずは御柱祭なのである。現代ツーリズムにとって、「原始のエネルギーを激《たぎ》らせた」御柱祭の熱狂こそが、諏訪神社の最大の魅力となっている。

御柱祭は、諏訪神社の重要な祭儀である。しかしその主役は、神職ではなく、民衆である。いくたの宗教的エリートたちによって創造され、洗練され、伝えられてきた諏訪独特の伝統の多くが、記録や遺跡のなかにしか、その痕跡を残さなくなってしまったのに反して、民衆によって担われてきた祭りは、現代にあってもますます盛大である。この祭りは、資本主義とも相性が良いのである。

失われた時を求めて

御柱祭の魅力は一目瞭然であるが、祭りの意味も不明なことばかりだし、そもそも御柱そのものが何かと言われたら、これまた謎だらけである。御柱祭の謎を解くためには、この祭りを二つの異なる原理の結合として、理解してみることから始める必要がある。

御柱祭は、二つの異質な「柱祭」の結合としてつくられている。第一のタイプの柱祭は、太くて長大な樹木を山から切り出し、それを地面に垂直に立てることによって、宇宙論的な意味を表現しようとするものである。このタイプの柱祭の「起源」はきわめて古い。

日本列島では、縄文時代晩期の日本海側の村々で、盛んにおこなわれていた。金沢のチカモリ遺跡や能登半島の真脇《まわき》遺跡などで、地面に穴を掘って太さ一メートル近くもする巨木を、サークル状に何本も立てた、縄文晩期の祭祀跡が発見されている。青森の三内丸山遺跡でも、数本の巨木を立てた遺構が発見されて、大いに話題になった。このような巨木遺跡が、日本海側のイズモ国やコシ国の縄文遺跡で、いくつも発見されている。

環太平洋の新石器人には、聖なる時間には失われた天と地の結びつきが回復される、という共通の思想があった。現実の世界で、人間の命が短く限りあるものとなり、この世に不幸が起こるようになったのは、大昔に起こったなにかの事件をきっかけにして、それまで一体だった天と地が、分離してしまったからである。そこで祭りの聖なる時間に、天にも届くほどの高い樹木を地面に立てて、失われた天地の結合を取り戻そうとした。

これを「垂直型柱祭」と呼ぶことができる。樹木によって天と地をつなぐという、古い思想を背景にした祭りであり、諏訪の御柱の基層に、このような思想が潜在していることは、大いに考えられる。ここに、善光寺平の大仏教寺院でおこなわれる、七年に一度（諏訪御柱祭と同じサイクル）の「ご開帳」のさいに、本殿前に立てられる「回向柱《えこうばしら》」の伝統などを、加えてみることもできる。

ふだんは隠されている秘仏がご開帳されるとき、善光寺平に聖なる時間が取り戻される。そのとき、諏訪の御柱とそっくりの造営次第をへて、回向柱が高々と立てられて、善男善女は競って柱綱に触ろうとする。このように、諏訪盆地から日本海にかけての各地に、天地のつながりを回復する、きわめて古い祭りが続けられていた。

野生の搬入

この基層的な垂直型柱祭の上に、別の新しいタイプの柱祭の原理が覆いかぶさって、諏訪の御柱祭ができあがっている。ここでは天と地の分離ではなく、人間の住む「里」と野生の「森」との水平的な分離が、問題になる。開発が進んで里と森の間には、大きな心理的な距離が発生するようになった。その距離を無化するために、山から切り出された巨木に森の霊力を詰め込んで、森と里の間の里山世界を引きずり回し、霊力を大地に撒き散らしたうえで、神社に運び込むのである。これは「水平型柱祭」と言える。

このタイプの柱祭は、農業技術が向上し、耕地の開発が進んで、各地に豊かな「惣村《そうそん》」が形成されだした、室町期以後でなければ、発達しえない祭りである。それ以前には、里と森はまだ未分化で、里の世界が自然からすっかり分離されてしまった、という感覚はそれほど強くなかった。しかし農業の発達とともに、自然との距離が増大した。水平型柱祭は、そのような疎外感覚を乗り越えるために、民衆の間で発達した。

このタイプの柱祭を、海人的伝統を色濃く残す地帯で、いまも盛んにおこなわれている「ダンジリ」型の祭りと、比較してみると面白い。ダンジリでは、船形をした屋台を人々が猛烈なスピードで、引っ張り回す。そうやって海の野生を、街中に引っ張り込んで、浄化し活気づけようというのが、祭りの魂胆である。

ダンジリにおける「海の野生」を、「山の野生」に変換すると、御柱祭の構造があらわれてくる。どちらも人間の世界の外から、飼いならされていない自然の力を、導入してくることを目的としている。諏訪の場合、そこに縄文以来の垂直型の柱祭を結合しているのだから、その力、天下無双である。

（上）真脇遺跡の環状木柱列
（下）森から里へ、雄大な樅木（もみき）は運ばれて「神となる」。人間は神となった樹木と一体になって、これまた神に近づいていく（図版は'98年長野五輪開会式で披露された御柱建て）

少女と御柱

世界中に柱祭があり、多くの場合、よく似た内容をもつ柱の神話が語られている。ところがその神話は、諏訪の御柱祭では、表にあらわれていない。そのために、御柱祭の意味そのものが、もう長いこと不明になっている。ところがこれを、遠く離れたネパールの、「インドラ・ジャートラ」という、別の柱祭などに照らし合わせてみると、隠された御柱祭の意味が、表に浮き上がってくるから不思議である。

一九八〇年代のはじめ頃、ネパールのカトマンズで、私はインドラ・ジャートラの祭を見物した。その祭の最終日の夜、私は町はずれの橋の上で、まことに印象的な光景に遭遇した。

この祭はもともと、ネパールの先住民ネワール族の祭りであった。アジア系のネワール族は、盆地の各地に「クマリ」という少女神を、何人も擁していた。クマリは諏訪の神使《こうのと》の少年たちとよく似ている。初潮前の少女で、透視や未来予知などの能力に優れた子を選んで、大地母神ドゥルーガの化身とするのである。ドゥルーガ女神は、大地にひそむ霊的な力（シャクティ）をあらわす。クマリはその力を分与されて、さまざまな神秘をなした。

十八世紀にインド系のゴルカ族によって、ネワール族の王国が滅ぼされると、新しい王権は、霊能力の高いクマリを一人選んで、「王国のクマリ」となし、管理下に置いた。こうしてクマリは、旧王宮の奥深くに「秘仏」のごとく幽閉された。

インドラ・ジャートラの柱祭は、このクマリを中心に展開される。秘仏クマリの「ご開帳」と町内巡行がおこなわれる、そのときに合わせて、旧王宮前の広場に御柱が立てられる。このときばかりは、先住民ネワール族の抑圧された文化伝統が、前面に躍り出る。現国王の存在は限りなく希薄になり、クマリの撒き散らす霊力によって、カトマンズ中が沸き立つのである。

柱祭の次第

ネパールの柱祭（写真提供：北村皆雄）

インドラ・ジャートラの進行は、諏訪の御柱祭と酷似している。東方の山中に神聖な御用林があり、「油絞りカースト」に守られて、松の林が育てられている。そこから山羊が選んだ松の巨木が切り出される。しばし水に漬けられたあと、農民たちに引かれて巨木は首都に入り、旧王宮前広場に置かれる。

地面にヨニ（聖なる女性器）をかたどった穴が掘られ、そこに水が満たされると、巨木がさしこまれ、垂直に立てられる。木にはインドラの神旗が結え付けられる。これがインドラの巡行と呼ばれる祭りの中心部をなし、そこから「クマリ・ジャートラ」に突入していく。

秘仏であるクマリが旧王宮から出現すると、人々の熱狂は頂点に達する。クマリは山車に乗せられて、カトマンズの旧市街を巡行して歩く。神使の童貞少年たちが鈴のついた杖で、諏訪の大地を孕《はら》ませていったように、処女神クマリはその霊力を、町中に撒き散らしていくのである。

モック・キング（偽の王）

その祭りの最終日の夕方遅く、私とネパールの友人は、町の北西部を流れるバグマティ川にかかる橋の上を、歩いていた。そのとき思いがけず、驚くべき光景に出くわした。

橋の上はたいへんな人混みだった。水の少なくなった川床を見下ろすと、奇妙な衣装を身にまとった一人の男が、必死の形相で、川の中を逃げ回っていた。逃げる男の後ろには、何十人もの群衆が、ずぶ濡れになりながら男を追っていた。男は灰色がかった長い衣装の袖口や首回りに、金色の紙でできた帯を巻きつけていたが、逃げ回っているうちに、それもズタズタに破れていた。群衆と男がわめきながら猛烈な勢いで、橋の下に走り込んでしまうと、人混みに身動きのとれない私たちは、あっという間に、彼らの姿を見失ってしまった。

呆気にとられている私に、ネパールの友人が、いまの出来事を説明してくれた。

あの奇妙な衣装を着ていた男は、もとは物乞いをしていたが、インドラの柱祭の間だけ「王様」になっていたのだという。祭りの期間は、美女付きのきれいな部屋を与えられ、好きなだけ食べ、眠ることができるのを、地区の人たちから約束された。

しかし祭りが終わったその瞬間が、この男にとっては恐怖の始まりとなる。地区の人々は、数日の間王侯のような暮らしを許されたこの男を、追い回し、半殺しにしてもよいという、古くからの習わしにしたがって、男の追跡を始める。うまく逃げおおせたならもうけもの、不運にも殺されたら、それも神意というわけで、毎年、この危険な賭けに志願しようという者は後をたたないのだという。私はこのときはからずも、フレイザーが『金枝篇』に描いた、「偽王《モック・キング》」の習俗の生き残りに、立ち会っていたのである。

カオスモス

旧王宮ハヌマンドゥカの前に、御柱が立てられると、町の「宇宙」は一変する。町の中には、森林から切り出された松の巨木を介して、野生的な「自然」の力が、一気に流れ込んでくる。世俗的な世界を秩序づけていた権威や権力が、しばし無効を宣告される。現実の王は奥に引っ込み、かわって乞食だった男が王となる。なかば幽閉されていたクマリ女神が、シャクティを撒き散らしながら、町中を巡行する。いたるところに「カオス」が充満する。

そのカオスの渦のまっただなかで、御柱が垂直に立ち上がるのだ。御柱は天界と地上をつなぎ、カオスの中に「コスモス」を立ち上がらせる。聖なる時間が支配するなか、カオスを踏み立てて、そこからコスモスが出現する。インドラ・ジャートラの祭りにおいて、水平的柱祭は自然とカオスの引き込みをあらわし、垂直に立ち上がるインドラ神の御柱は、そのカオスの中に生まれ出るコスモスの原理をしめす。御柱はカオスとコスモスの合体、カオスモスなのである。

地球惑星的な諏訪神道

諏訪神社は、地政的な条件と歴史的な経緯があいまって、「古層」の思考が歴史の表面に露頭している、日本列島にも類例少ない聖所として残された。なにしろそこには、縄文人の「神道」にまで遡るような、きわめて古い神や精霊についての思想が残され、それが現代にまで伝えられている。

縄文人の神道は、人類の思考の古層に属しているため、地球的規模での「普遍性」をそなえることになった。そのため、ユーラシア大陸やアメリカ大陸や太平洋諸島の遠く離れた場所に、縄文神道が伝えているものとそっくりの、神話や儀礼を見いだすことができる。

こういう場合、アースダイバーは、地下に埋もれてしまった古層が、それらの地点では褶曲《しゅうきょく》や断層やらの、さまざまの要因で地表に露頭しているのではないかと、まっさきに考えてみる。そしてそこに古層の連続性を考えてみる。その連続性は、地球全体に広がっていく。

古層の思考

諏訪神社とネパールのインドラ・ジャートラに登場する、「御柱」のしめすいちじるしい類似性は、古層の連続性と普遍性をしめす最適な例になっている。

古層の思考は、宇宙のはじめには混沌＝カオスがあった、と考えるところから出発する。このカオスの中に、秩序を生み出すコスモスが、立ち上がる。コスモスがカオスを上と下に押し分けて、そこに距離を導き入れるときに、はじめてカオスの中に秩序が生まれる。

世界中に残されている、さまざまな柱祭は、旧石器時代以来のおそろしく古い宇宙論を表現している。柱の運動していく向きで、カオスの渦の中にコスモスの原理が屹立する様子を、表現するのである。ネパールでおこなわれるイ

柱がつくりだす空間そのものが「神的」である（写真は長野県茅野市の御頭御社宮司総社）

ンドラ神の柱祭には、それがなまなましく表現されている。

そこでは、山から切り出されてくる御柱に、二つの働きがある。山から切り出されて、倒れた状態のまま、地面を引きずられてくるあいだ、御柱はカオスを、世界に引き込む働きをしている。そのとき大地母神ドゥルーガが、少女神クマリを代理にして、地上世界に顕現してくる。それにあわせて、ふだんは闇のなかに潜んでいる、もろもろの鬼神、ダキニ天、妖怪の類が、町中にあふれ出す。ほんものの王は隠れて、偽王が支配する「さかさま世界」が現出する。音楽と喧騒と過剰な色彩が充満し、町中が踊りだす。

そのカオスのまっただなか、インドラの御柱が、天空めがけて立ち上がる。泥のなかから、蓮の茎が空に向かって伸び上がるように、理法が立ち上がる。その理法は、自分の足をカオスのなかに深く沈め、そこからエネルギーを受け取りながら、この世に秩序をもたらす。混沌のなかに溶融していた天と地を分離し、神の柱によって媒介する。こうして、柱祭の熱狂のなか、カオスをとおして宇宙の秩序が、生まれるのだ。

最古の神話

地球上の各地におこなわれる柱祭は、その起源を旧石器時代にまで遡る、素朴な創世神話と対応しあっている。原初、天と地の間がひどく近かったために、夜と昼の区別がなく、地上には病が蔓延して、生き物たちはたいへん難儀していた。そこへ文化英雄があらわれて、渾身の力を振り絞って、高々と天を持ち上げた。天と地が分離した。すると空に太陽と月があらわれ、昼と夜の違いができて、世界の秩序がつくられていった。

古層的人類は、距離の感覚にとても敏感だったようである。彼らはこう考えた。事物と事物の距離が、あまり近すぎるのはよくない、媒介のないカオスが出現してしまうから。あまりに遠すぎるのもよくない、その場合にも媒介が失われて、世界は不毛に陥ってしまうから。近すぎもせず、遠すぎもしない、媒介された状態をつくることが重要なのである。

柱祭が表現しているのは、コスモスの秩序をつくる媒介を探し出そうとする、古層的思考の本質そのものにほかならない。水平方向への柱曳きはカオスをあらわし、その柱が垂直に立ち上がる時、天と地を分離してつなぐ媒介が発生する。そのような媒介を生み出すことこそが、柱祭の意味であり、そこでは「神」の降臨や憑依をめぐる、宗教的思考はいっさい無用である。

諏訪御柱の意味

こうしてようやく、諏訪御柱祭の意味が、私たちの前にあきらかになってくる。柱を天に向かって垂直に立ち上げるのは、天上の神を柱に下ろしてくるためではなく、天と地の間を媒介して、原初のカオスからコスモスの秩序を、出現させるためである。そのとき実現されるコスモスの秩序こそが、「神のごとき状態」をあらわすのであって、「神的である」とはそのような媒介された状態そのものをさす、一つの名前にすぎない。

柱祭の土台には、このような古層的な神話論理が潜んでいる。そうなると、柱はインドラ祭のように一本でもいいし、諏訪神社のように四隅に立ててもよいということになる。四隅を宇宙の柱で囲まれ媒介された空間そのものが、神聖なのであって、それを天の神の依代《よりしろ》とみる考えは、のちの時代の神道による、合理化された二次的表現にすぎない。

DNA解析を駆使する最近の考古学研究によると、縄文人のDNAにもっとも近いのは、インド洋のアンダマン島人と、ネワール族もその縁者であるチベット民族のDNAであると言われている。アンダマン島を経由してインド亜大陸に入った人類は、そこで内陸部に向かうグループと、東に進んでスンダランドに向かうグループとの二手に、分かれている。諏訪の御柱祭とインドラ・ジャートラのしめす、いちじるしい類似性は、諏訪神社に奇跡的に残された古層的な文化の、驚くほどの根源の深さをあらわしている。

日本の神社の中に、諏訪神社のように、古層がいまも露頭しているような場所は少ない。その意味で、ここは人類の精神史の「諏訪紀」をしめしているのだ。

第六章　出雲大社

蛇

豊かな石器時代

旧石器の捏造事件のあとはしばらく、日本列島に旧石器文化はなかった、などという極論が横行していたときもあったが、当然のことながら、この列島にも旧石器人は生活していた。「旧」などと付くから、新石器人とも現代人とも違う、旧式タイプかと勘違いされやすいが、この人たちは我々とまったく同じタイプの人類である。

ましてや、旧石器人と新石器人である縄文人との間には、人類としての本質的な違いなどは存在しない。旧石器人も縄文人も、脳内に新しいタイプの神経組織網をもったホモサピエンスとして、まったく同じ知的能力を持っている。推理法においても想像力においても、まったく同じ脳構造を使用している。

たんに古いタイプの石器を使っていたという理由で、旧石器人を「遅れている人たち」というのだったら、ガラケーをあいかわらず愛用している私は、スマホを使っている人たちよりも、遅れているとでも言うのか。縄文人が土器技術を携えて、南方から日本列島に渡ってきたのが、一万五千年前のこと。それ以来、旧石器人から縄文人への移行は、この列島で、なだらかに進行していった。

その頃も、それ以前も、日本海は大きな「地中海」であった。民族や国家などが出来る以前は、この地中海の周辺には、さまざまな部族が住んで、交易や結婚や戦争をしながら、主に海上交通を利用して、広大なネットワークを形成していた。

福井県の鳥浜で貝塚が発見され、そこから縄文早期の村の跡が出土したとき、そこで繰り広げられていた生活水準の高さに、みんなは驚いた。鳥浜の縄文人は大麻を栽培して、その茎を湯がいたり発酵させたりして、そこから繊維を取り、籠を編んでいた。漆を塗った、赤い櫛をさしていた。

村の裏には栗畑が広がり、植物の栽培もおこなわれていた。漁労も発達していた。貝殻を加工した釣り針はもとより、漁網、梁《やな》を使った、組織的な漁も盛んだった模様で、「石器時代」が思いのほか豊かで、平和な社会であったことを、思い知らせてくれる。

（上）宍道湖の夕景（K）
（左）鳥浜貝塚出土の釣針（福井県立若狭歴史博物館蔵）（K）

青森の三内丸山遺跡の発掘が進むと、みんなはもっと驚いた。ここには長期間にわたって、縄文人の生活が繰り広げられていた。後期になると、建物のサイズも大きくなり、太さ一メートルもの大木を地面から立てて、巨大建造物をつくるようになった。

村へのアプローチの両側には、ずらりと先祖の墓地が並べられ、村に入ってくる客人を迎えた。海岸近くの貝塚では、人間の食べ物になるために死んだ、動物たちの霊を送り返す「送り」の儀礼がおこなわれた。エネルギーだけではなく、生と死も完全な循環システムをつくりなす、「アフリカ的段階」の社会の典型である。

川を遡上してくる莫大な数の鮭と鱒の漁がもたらす余剰は、この豪雪地帯に、「都市」とも見まがうばかりの、豊かな人間の暮らしを実現していた。そこには支配者も貴族もいなかったわけであるから、こと庶民生活にかんして言えば、縄文時代はまことに自由で豊かであった、と言える。

（1）渡辺仁『縄文式階層化社会』六興出版。

出雲の生成

このような縄文人の生活の場所として、出雲の宍道湖《しんじこ》周辺は、最高の条件をそなえていた。縄文海進期には海水位が数十メートルも上昇したため、現在の島根半島は出雲半島から切り離された島だったが、それ以降は河が運び込んでくる土砂によって、内湾はしだいに埋め立てられていった。この様子は『出雲国風土記』（千三百年前）のなかの「国引き神話」に、幻想的に描かれている。

縄文時代に二度も起こった三瓶《さんべ》火山の噴火も、神戸川下流に大量の噴出物と泥流をもたらし、平野部をいっそう拡大した。宍道湖は内海となって、海水と真水が混じり合う汽水湖となった。そのおかげで、宍道湖周辺の海産物といったら、「地中海」沿岸でも、まさに随一の豊富さであった。

そこに倭人によって、稲作の技術がもたらされた。三千年ほど前、北部九州にはじめて開かれた倭人の「植民地」から、稲作の技術をもった倭人が、出雲に移住してくるまで、それほどの日数はかからなかったと思われる。以後数百年、出雲平野の各地には水田が開かれ、混血も急速に進んだ。

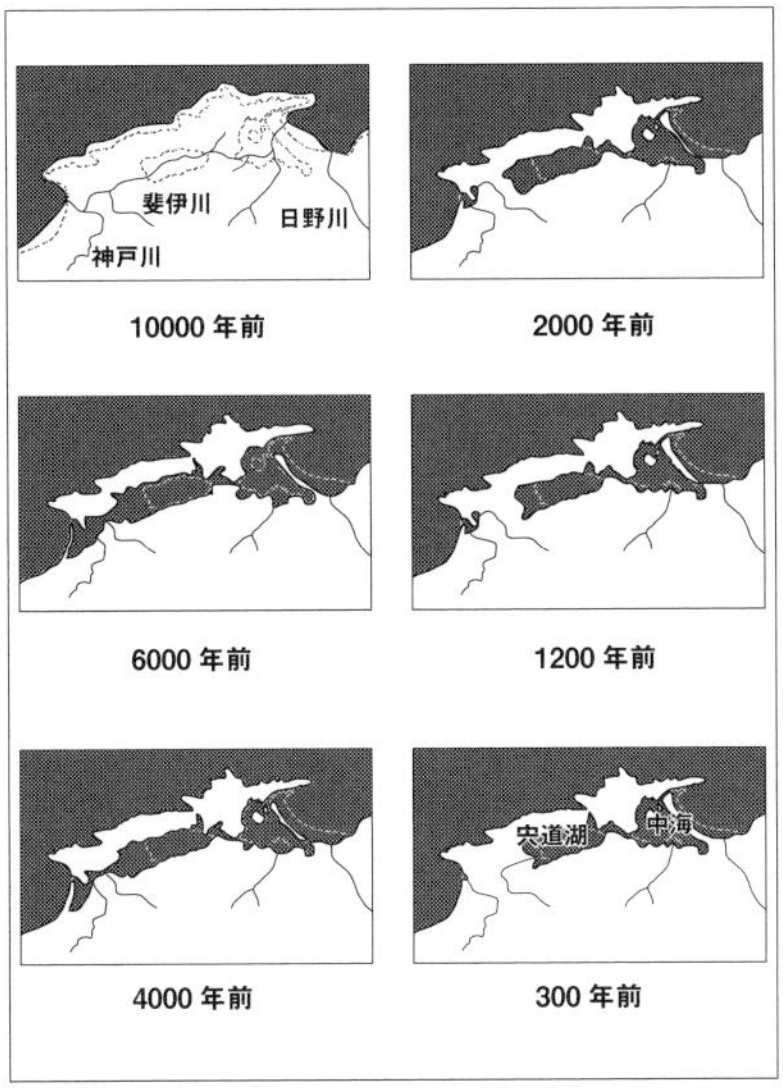

出雲の地形変遷図。破線は現在の地形。勝部昭『出雲国風土記と古代遺跡』、山川出版社を基に作成

縄文式階層化社会

倭人の伝えた稲作によって、莫大な余剰生産物が生まれ、それによって新しい政治組織がこの出雲に出現する以前から、ここにはすでに、安定した階層的社会が形成されていた。東北には鮭と鱒の漁がもたらす余剰によって、すぐれた首長に指導される「縄文式階層化社会」が生まれていたが[1]、出雲地方では冬のブリ漁をはじめとする豊かな海産物が、余剰に支えられた縄文式の階層化社会をつくってい

た。

縄文式階層化社会では、余剰の産物は首長に「貢納」されるのではなく、共同体全体のために保存され、祭の期間に一気に、大量に消費された。このとき、周辺の村々の人々が客人として招待され、ずんぶんにホスト村から「おもてなし」された。この「おもてなし」が気前よく豪勢であればあるだけ、この歓待を指導した首長の名声は上がった。名声が上がると、贈り物も増えて、物持ちにはなったが、それだけで権勢が増したりはしない。なによりも気前のよさに支えられた名声が、首長の権力の土台である。

倭人とのハイブリッドがつくりなす出雲では、この縄文式階層化社会という土台がそのまま維持されて、弥生式生活様式を持つ新しい階層化社会としての「国」に、自然に移行していった。そのリーダーの名前が「オオクニヌシ（大国主）」にほかならない。出雲につくられた「国」は、そののち北部九州に誕生するヤマト国の「国」とは、根本的な違いを持っていた。

イズモという「クニ」

北部九州からコシ（越）にいたるまで、良港とその背後に平野をもった日本海側の良地には、イズモのような「クニ」が、いくつも出現した。これらのクニは、稲作と漁労がもたらす富を背景にして、そこに政治のことを司る首長をいただく、階層化された社会としてできた。

こういう階層化社会は、すでに縄文人の社会に生まれていたが、その仕組みの上に、弥生＝倭人型の社会がおおいかぶさって混成した。縄文型の階層化社会と弥生型のそれとの間には、大きな原理的違いはないから、同じ原理にもとづいて、イズモやコシのような稲作をおこなうクニが、日本海側にいくつも出現した。

首長たちは、それぞれのクニの「オオクニヌシ（大国主）」であった。森や山にひそんで、霊力の領域のことを司っていたのが、「オオモノヌシ（大物主）」である。オオクニヌシはオオモノヌシをお祀りし、その信任を得ることで、山の霊力を背景にして、人間の世界の政治を任されていた。

1

2

1 神在祭の龍蛇さま（K）
2 神在祭り龍蛇さまは神々の参集をアナウンスする（K）

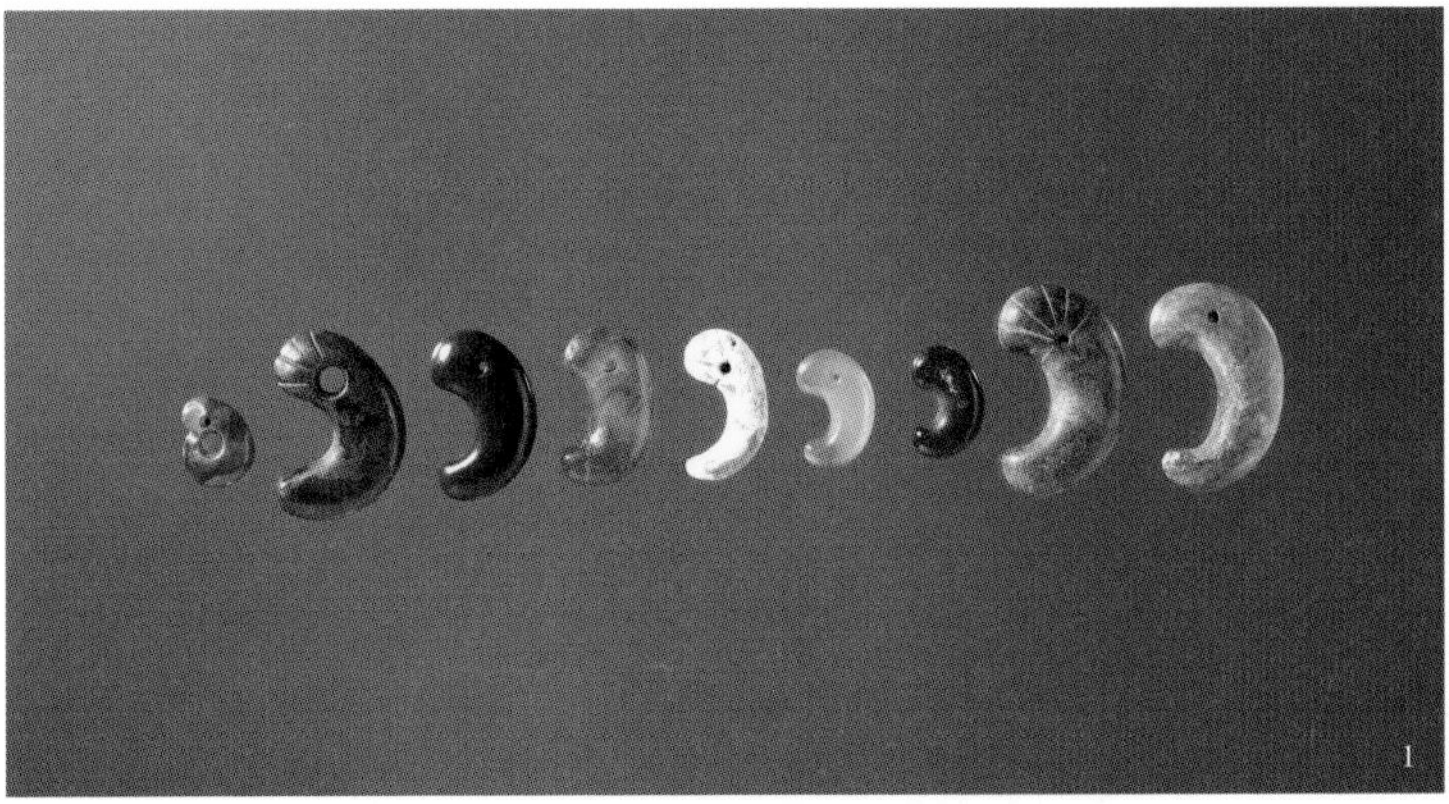

1 左から，ヒスイの勾玉（一貴山銚子塚古墳出土），ヒスイの勾玉（車塚古墳出土），碧玉の勾玉（紫金山古墳出土），メノウの勾玉（京都府久美浜町出土），ガラスの勾玉（安養寺古墳出土），メノウの勾玉（出土地不明），コハクの勾玉（瓢箪山古墳出土），滑石の勾玉（石山古墳出土）。（京都大学総合博物館蔵／京都大学考古学研究室保管）。（K）
2 翡翠の産地である姫川の支流（K）
3 勾玉（出雲大社蔵）（K）

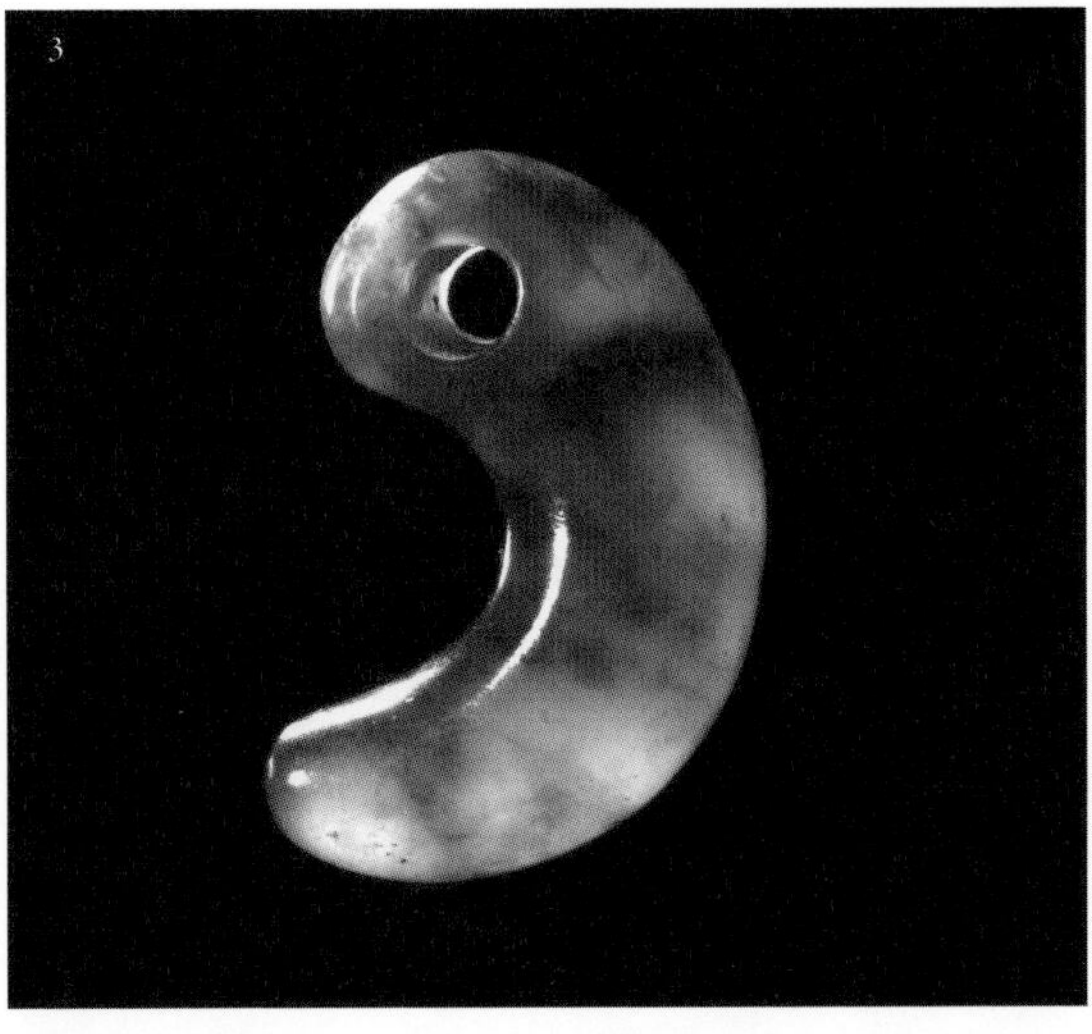

1 翡翠の勾玉が出土した真名井遺跡
2 出雲大社にある大国大使（K）
3 稲佐浜（K）
4 出雲大社本殿（K）

1 佐太神社（K）
2 龍蛇さまたち
3 佐太大神が誕生したとされる
加賀の潜戸（くけど）

佐太神社の「神名火山」

オオクニヌシたちは専制王ではない。したがって人民から税（貢納）を求めたりしない。そのかわりに「出挙《すいこ》」をおこなった可能性はある。年初に人々に稲の種子を貸し与え、収穫後に稲の増収分の中から、一定分を首長が利子として受け取るのである。穀物が増えて戻ってくるのは、神々からの「無償の贈与」による。その贈与の一部を、首長は神々へのお供物のようにして受け取ることができた。ここから貢納の制度まではあと一歩であるが、オオクニヌシたちはその一歩を踏み出すことを、自分に禁じていた。

イズモの神道

クニの政治システムの土台の部分には、縄文式階層化社会の仕組みが、破壊されないまま組み込まれている。それと同じ仕組みで、神道もつくられたのである。イズモのようなクニでおこなわれた「神道」では、土台を縄文型の自然神への信仰に据えて、その上に倭人的な宗教思考を重ね合わせて行くという方法で、神話や祭祀がつくりだされている。縄文人と倭人の宗教は、同じスンダランド原型を共有しているので、古い要素を変形して、新しい構造の中に組み込むのは、それほどむずかしい作業ではなかったはずだとはいえ、古層の神道のつくりかたの巧さには、しばしば舌を巻く思いがする。

縄文型の信仰を遅れたものとして捨て去ることをせずに、そのまま中心部の奥深くに埋め込んで、保存し続けるというやり方によって、日本人の神道の原型はつくりだされていった。こうして、中心部に縄文人の神道が深々と埋め込まれた、倭人の神道のシステムがつくられた。

そのことは、現代にいたるまで出雲地方におこなわれてきた神道のなかに、はっきりとしめされている。

いまは西部の稲佐浜《いなさのはま》にある杵築《きづき》大社ばかりが、「出雲大社」として有名になっているが、古代には宍道湖畔の東部にあった、「オウ（意宇）」のクニなどのほうが、政治的にも宗教的にも有力だった。イズモの開拓は、宍道湖畔に沿って、東部から西部へと、進められていった。その初期の時代に、イズモ諸族にとってもっとも重要な聖所は、島根半島の中央部に位置する「佐太神社」であった。「サッ」とか「サッタ」という音を含む古代語は、「岬《みさき》」やものごとの「先端《さき》」をあらわしていた。佐太神社のあるあたりも、古代イズモ世界の端っことして、日本海の荒波に洗われる、まさに「サッ」の土地である。

なぜほかならぬこの土地が、イズモ世界にとっての聖なる「サッ」の場所として選ばれたかというと、そこに高さ三百四十メートル余の、「神名火山《かんなびやま》」が聳えていたからである。

神名火山は、海のほうから眺めると、すこしずんぐりはしているが、たしかに円錐形の奥ゆかしい姿をしている。縄文人も倭人も、スンダランド系海人はおしなべて、この形をした山が立ち上がっている陸地が、好きである。おそらくはそういう形をした山がある土地には、特別に強いエネルギーを感じられたからであろう。山の麓に良い港や浜があったりすると、そこへ上陸して村を立てた。土地そのものが、エネルギーの強い聖なる土地と感じられたからだ。そしてそこに山を拝むための社が建つ。

大蛇としての佐太大神

そういう「カンナビ」の山が、イズモ世界には重要なものだけでも四つあり、イズモ世界を守る役を担っている。そのなかでも、佐太大神が宿るというこの神名火山は、とてつもなく古い頃から、き

国譲りの話し合いをした屏風岩

わめて霊性の高い山だと認められていた。縄文人の航海者にとっても、のちの時代の倭人の航海者の場合も、イズモ世界のランドマークとなったのが、この山である。この山こそ、イズモ世界への入り口であると同時に、深遠な奥の聖所でもあった。

スンダランド型思考をする縄文人は、その山に大蛇の姿にイメージされる神が住むと見た。いや、山そのものがとぐろを巻いて座す大蛇で、その大蛇が立ち上がって、爛々《らんらん》と見開いた両の眼から雷光を迸らせるとき、地上には嵐とともに恵みの雨がもたらされ、森の植物と動物たちを育むのだと考えた。山は大地にひそむエネルギーの立ち上がりをあらわし、大地に穴を掘ってひそむ蛇が、その力を比喩している。

倭人も、それとよく似た山の信仰を抱いていた。漁労も稲作もおこなう半農半漁の倭人にとっては、聖なる山にひそむ大蛇がもたらす雨は、川を流れ下って、里に開かれた水田を潤して、豊かな稲の実りをもたらすのである。島根半島に現れた倭人が、先住の縄文人の信仰するこの「サッ」の土地にそびえるカンナビ山を、自分たちのつくりだそうとする新しい神道の、重要な聖所としたのは、だからごく自然ななりゆきだった。

イズモの神在月

島根半島の海辺の各所に見られる、「竜蛇様《りゅうじゃ》」出現のさまは、まことに神秘的である。

明治年間に、小泉八雲はそれを目の当たりにする機会を得て、深い感動を味わい、そのことを『知られぬ日本の面影』に、美しい文章で描き出した。この竜蛇様出現の古式を、今日にいちばんよく残していると思われる、出雲大社（杵築大社）の儀式をもとにして、かつてのありさまを再現してみよう。

旧暦の十月（現在の十一月）は、イズモ世界では「神在月《かみありづき》」の季節である。八百万の神々が、日本列島の全域から、イズモの地に集まってくるからである。そのため、他の土地では、神々がすっかり出払ってしまう「神無月《かんなづき》」となる。

神々は全国各地の神社で、「あらわれ」の仕組みをつうじて、人間のためにさまざまな御業《みわざ》をおこなっている。隠された幽界（ヴァーチャル界）と現実世界（リアル界）の間を、行ったり来たりしながら、人間の世界に起こるべき出来事を決め、それを実現に移しているのである。あらかじめ神々によってプログラムされた計画どおりに、事が実行されるよう、神様たちは列島の各地で、日夜がんばっている。

その神々が、幽界と現実世界の行き来をしばらく停止して、すっかり幽界に戻ってしまわれるのが、この神無月である。神々は幽界の王国であるイズモ世界に参集して、来年に起こるはずの出来事を、合議（神議り＝かみはかり）によって決め、これを幽界のプログラムとしてセットする作業をおこなう。

こうして男女の縁結びからはじまって、領土内の氏子間の争いの調停にいたるまで、来年の出来事にかかわるいっさいが、イズモの宿舎で決められるのである。すべては幽界でおこなわれる作業である。それは「国譲り」(2)によって、現実世界の権力を放棄したおかげで、かえってヴァーチャル界の全権を掌握したイズモ世界にしか許されない、いわば「敗者の特権」にもとづいている。

この重大な仕事のために、列島全域から招集される神々は、このときなぜか船に乗って、海上からイズモ世界に現れる。それを先導するのが、ほかならぬ竜蛇様である。

竜蛇様ご出現

十一月も下旬といえば、もう日本海の波は荒い。夕刻、浜にしつらえられた斎場には、神職一同が威儀を正して、神々の到来を待ち受けている。かがり火が焚かれ、浜に据えられた白木の机の上の神籬《ひもろぎ》を、照らし出している。

しばしときあって、海の彼方から神々を満載した船が近づいてくるさまを、波間に幻視した最高位

（2）イズモ国はヤマト国に政治権力を譲り渡すかわりに幽界の支配権を与えられた。これについてはのちに詳しく論じる。
（3）こういう形の剝製につくるのを「こしきだてる」と言っている。祭式の描写は上田常一『出雲の竜蛇』園山書店による。

の神主は、声ろうろうと、「神々をいまお迎え申す」、と祝詞《のりと》を奏上する。

人々の目には、八百万の神々の姿は見えない。しかし、いままさに神々が浜に上陸して、こちらに向かって進んでくるさまを、人々は「想像の眼」で見ることができた。それは見えない神々の一団の先頭に立って、先導役をつとめる竜蛇様の姿を、はっきりと「見る」ことができるからである。

そのとき竜蛇様は可視の存在となる。口をマスクで覆った神職が、高く捧げ持った白木の神器には、海藻のホンダワラが敷かれ、その上にとぐろを巻き、尾を立てるように「こしきだてられた」一尾のセグロウミヘビが、鎮座ましましている。(3)

古形を求めて

八百万の神々は、この竜蛇様の後ろから、夜道をしずしずと神社へと向かっていく。まるで海上を旅してイズモにたどり着いた神々を、海神《わたつみ》のお使いである竜蛇様が、ご先導ご案内申し上げているようである。

みごとに構成演出されたこの祭式は、しかしそれほど古い時代にできたものとは考えられない。この構成だと、竜蛇様と海との関係ははっきり出ているが、山との結びつきが、不明瞭なままに放置されてしまっている。それに、会議を終えた八百万の神々が、列島各地の神社に帰還されるとき、来訪時のように海路を用いるのではなしに、大社本殿での「お発ち」の儀式だけで、いわば観念的にシナリオ処理されてしまい、竜蛇様はそのまま永久に神社にとどまる、となっているのも、すこし物足りない。

竜蛇様をめぐる信仰には、さらに古い、原型的な形

神在月の祭（K）

があったはずである。それを探るためには、杵築大社よりも原始的な要素をより多く残している、佐太神社における竜蛇信仰のことを、もっと詳しく調べてみる必要がある。

縄文の蛇神の影

佐太神社には、竜蛇様ご出現の神秘を、みごとに能に組み込んだ「佐陀神能《さだしんのう》」が、伝えられている。能じたいは江戸初期につくられたものだろうが、そこに組み込まれている神話要素は、とてつもなく古い。

佐陀神能では、佐太神社の神と海から現れる竜蛇様の関係が、はっきりと語られている。本殿を鳴動させて、佐太の大神が登場して、厳かに舞う。そのあと異様な面を着けた竜神が現れる。竜神は黒塗りの箱を捧げ持ちながら、ひとしきり舞う。そしてうやうやしく箱を開けると、中から五色の美蛇が出てくる。この美蛇を、佐太神社の祭神に差し上げると、大神はおおいに喜んで、歓喜の舞を舞いながら退場する。

このとき、謡はこう唸る。「五色の美蛇を捧げたまえば、さてまた神は受け取りたまいて、納めたまえば、わだつみ、浪のひまより中空にかえる」。

佐太神社の祭神は、背後のカンナビ（神奈備）山に住まう大蛇である。その山の大蛇が、海から上がってきた海神のレプリカである美蛇を、喜んで受け取ると、海神も安心して浪の中に消えていく、というのである。

ここには、縄文系の山神＝大蛇と倭人系の海神＝海蛇の間の、象徴的交換がとりおこなわれている。イズモ世界の秘密が、いよいよここから開かれていく。

タマ

西十九社（出雲大社）（K）

神社は山のレプリカ

佐太神社が伝える「佐陀神能」には、たくさんの情報が詰め込まれている。最古層のイメージにおける佐太大神は、背後のカンナビ山に棲む大蛇である。大蛇は山を「室《むろ》」として、大地に籠っているが、雷として立ち上がるときには雨を降らせて、大地と森を潤す。

縄文人はその神の棲む山そのものを、聖所としてお祀りした。ところが稲作もおこなう倭人は、田を潤す水の管理を進めるためにも、聖所を平地に下ろしてくる必要を感じていた。弥生式の生活を築いていくために、倭人＝縄文人は、山を象徴する「レプリカ」をつくって、山の麓に新式の聖所を設けたのである。

神社はその草創期において、山のレプリカであったのだ。そのような神社は、カンナビの山を仰ぎ見ることのできる麓に設けられたが、山と神社の関係は、想像的なものであってもかまわない。佐太神社の場合がまさにそうで、神社とカンナビ山の頂上は数キロも離れていて、佐太神社から本体の山は見えないようになっている。

そのかわり、海民であった古代のイズモ人は、その山をしょっちゅう海から仰ぎ見ていた。彼らの宗教では、山と海は鏡の像の関係にあり、山に棲む大蛇の神に対応して、ワタツミもまた海蛇の姿をしていた。この特異な地理的条件が、佐陀神能のふしぎな構成と演出を生み出した、と考えられる。

美蛇の交換

イズモの神在月に、海神は夜の海を、陸をめざして渡ってくる。海神は陸のカンナビ山を目当てに、海を渡ってきた。その山には、陸上生活を守る神である大蛇の姿をしたオオモノヌシ（霊の主）が棲んでいる。海と陸の双方から、大蛇同士が呼び交しているのである。

このとき、山のオオモノヌシと海のワタツミは、お互いのレプリカを介して、象徴的な交換をおこなう。佐陀神能には、山に棲む大神（本体は大蛇）の面が登場して舞うが、これは山の縮小レプリカである神社の神を、あらわしている。同じように、異様な面を着けた海神は、自分の縮小レプリカである美蛇を持って登場し、それを山の大神にプレゼントする。そして山の大神が美蛇を受け取ると、海神は歓喜して舞い狂う。これはいったい何をあらわそうとしているのか。

神在月を迎えたイズモ人の思考のなかでは、激しい憧憬をみなぎらせて、海神がカンナビの山をめがけて、海を泳ぎ渡ってくる様子が、思い描かれている。かつては一体の神であったものが、海と山の二柱の神への分離をおこない、それによって弥生型社会の宇宙像が形成された。このとき、海の神と山の神の間に、距離が発生した。

この距離の感覚が、現実世界をつくる。しかし神在月は、イズモ世界に神話の時間が取り戻されるときだ。神話は現実世界の原理である距離というものを無化するために、強力なイメージを創造した。それが海を渡る竜蛇神の姿にほかならない。神話の想像のなかの竜蛇神は、島根半島の海岸に近づくと、美しいセグロウミヘビの姿に変身する。

セグロウミヘビ

自分の分身でもあるそのセグロウミヘビを、美蛇に飾った模型を捧げ持って、海神はいそいそと佐太大神の前にあらわれる。山に棲む自然霊力の主（オオモノヌシ）である佐太大神が、海からのその贈り物を受け取ると、海山の二柱の神の間には象徴的な聖婚が成立する。このとき神話の時間は絶頂を迎え、分離されていた海と山が原初の一体性を、取り戻すのである。

東シナ海を北上してくる対馬暖流には、セグロウミヘビをはじめとする、何種類ものウミヘビが乗ってやってくる。対馬暖流は済州島沖合で分かれ、一流は五島列島へ向かい、もう一流は対馬海峡をへて、日本海へ入り、日本列島をなめるように北上していく。

この流れにそったじつに広大な地域で、セグロウミヘビにかかわる、さまざまな神事がおこなわれている。地名や神名にも、この蛇にちなむものが多い。蛇族は古代のことばでは、「ナワ」とも「ナガ」とも「ツツ」とも呼ばれた。「オキナワ」という地名、「オキナガ」という古代の氏族名（神功皇《じんぐうこう》后《ごう》の名前「オキナガタラシヒメ」）、「ツツ」という対馬の地名と海人族の神「上ツツ・中ツツ・底ツツ」の名前などが、それに関係している。これらの蛇族は、じっさいにはウミヘビであり、しかもセグロウミヘビがもっとも重要視された。

とくに島根半島の海岸では、神在月の頃、たくさんのセグロウミヘビが浜に向かって、泳いでくる。漁師たちはその神秘的な光景に魅せられていた。漁師たちはしばしばウミヘビを捕獲し、「こしきだてた」剥製に仕立てたうえで、うやうやしく佐太神社や日御碕神社や杵築大社（出雲大社）に奉納した。すると神社では、これを丁重に受け取って、奉納主には手厚い褒美を与えた。

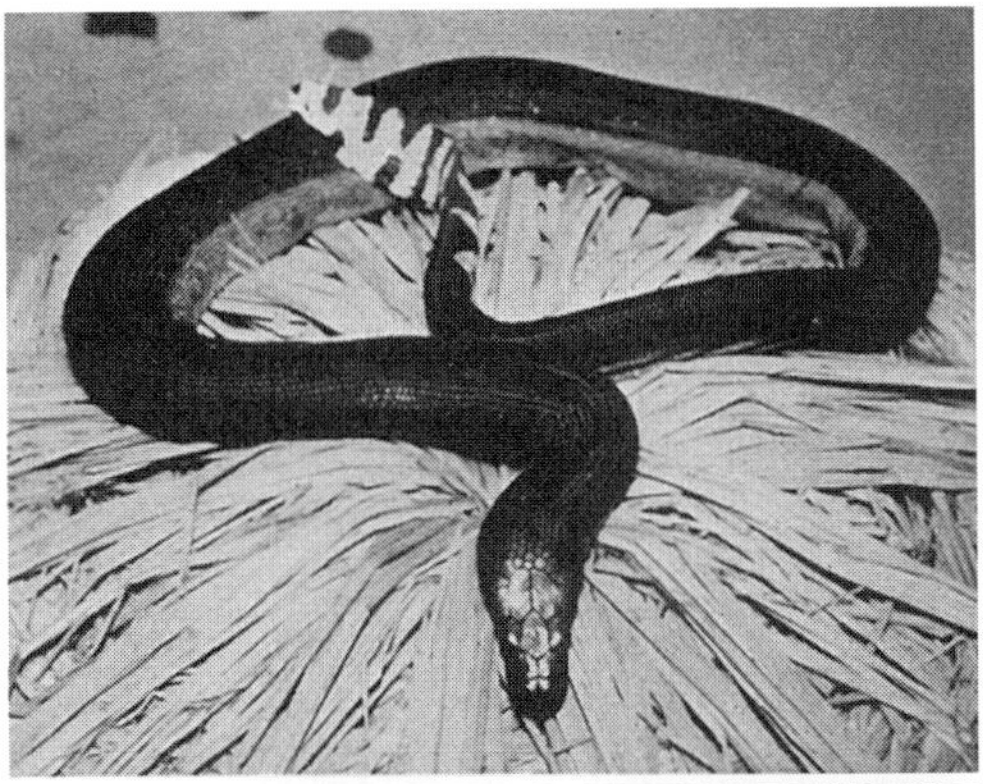

（上）昭和45（1970）年10月に美保関で捕獲され、佐太神社へ奉納されたセグロウミヘビ（写真は上田常一『出雲の竜蛇』より）
（下）日御碕神社

蛇と処女

美蛇に仕立てられたウミヘビは、海神の分身であり、その象徴的なレプリカをあらわす。この竜蛇様が、神在月に大挙してイズモ世界へやってくる、列島中の神々の団体さんを、杵築大社まで引率してくる。しかしそのあと、杵築大社では、竜蛇様の行方はよくわからなくなる。

竜蛇様はじつはそのあと、人には見えない海神に連れられて、オオモノヌシに捧げられているのである。オオモノヌシは山の大蛇である。この山の大蛇が美蛇を受け取って、聖婚をおこなって一体化する。つまりは性的に「食べる」のである。

この美蛇が、奇稲田姫《くしなだひめ》という少女に変形させられると、その娘を「食べる」山の大蛇は、「八岐大蛇《やまたのおろち》」のイメージに変換される。『記紀』神話のスサノオが登場する以前の、イズモ世界の古層性が、ここにはみごとに保存されている。

魚・蛇・蛙

縄文人の心は、魚類や爬虫類や両生類への深い関心で、みたされている。彼らがさかんに制作した土器の表面に描かれているのは、蛇や蛙やイルカなどの姿ばかり。人間の姿が登場することはあっても、そこに大人の姿はなく、新生児がいままさに産道からこちらの世界に顔を出そうとしている、産婦人科的シーンがほとんどだ。

縄文人は、儀式に使う土器の表面に、神話の場面を描くのを好んだ。儀式をつうじて、彼らは現実の中で失われてしまった「神話の時間」に戻ろうとした。時間の流れを逆行して、原初のときに近づいていこうとするのだ。そのとき縄文人は、人間性の奥にひそんでいる、魚類や爬虫類や両生類の世界に、引き戻されていくのを感じていた。

神話の時間から現実の時間に連れ戻されるとき、魚や蛇や蛙の世界はたちまち見えなくなる。しかしそうなっても、魚や蛇や蛙が、いつも自分の心の深部に生き続けているのを、彼らは感じていた。

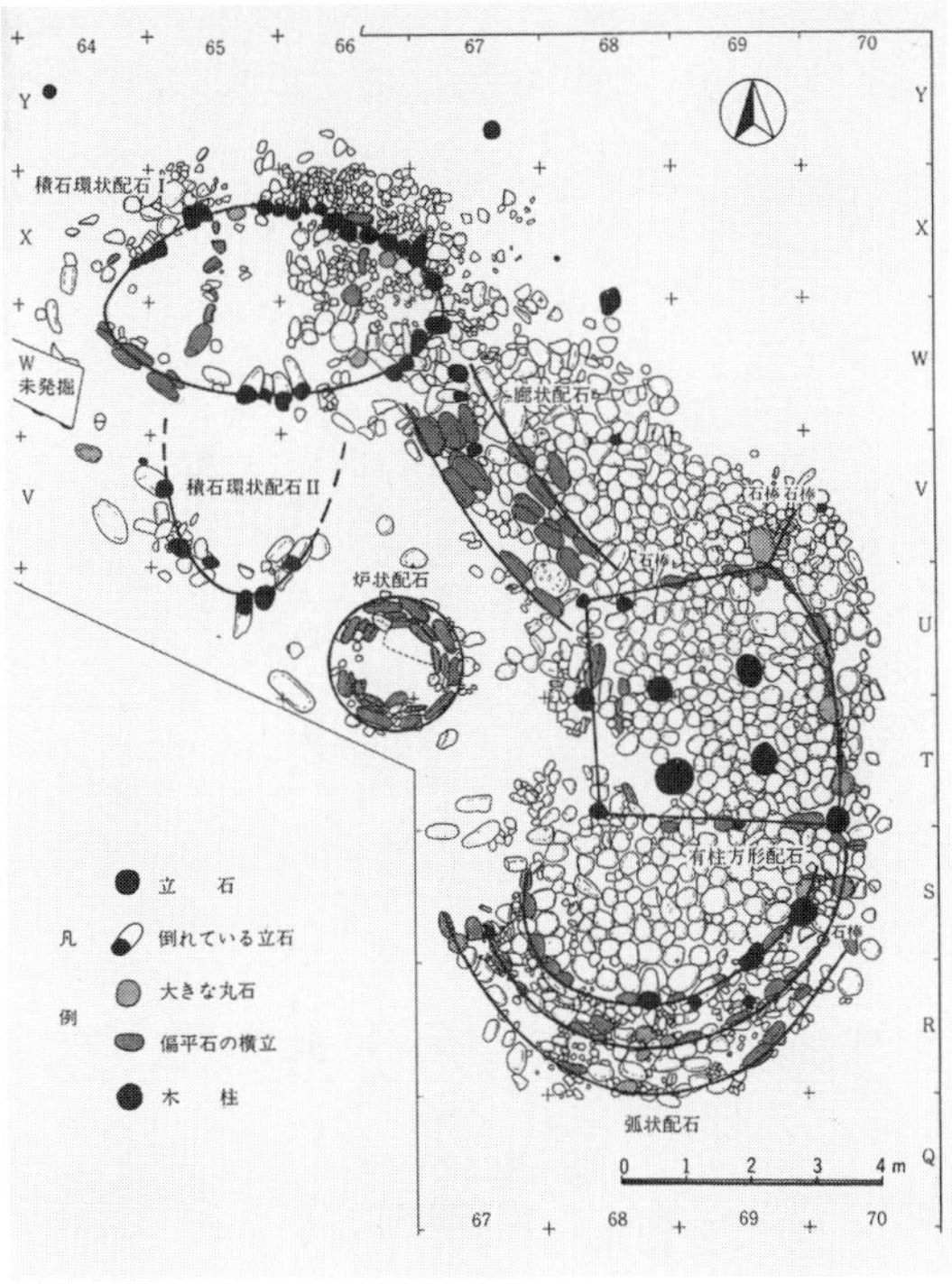

日本海沿岸、コシ世界の渚につくられた、縄文晩期の配石インスタレーション
（寺村光晴他編『史跡寺地遺跡』より）

しかしそれにしてもなぜ、原初の生き物が、魚・蛇・蛙でなければならなかったのだろうか。魚類・爬虫類・両生類と、人間の新生児を「似ている」と考えるのが、縄文人の思考の特徴をあらわしている。これは縄文人だけでなく、旧石器と新石器時代の人類すべてに、共通している。

狩猟民の胎生学

農業をはじめる以前の人類は、狩猟と採集によって生きていた。森の奥深くでおこなわれる狩猟では、殺した動物の解体は、その場で手早くおこなった。できるだけ動物が苦しまないように、毛皮が傷つかないようにという掟に従って、解体は手際よく進められなければならない。なるべく雌の動物は殺さないようにしたが、それでもしばしば雌を殺さなければならないこともあった。

そういうとき縄文人は、鋭利な石英製の石器で、雌の動物の子宮を切り開いていった。子宮の中からは、成長段階の異なる、さまざまな胎児が取り出された。縄文人はそれを詳しく観察し、子宮の中で育つ胎児が、初期には魚のような姿をしていること、それからしだいに爬虫類や両生類のような姿に、変化をとげてくるということを発見した。

数万年におよぶ狩猟採集民としての暮らしは、人類に莫大な「胎生学」的知識の蓄積をもたらした。新石器時代には、そうして蓄積された胎生学的な知識を、分類し体系化する努力が積み重ねられた。のちにインドのアーユルヴェーダや古代中国で発達した医学は、こうした新石器時代からの知識の集積が、もとになっている。

胎生学的な知

縄文人は、別のジャンルの似ているもの同士を、「同じもの」として認識する、比喩の能力にすぐれていた。彼らは、動物の解体から得た胎生学的な知識と、自分たちの「心」の深層領域で起きていることが、じつによく似ていることを知っていた。

夢を見ているとき、なにかの力に憑依されて意識を失うとき、ベニテングダケのような毒茸を食べたとき、人間は自分の心の深層部へ降りていく（落ちていく）ような、体験をする。現実をつくっていた堅固なイメージが、ぐにゃぐにゃと変形し、水みたいな流体といっしょに運動をはじめる。自分の心が魚や蛇に変容して、流体にとけ込んでいくような体験である。

こういう心的な体験と狩猟における実体験を、比喩的に重ね合わせることで、新石器の人類は、現代科学にとってもきわめて興味深い、「心の胎生学」を発達させていった。それによると、人間の心は、子宮の中の胎児のような、さまざまな段階を通過しながら成長して、ようやく成人の心に達するのである。

受精後まもなく、心の活動は開始される。はじめはウルウルと動く液体状の物質の中にあったものが、しだいに固まって、生物のからだに近づいていく。水に包まれている初期の段階で、それは魚のような形をして、鰓《えら》をつけている。そこからだんだんと、両生類や爬虫類への「進化」が進み、水界からの離脱をはじめる。それに合わせて、心のメカニズムも複雑化していく。しかし複雑にはなっても、心の深層には、魚や蛇や蛙が棲み続けている。

渚のインスタレーション

神話は、その「進化」の過程を逆行しようとする試みである。神話や儀礼はけっして荒唐無稽な想像力の産物ではなく、人類が蓄積した莫大な知識にもとづく、彼らなりの「科学」であった。しかしその科学には、時間を逆行して、ものごとの原初に立ち返ろうという運動がセットされている。

（4）田中基『縄文のメドゥーサ』現代書館。
（5）田中基『縄文のメドゥーサ』現代書館。

糸魚川市の姫川

縄文人が、土器の表面に魚類や爬虫類や両生類を好んで描いたのは、そうすることによって、時間を逆行して、神話の原初に戻ろうとしたためである。それによって、彼らは自分の心を、「心の子宮（マトリックス）」に結びつけようとした。そのとき、胎児として子宮の中で、原初の状態にやすらっている心を、魚や蛇や蛙の姿であらわそうとしたのだ。

そういう縄文人の心の動きが、手に取るようにわかる遺跡がある。新潟と富山の県境にある寺地《てらじ》遺跡である。縄文時代の晩期、日本海に面したこの「コシ（越）」の縄文人たちは、渚に祭祀場を設け、そこに石を並べて、ふしぎな形をした生き物の像のようなものをつくった。それを調べた考古学者の中に、その形が子宮内で成長する胎児の、ごく初期の段階（胎芽）に酷似していることに、気づいた人々がいた。[4]

イズモ世界では、渚にウミヘビを迎える儀礼をおこなう。同じく縄文型のクニをつくっていたコシ世界の渚には、魚の段階にある胎児のインスタレーションがつくられた。この蛇と胎児は、イズモ世界の象徴たる「勾玉《まがたま》」という呪具を介して、一つにつながっている。どうやら勾玉のモデルは胎児らしいのである。

縄文の勾玉

新潟県糸魚《いとい》川《がわ》市の、青海《おうみ》川《がわ》と姫川《ひめかわ》とが日本海に注ぐ海岸にある、縄文晩期の遺跡から、この不思議な像は発見された。丈十六メートルにもおよぶ、この大きな石組の像を見た考古学者が、これは胎児の姿をあらわしているのではないか、と考えたのには、わけがある。[5]

この地帯は、縄文時代から弥生時代にかけて、日本列島最大の「ヒスイ（翡翠）」の産地であり、そこには多数の「玉作り（たますり）」集団の住む、工房村があったからである。とくに縄文時代には、北は北海道から南は九州まで、ほぼすべてのヒスイ製品が、この地帯で産出するヒスイからつくられ、全国に配布されていた。

そうしたヒスイ製品の中で、縄文人にもっとも人気の高かったのが、「勾玉」である。縄文人の勾玉は、私たちがよく知っている、弥生時代以降の勾玉とは、少しちがったかたちをしている。勾玉と言えば、いまではあのつるんとした、かわいらしい造形を、思い浮かべるのがふつうである。しかし、勾玉がつくられはじめた初期に、それはもっと生々しいかたちをしていた。

縄文人の好んだ勾玉には、紐を通す頭の部分に、数本の切れ込みが入れてあり、そのかたちはあきらかに、胎生学で言うところの「魚の段階」の胎児に、酷似しているのである。一部の考古学者は、勾玉の頭の部分の切れ込みは、魚段階の胎児が残している「鰓」をあらわしているのではないか、と推理している。新石器的な想像力の類型を考えるとき、この推理はおそらくまちがっていない。

勾玉工人の祭祀

ヒスイ原石の多くは、姫川や青海川の上流で、母石から剝がれたり割れて落ちたものが、川を流れ下って、海に出た。はじめはごつごつしていた原石も、海岸に打ち寄せる波に、長い間洗われている間に、なめらかなかたちに擦り上げられた。その原石を拾い集めて、勾玉を磨《す》り出すのである。

このあたりに住んでいた玉作りの縄文工人たちは、来る日も来る日も、このヒスイ原石から、魚状の胎児のかたちをした勾玉を、磨り出していた。その工人たちが、村の前の渚に祭壇を搗き固めて、その上に日頃自分たちが工作している、勾玉のかたちの巨大インスタレーションを、石で組んでつくった。

このインスタレーションは、勾玉というものが何であるかを示そうとしている。そこには胎児の心臓をあらわす「炉」のかたちをした配石や、脊椎やへその緒までが、はっきりと造形されている。勾玉は胎児の姿を、ミニチュアにしたものである。工人たちは、その勾玉を巨大化した造形に仕立てて、祭壇に飾っておまつりをした。問題は、なぜその祭壇が、渚に築かれたか、ということである。

墓と渚

縄文人はその文化が後晩期に入った頃から、頭部に切れ目の入った、独特のかたちをした、勾玉をさかんに作った。彼らはそれに紐をとおして、首にかけた。たんなる装飾品ではなかろう。魚期の胎児のかたちをした勾玉は、縄文人にとって、一人一人の「タマ（霊）」をあらわすものである。

もっと正確に言うと、勾玉を身につけていることで、縄文人は自分が生まれる以前にいた、ヴァーチャルな未生の空間とのつながりを保ちながら、現実世界を生き抜こうとしていたのである。勾玉は胎児のかたちをしていた。胎児はヴァーチャルな空間と、この世との中間にいて、二つの空間をつないでいる。

縄文人には、未生の空間とこの世とがつながっていないと、生きていることさえできない、と感じられた。そのつながりを象徴することばがタマであり、勾玉は胎児のかたちをしていることによって、そのタマの力能を目に見えるようにしてくれていた。

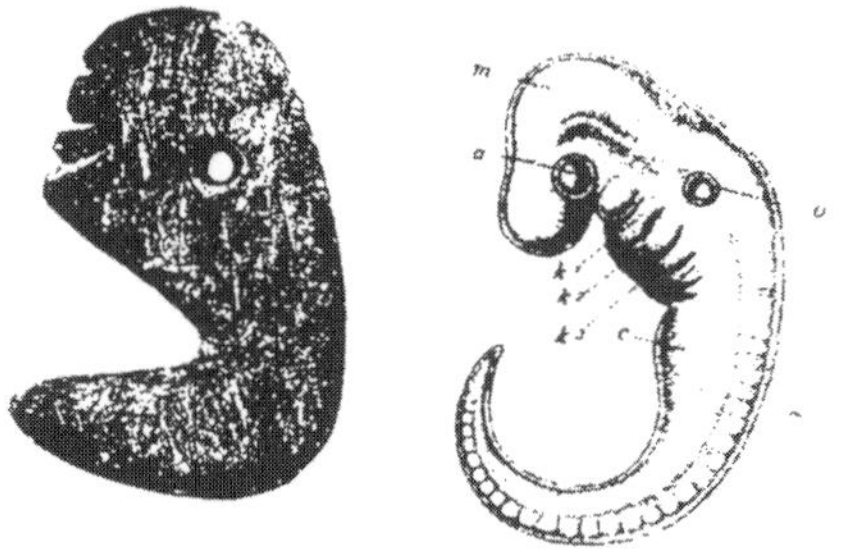

縄文人が好んだ勾玉のかたちは、魚期の胎児に似ている（田中基『縄文のメドゥーサ』より）

縄文人はこの勾玉を、死者といっしょに墓に埋葬した。彼らは死者の霊は、これから生まれてくる生命が待機している未生の空間に、戻っていくと考えていた。その帰還を確実に守ってくれるものと言えば、勾玉を置いてほかには考えられないだろう。この世とあの世（未生のヴァーチャル空間）をつなぐタマの力を象徴しているのが、勾玉だったからである。

そう考えると、勾玉の力をたたえる縄文の祭りが、この世である陸地と、あの世へ続く海の領域の境である、渚でとりおこなわれた理由が、じつによくわかる。人間の胎児は、水をたたえた子宮の中で、魚の姿などをとりながら成長をとげたのち、いわば「陸地に上がる」ようにして、生まれてくる。生まれてくる前も、生存している間も、死してのちも、人間は勾玉状のものを、必要としている。

このような勾玉こそが、イズモ世界やコシ世界を象徴する宝物となった。イズモやコシの世界は、縄文社会の構造を土台としてつくられ、その上に弥生式の生活が築かれたものである。各地にオオクニヌシと呼ばれる首長を頂くクニがあり、そうしたクニグニが交易や結婚のための、緊密なネットワークをつくっていた。

古層を象徴する勾玉

その意味でイズモやコシは、縄文社会と倭人による弥生社会とのハイブリッドをなしている。縄文と弥生が、深層でつながっているのが、この世界の特徴であり、その古層性を勾玉が象徴している。頭部に数本の切れ込みをもち、胎児とのあからさまな連想を誘う縄文型勾玉は、しだいに洗練されて、ついに私たちのよく知っている、あの弥生型勾玉へと変身をとげることになった。

しかし勾玉がもっている、未生のヴァーチャル空間とこの世の現実をつなぐ魔法の力は、そうなってもいっこうに変わらなかった。ヒスイ原石から弥生型勾玉をつくる工房の中心が、イズモ世界に移ったあとも、勾玉の本質は少しも変化しない。

姫川と青海川で採れるヒスイからつくる勾玉は、縄文後晩期の列島最大のヒット製品であり、それを生産していた寺地遺跡の工房から、人気の製品は各地の縄文村につぎつぎと配送されていった。そのおかげで、胎児に似せて造形されたヒスイ勾玉の完成品は、地元には残されなかったらしく、寺地遺跡でそれはみつかっていない。工房で仕事する工人たちは、安手の硬石製の勾玉を身につけることで、我慢していたらしいことが、考古学の研究でわかっている。

しかし、コシの縄文型勾玉作りの技術は、弥生式生活様式が、日本海沿岸に広がっていく時代になると、隣のイズモへと移転して、そこで弥生型勾玉としての発展をみることになる。そのときおこったことが、オオクニヌシ（大国主）とヌナカワヒメ（沼河比売）の結婚をめぐる出雲神話に、暗示的に伝えられている。

ヒスイの結婚

ヒスイの産地である姫川の支流
（K）

イズモのオオクニヌシは、コシのヌナカワヒメを求めて、姫川にまでやってきて、家の外から恋の歌を詠みかけて求婚した。ヒメはそれに応えて結婚が成立し、二人の間にはタケミナカタ（建御名方）が生まれた。

ヒメはのちに事情があって、コシに里帰りをしてしまった。タケミナカタはコシの国で少年時代を過ごし、不羈《ふき》の精神の持ち主に育った。のちに父の国イズモの勢力が、ヤマトに政治的に屈服してしまうと、それを不服として、姫川をさかのぼって諏訪に入り、その地に「後イズモ世界」とも言うべき独立国を打ち立てた。

この神話には、勾玉技術の移転という現実の歴史が、二重写しになっていると見ていい。ヌナカワヒメは姫川に住む川の女神であり、その川底からヒスイの原石が出る。このヒスイから勾玉を磨《す》り出す技術を持った縄文工人が、弥生式文化を発達させつつあったイズモに移住したのではないか。その頃を境にして、勾玉のデザインと素材が大きく変化して、日本海沿岸の勾玉生産の中心は、イズモに移っていく。

勾玉の「かわいい」化

古代の意宇《おう》の玉造周辺、いまの松江市玉湯《たまゆ》が、その新しい中心地となる。ここに美しい碧玉を産出する花仙山《かせんざん》があり、メノウや赤石のような新素材を使った勾玉の大量生産が、弥生後期からはじまる。玉湯製の勾玉の人気はたいへんなもので、平安時代になってもその人気は、いっこうに衰えなかった。新しいタイプの勾玉には、日本人の心をくすぐる、不思議な魅力が込められている。

縄文の勾玉は、露骨に胎芽期の胎児の姿をしている。生々しいと言えばそうだが、縄文人の嗜好からすれば、「それでなければ呪力が感じられない！」ものだった。これにたいして弥生型の勾玉では、その生々しさがすっかり削ぎ落とされ、全体がほっこりと抽象化される。この「ほっこり抽象化」が曲者なのである。

たしかに胎児は可愛らしいが、縄文型勾玉のように生々しく表現されると、血や羊水や粘膜に覆われた、子宮の現実を連想してしまう。狩猟中心の社会に生きていた縄文人は、そういう胎生学的な現実を、グロテスクだとは感じなかった。しかし動物の殺害から距離を置いて、植物の栽培で生きるようになった弥生時代の人々には、勾玉から強力な呪力だけを残して、子宮の現実は見えないようにしてほしかった。

そこで玉湯の工人たちは、縄文型勾玉の改造に取り組んだ。勾玉というものが、未生の空間とこの世の現実をつなぐ通路であるかぎりは、それは胎児のかたちをしていなければならない。頭は大きく、腰のあたりは丸みをおびて、くにゅっと曲がっている必要がある。そういう未熟性だけを取り出して抽象化し、魚の鰓を連想させる切れ込みなどは、なくしてしまうほうがよい。同じ「胎児性」をあらわすにも、生《なま》な現実は隠して、未熟さや中間性や幼児性を、抽象化して表現できれば、きっと弥生の心性を震わせることだってできるだろう。

こうして古代日本のデザイン史に残る傑作、イズモの勾玉が誕生した。この勾玉の人気は、人々の呪術力にたいする感受性に変化があらわれる、平安時代中頃まで続いた。玉湯でなぜそういうことが起こったのかを考えてみると、技術者の非政治性という、現代にも通じる問題が浮上してくる。

イズモ世界のキティちゃん

松江を中心とする意宇郡中枢の政治家たちは、ヤマト権力にたいする反感や違和感を、抱き続けていた。ところが玉湯に住んでいたのは、工人を主体とする職能集団である。非政治的な彼らにとって、イズモもヤマトも、たいした違いはなかった。むしろ大陸系の先進文化の取り入れに積極的なヤマトの政治勢力に、好感をもっていた。玉湯の有力者は、早くからヤマトへの接近を図っていて、信任の証《あかし》である前方後円墳の築造許可を取り付けることにも、まんまと成功している。

こういう事情があったために、玉湯の工房には、ヤマトの嗜好や流行の情報が、リアルタイムでも

出雲玉作跡（K）

たらされていた。こうして生まれた新しい勾玉は、コシで発達した縄文以来の伝統と、イズモの弥生的伝統に、ヤマトの感覚をミックスした、斬新なデザインを持つものになった。

このとき生まれた意匠思想は、その後の日本人の嗜好に、大きな影響をおよぼすことになった。生々しい胎生学的現実や、現実世界の直前でとどまっている未生な存在を、抽象化して「かわいく」表現する巧妙な日本的技術である。私の考えでは、キティちゃんは、縄文の土偶が準備し、弥生の勾玉が完成したデザイン思想の、現代的再生にほかならない。キティちゃんはストラップにつけられて、勾玉と同じように、この世とヴァーチャル世界をつないでいる。

渚に寄り来るもの

古代日本の信仰上の重大事の多くは、渚でおこる。海神《わたつみ》の娘である豊玉姫《とよたまひめ》は、狩猟世界の英雄である山彦との結婚でもうけた子供を、急ごしらえで渚につくった産屋《うぶや》で出産する。この産屋は鵜《う》の羽根で葺いたが、豊玉姫が急に産気づいてしまったので、産屋が完成する前に、出産がはじまってしまった。そこで生まれた子供は、鵜の羽根の小屋が葺き上がる前に生まれた、という意味の名前「うがやふきあえず」をもらった。神武天皇のお父さまである。

イズモやコシのような日本海沿岸の国の場合には、渚の重要性は、もっと生々しい。神在月のイズモの渚には、列島各地からの神々が、船を仕立てて上陸してくる。それを先導する役目を果たすのが、沖縄洋上から北上してきたセグロウミヘビで、この蛇は小さな美蛇（竜蛇様）に姿を変えて、渚から神社へ、さらにはその奥の神奈備の山に向かう。

ヒスイを産する糸魚川近くのコシの縄文工人たちは、渚に十数メートルもの巨大な胎児のインスタレーションをつくって、勾玉の霊力を讃える儀礼をおこなった。勾玉にこもるタマ＝霊力は海からもたらされる、と工人たちが考えていたことがわかる。海からやってきたタマは、渚で魚期の胎児に変容し、それが工人の手を介して、勾玉に造形される。

勾玉を身につけるとき、縄文人も倭人も、自分が渚や海とつながっている確かな感覚を持てた。「海」と「産み」は、古代語では同じものを、表現しようとしていた。生命と霊力は、同じ空間からやってくる。渚にたどり着いたタマは、そこで「小さなもの」「幼いもの」に姿を変えて、人間の胸に着装されて、心の内部に入り込む。

小さ子の力

イズモ世界を支える力の根源は、海から寄り来たって、渚に出現するもののうちに、内蔵されている。『記紀』は、その思想をつぎのような神話をとおして語り出している。

オオクニヌシ（またの名前をオオナムチ）が造物主として、国土をつくったとき、波の彼方から「ガガイモ」の実の船に乗った、スクナビコナという神が、あらわれた。その名前には「小さい存在」という意味が、込められている。ガガイモはつる性の植物で、長さ十センチほどの鞘《さや》状の果実をつける。こういう鞘の実を船にして航海してきたというからには、一寸法師並の小さな神様だったことが、想像される。

オオクニヌシ一人では、国土創成はとうていかなわぬ事業だった。そこにスクナビコナの協力が加わらないと、山や丘をつくりあげ、それらに命名していく作業は、完成できなかった。オオクニヌシは国土創成のプログラムをつくることはできた。しかしそのプログラムに息を吹き込み、生命を与える力を持っていたのは、小さな神であるスクナビコナだけであった。二人の神がペアを組むとき、はじめて創造のわざは可能になる。

このスクナビコナは、海の彼方からやってきて、渚に出現する「小さ子」の神である。その姿は、古代のイズモやコシの信仰にとって、きわめて重要な存在だった、竜蛇様や勾玉にとてもよく似ている。スクナビコナは小さく賢い。なぜ小さいのか。私たちはいよいよ、日本人の古層信仰の中心部に

出雲大社の境内のオオクニヌシ

近づいてきている。

俺はお前だ

『記紀』神話は伝える。オオクニヌシを助けて、国土創成の事業が一段落すると、スクナビコナは「常世国《とこよのくに》」という他界へと去っていった。スクナビコナを失ったオオクニヌシは、海岸に立って悲嘆にくれていた。すると海原を煌煌《こうこう》と照らす光とともに、海岸に寄り来るものがあった。オオクニヌシが「何者か?」と問うと、その光が答えた。「俺はお前だ。お前の荒魂《あらみたま》・和魂《にぎみたま》・奇魂《くしみたま》だ」。

「俺はお前だ」。ユング派の精神分析家を、小躍りさせるような一言である。俺はお前の影である。俺はお前の無意識である。エスである。お前の思考したものは、俺という無意識が働かなければ、現実の世界での創造となって、あらわれることはできない。今後、お前の心には、俺が三種類のタマとなって入り込む。これらのタマと一体となれば、お前は正しい創造をおこない続ける。

古代イズモ人が、世界と人間の心の構造を、はじめて「見て」そして「理解した」瞬間である。彼らはこのとき、人間の心が対の構造としてつくられていることを、知った。人が現実の世界で生き抜いていくためには、その心は意識をもたなければならない。意識は現実の世界のなりたちにフィットした構造をしているから。しかし、心は現実に「あらわれた」世界ばかりに触れているわけではない。この世界は現実と対になっている未生の潜在世界を、自分の影として抱えているからである。

タマによる国作り

この未生の潜在世界からの情報を受け取るためには、無意識が必要である。無意識は意識の下に、影のように隠されている。しかし意識よりも広大な、宇宙的な自然につながっている。意識はこの無意識と一体となって働くとき、正しく、美しく、良きものをつくりだすことができる。だから俺（無意識の自己）はお前（意識の自己）といっしょなのだ。

無意識は宇宙と同じくらいに大きいが、現実世界にあらわれるときには、小さい子供のような存在になる。そして世界のへりである渚のような場所に、ひっそりとあらわれる。この小さ子の存在に気づいて、協力を仰ぐ謙虚さをもつことのできるものだけが、オオクニヌシのような大事業をなしうる。自分の影、自分の無意識と一体になって、大事をなす。これがタマを組み込んだ、イズモ国の思想である。

神話の建築

雲に分け入る社

出雲大社（杵築大社）の巨大さは、古来より人々の度肝を抜いてきた。中世の記録によれば、木造の本殿はおよそ五十メートルの高さをもち、それを数本の巨木が支え、その本殿にたどり着くまで、おそろしく長い梯子が架けられている。本殿の頂きには、これまた長大な千木が突き出している。まこと「雲に分け入る」がごとき社《やしろ》であった、と伝えられる。

古記録に残る出雲大社の原型は、ほかのどの神社の建物とも異質である。これを神社建築の例外と考えるのがよいか、それともまったく別の思想にもとづく、通常の神社とは別の造型と見るのがよいか。私はここに、縄文古層にまで深く根を下ろした、出雲大社の本質を見る思いがする。原型における出雲大社は、いわば神社を越えた神社なのである。

これまでも見てきたように、きわめて古い時代の日本の神社には、本殿の建物はなかった。神奈備の山が神そのものであり、その山に籠る神を、麓に設けられた神籬《ひもろぎ》からお祀りしていた。伊勢神宮の本殿と今日考えられている建物なども、じつはもとはご神体を納める宝物殿にすぎないもので、神社が本殿の建物を持つようになったのは、日本人が仏教の寺院というものを目にするようになってからだ、と言われている。

ところが、この巨大な出雲大社が建てられたのは、それよりもはるか以前のことなのである。『古事記』も『日本書紀』も、ふだんは神社の造営にかんして、無関心な態度をしめす。それが出雲大社にだけは異常な関心を寄せ、造営のいきさつを詳細に書き記している。これを見ても、出雲大社の本殿を、神社建築史のたんなる一事例として扱ってしまっていいのだろうか、という思いがわいてくる。

神話による建築

出雲大社は、オオクニヌシが自分の創成した国土を、ヤマトの王権に譲るという決断をおこなった、いわゆる「国譲り」の代償として、ヤマトの王権によって造営されたものである。そのとてつもなく壮大な規模についても、じつはヤマト側から提案されたことであった、ということになっている。

「皇孫の天御巣《あめのみす》の壮大な宮殿と同じように、地底の岩根まで宮柱を深く埋め、高天原に千木の届くほど高い屋根をもった建物を建ててましょう」（『古事記』）。「あなたが今後住まうべき天日隅宮《あめのひすみのみや》は、今から、私が作ってさしあげましょう。その規模は……」（『日本書紀』）。

「国譲り」がおこなわれたのが、じっさいには古墳時代のいつ頃のことだったかは、わからない。ヤマトが北部

八雲山の木立にのぞく本殿の千木（K）

九州に拠点を据えていた頃のことなのか、奈良盆地の三輪山の麓に拠点を移動して、王権の基礎が固まり始めた頃のことなのか、それもわからない。ただ一つわかることは、巨大な木柱に支えられた高さ五十メートルにもなんなんとする、このような破天荒な神の住まいをつくる発想や技術を、ヤマトの王権は持っていなかっただろうということである。

「私が作ってさしあげましょう」とは言ってみたものの、オオクニヌシほどの存在の住まう宮殿は、ヤマトにはとうてい作りえなかった。ヤマトにできることと言ったら、大社造営の許可を与えることと、労働力と資材の一部を提供する程度のことで、設計の基本思想を含むほとんどすべての全権は、じつはイズモ世界の側に、与えられていたのではなかろうか。

そうとでも考えなければ、出雲大社のような、のちの神社建築史から見たら、およそ常識はずれの建物が、建てられるはずもなかった。原型における出雲大社は、日本（ヤマト）の神社というよりも、むしろ環太平洋的な発想に立つ、壮大な神話の建物なのだ。

縄文の巨木文化

古代の出雲大社が建てられるためには、直径が一メートルあまりもある巨木を山から切り出し、それを里にまで引き下ろし、地面に深く掘られた穴の中に、その太柱を垂直に立てて、しっかりと固定することができなければならない。こういう巨木技術が、縄文晩期の日本海側の縄文人の世界で、いちじるしい発達をとげていた。

ヒスイ勾玉の工房のあった、糸魚川の寺地遺跡には、あの胎児形をした渚のインスタレーションの近くに、巨木を立てたと推定される柱穴が、発見されている。能登半島の真脇《まわき》遺跡には、直径が九十六センチもある巨木を半割にして、円環状に並べて立てた穴と、埋め込まれた木の根が見つかっている。ここは縄文人のおこなった、追い込みイルカ漁で有名なところである。さらに北に行くと、青森の三内丸山遺跡で発掘された、六本の巨大木柱を立てた穴跡がある。

縄文人がこうした巨柱をなんのために立てたのか、はっきりしたことはまだよくわかっていない

（上）平安時代の出雲大社の想像図（復元：大林組、画：張仁誠『季刊大林 No. 27』より）
（中）三内丸山遺跡の発掘現場（青森県教育委員会）（K）
（下）寺地遺跡

が、諏訪神社などでいまも続けられている御柱祭を見ていると、おおよその目的は察することができる。一つの目的は、巨木に込められた山の自然力を、人間の住む世界に下ろしてくることにある。そしてもう一つの目的は、その巨木を地面深く掘った穴に立てることによって、天と地をつなぐ梯子を、神話的に造型することである。

その巨木の頂きに、弥生的な生活を象徴する高床住居がしつらえられて、オオクニヌシの宮殿は完成する。このような出雲大社の構造は、イズモ世界のなりたちそのものを象徴している。土台に据えられているのは、新石器的な神話的思考と、巨木を扱う縄文の技術。その上に、弥生的な生活様式と美意識が、重ね合わされる。ともすれば形式主義に陥り、生命力を失いがちな弥生的な精神に、おおどかな野生の思考が注ぎ込まれることによって、イズモ世界はゆったりとして雄大な、古代の心を保ち続けた。

海浜に臨む大社

原型的な出雲大社が建てられたとおぼしき古墳時代後期、出雲半島はまだ陸地と切り離されている島だった。

斐伊川《ひいかわ》の上流では、その頃、鉄器をつくるため砂鉄の採取が盛んにおこなわれ、大量の土砂が流れ出して、河口部に堆積しだしていた。いずれはこの土砂で海が埋まって、島と陸続きになり、出雲半島ができるのであるが、創建当時の出雲大社の前庭には、近くまで海が打ち寄せていたのだった。

高さ五十メートルになんなんとする本殿は、南を向いて建てられ、空中の本殿から渚に向けて、じつに長大な梯子が伸びていた。この梯子は、海遊びの好きなオオクニヌシが、ゆったりと浜辺に降りていくのに便利なようにという、ヤマト王権側の配慮によるものだと、公式記録には書かれている。ここにあらわれる南北軸は、天空の宮殿と海とを、ゆるやかにつないでいる。

ところが面白いことに、本殿の内部に設けられた神座は、南方ではなく西方の稲佐浜の方角を向いている。ここにあらわれてくる東西軸は、海神の使いである竜蛇様が、陸の神奈備山めがけて泳ぎ寄

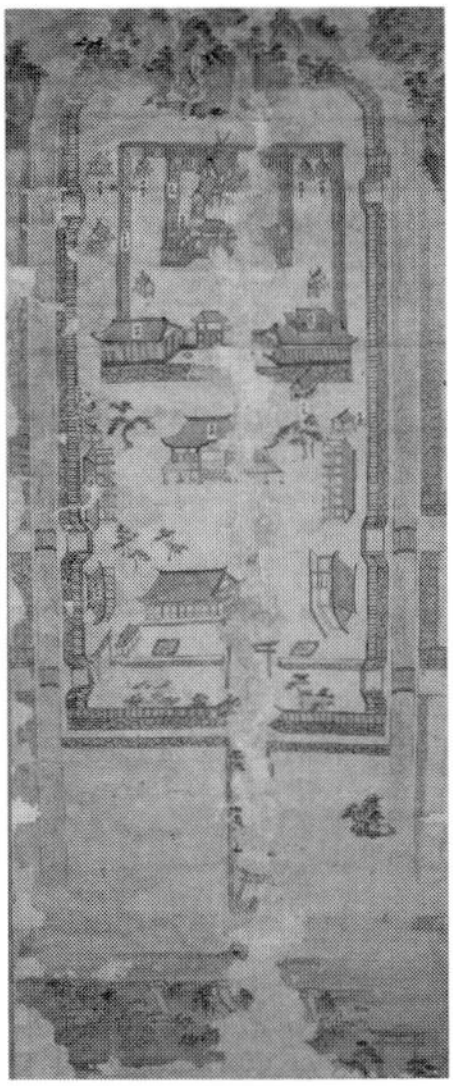

（左）杵築大社境内図（出雲大社蔵）（K）
（下）青木繁『大穴牟知命』、1905年、石橋財団アーティゾン美術館所蔵）

ってくる方向をしめしている。これはまた、オオクニヌシの「影」であり力の源泉であるスクナビコナが去っていった、常世国の方角をもさししめしている。この方向軸は、海の彼方の領域をさし、神座でおこなわれる儀礼は、海と陸（山）の対立を調停する行為という意味をもつ。

神話思考による建築

出雲大社は、本殿の向きと神座の向きを、二つの直交する軸に分裂させているのである。これによって大社は、複素数を思わせるような、ダイナミックな構造を持つようになっている。この世は、現実世界とその背後にひそむ幽界（潜在世界）の対としてできている、というイズモ世界の根本的な世界観が、この構造にはあらわされている。

かくして、海と陸、遠くと近く、平地と山、地上と天界、現実界と幽界などの対立を含む二つの軸の交点に、オオクニヌシの住む天空の宮殿は出現する。それは海と陸を結ぶものとして、海浜に建っていなければならないし、地上と天界をつなぐものとして、木の巨柱によって空中高く持ち上げられているものでなければならない。出雲大社はまちがいなく、神話の思考によってつくられた神社である。

大昔のスンダランド周辺の島々から、南北両アメリカ大陸まで、環太平洋の広大な領域で、天界と地上の分離と、それを再び結びあわす文化英雄の活躍を描く、じつに膨大な数の神話が残されている。

宇宙的対立の調停

原初の時、天界には太陽という火があったが、原初の人間は火の利用を知らなかった。人間は知恵を用いて、あるいは親切な動物の力を借りて、天界から火を盗む。これをきっかけにして、天界と地上の間に対立が勃発して、天と地は分離してしまう。この対立を調停できるのは、高い崖や樹上に取り残されてしまうことによって、天と地の間をつなぐ媒介能力を授かった、文化英雄のみである。

火の獲得をめぐる、人類最古の神話である。この根本神話が、さまざまに変形されて、環太平洋の全域にばらまかれている(6)。天と地をつなぐという意味をもった、高い神殿やピラミッドなどの建造物や、お祭に度肝を抜くほどに高い柱を立てる習俗は、原初の時に失われてしまった、天と地のつながりを回復する象徴的な行為をしめし、天と地のつながりの回復は、あらゆる対立や争いが調停された状態を表現している。

貝の汁の神秘な力

私は、「雲に分け入る」ほどの高さを誇った、出雲大社の原型的な建物の背後に、環太平洋全域に分布する、このような根本神話の存在を、感じ取るのである。火の獲得をめぐる人類最古の神話が、変形に変形を重ねた末に、出雲大社を生み出していると考えると、じつに楽しい。

オオクニヌシは、スクナビコナと力を合わせて、国土を創造した文化英雄である。オオクニヌシは結婚や交渉に関わる、平和的な文化を生み出すことによって、人間社会のもろもろの対立を調停しようとした。その神を象徴するものとしては、見上げるほどに高い、巨柱の上に設けられる宮殿がふさわしい。その宮殿はそれによって、宇宙的な規模の対立までをも、調停しようとしていた。

この推測はこじつけではない。じっさい『記紀』神話を、注意深く読んでみると、オオクニヌシをめぐる神話の中に、天界の火の主題が隠されているのがわかる。

（6）レヴィ＝ストロース『神話論理Ⅳ　裸の人』、みすず書房。

オオクニヌシは兄の八十神《やそかみ》に憎まれていた。兄は赤猪《あかい》を山から追い立てるから、受け止めて仕留めよと命ずる。ところが落ちてきたのは赤熱した石で、オオクニヌシは全身に火傷を負って死んでしまう。悲しんだ母神は、天界に登ってムスビの神に助けを請い、赤貝《きさがい》と蛤《うむきがい》の女神をつかわしてもらった。貝の女神たちは、貝殻粉をまぜた蛤の乳汁を死体に塗った。するとたちまちオオクニヌシはよみがえった。

オオクニヌシは、山から落下してくる火の石で、焼け死んだのち、海貝の女神の出す汁によってよみがえる。死をもたらす天界の火が、海の力によって和らげられ、生と死の対立さえも、乗り越えることができた。このエピソードには、天界の火の主題とともに、天と地の対立、山と海の対立、生と死の対立などを調停する、オオクニヌシの本質が、じつにたくみに表現されている。

そうした主題のすべてが、出雲大社の建築には埋め込まれている。イズモは環太平洋に広がる古層文化につながる、大きさと深さをそなえた世界である。神話思考によるその世界を、ヤマト的な新層神道は、ついに凌駕することができなかった。

第七章　大神神社（三輪神社）

ナラの原像

ナラの語源

「奈良《ナラ》」という地名は、朝鮮語の「国」をあらわすnaraが語源になっているという説が、今日では定説となって流布されているが、柳田国男は、日本列島の地名の分布を広く調べてみて、この種の外国語説に、まっこうから反対している。じっさい、ナラやナルという地名は、この列島に数多く見つけられる。

山腹の傾斜の比較的緩やかなる地、東国にては何の平《たいら》と言い九州南部ではハエと呼ぶ地形を中国・四国ではすべてナルといっている。この語はナラス（動詞）ナラシ（副詞）ナルシ（形容詞）とも変化して、その本原はとにかく、決して大和の旧都にばかり用いられた語ではない。（柳田国男『地名の研究』）

ナラは帰化人が命名したというような、新しい地名ではない。奈良盆地は、そこにヤマト王権が開かれるよりも、はるか昔から「ナラ」だった。どのくらい古くから、そう呼ばれていたのかは定かでないが、最初にこの盆地に住みはじめた縄文人は、文字通り「山腹の傾斜の比較的緩やかなる地」

を、生活の場所に選んでいる。

縄文人は、東に広がる山中《さんちゅう》や宇陀《うだ》高原、南の吉野地方から、この盆地に降りてきて、目の前に広がる大きな湖を見下ろしながら、山腹の傾斜地すなわちナラに住みだした。彼らは狩猟と採集によって生活していた。湖での漁労と、背後の山地に広がる森での狩猟は、ここに豊かな新石器型経済を、可能にしてくれていた。

ヤマトの海原

縄文の前期には海抜六十メートル線あたりまであった湖水面も、後期には五十メートル線まで後退し、倭人＝弥生人がやってきて水田耕作を開始する頃には、湖底に沈んでいた扇状地が水面にあらわれて、ようやくナラの下方の湿地帯で、米がつくれるようになった。

しかし盆地底部に滞留している水は、なかなか引かなかった。ここにヤマト王権が開かれた古墳時代になっても、湖面は四十メートル線まで迫っていて、ナラより下ではいっさいの文化活動は、おこなわれていない。人間の活動領域は狭いナラの部分に限られていた。

この状態は長く続き、八世紀頃になっても、四十メートル線から下は、ぬかるみがひどすぎて、稲づくりのできない土地だったと言われる。そこには、舒明《じょめい》天皇の「国見歌」に、ヤマトの「海原」と詠まれるような、広大な沼地が広がっていた。(1)

柳田国男の推論は正しかった。今日の地質学と考古学が教えるように、縄文時代の前期から古墳時代まで、人間はおもに山腹のなだらかな傾斜地に住み、そこがまさに「ナラ」だった。縄文時代以来ずっと、人々はそういうナラに住み続けたのである。

聖山に住む大蛇

そのナラを生活の場所に選んだ縄文人にとって、三輪山は最大の聖地だったであろう。なにしろ山の形が抜群にすばらしい。正面から見据えると、ほとんど完璧な円錐形をしている。背後の渓谷から

（1）樋口清之「神体山信仰の考古学的背景」大神神社史料編修委員会編『大神神社史』所収。

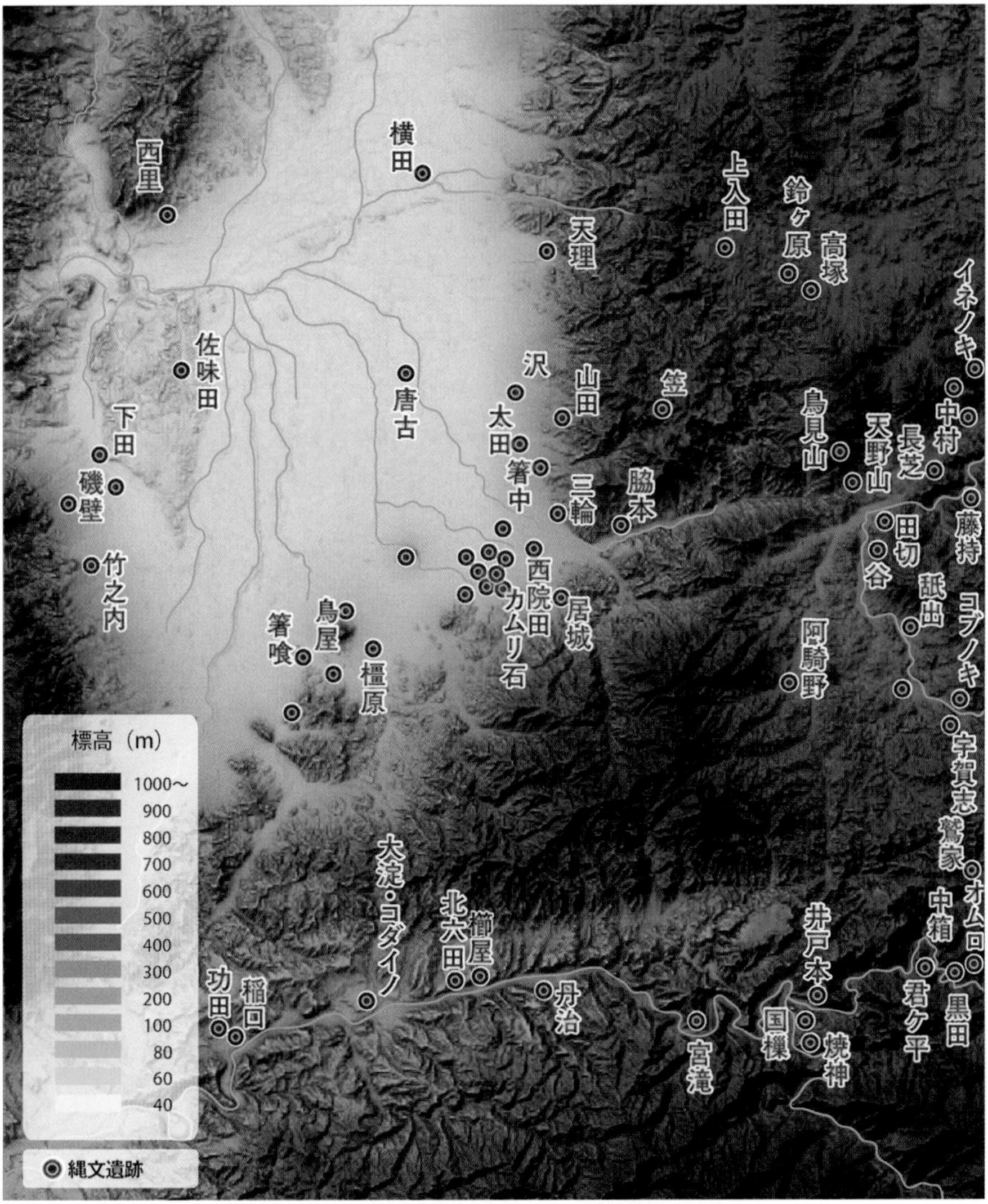

聖なる三輪山を中心とする山腹の傾斜地が、縄文時代以来の「ナラ」（図版は奈良県の縄文遺跡分布図。
大神神社史料編修委員会編『大神神社史』を基に作成）
（カシミール3D（http://www.kashmir3d.com/）で作成）

1 上空から見た箸墓古墳と三輪山（右側）（K）
2 大鳥居から三輪山を遠望する（K）

1 薬井戸（狭井神社）
2 三輪山への登山口（狭井神社）
3 大直禰子神社の池
4 大神神社参道の夫婦岩

1 陶邑遺跡出土の須恵器（堺市博物館蔵）（K）
2 沖ノ島祭祀遺跡（沖ノ島５号遺跡磐座模型）（国立歴史民俗博物館蔵）
3 沖ノ島出土の玉飾り（宗像大社蔵）（K）

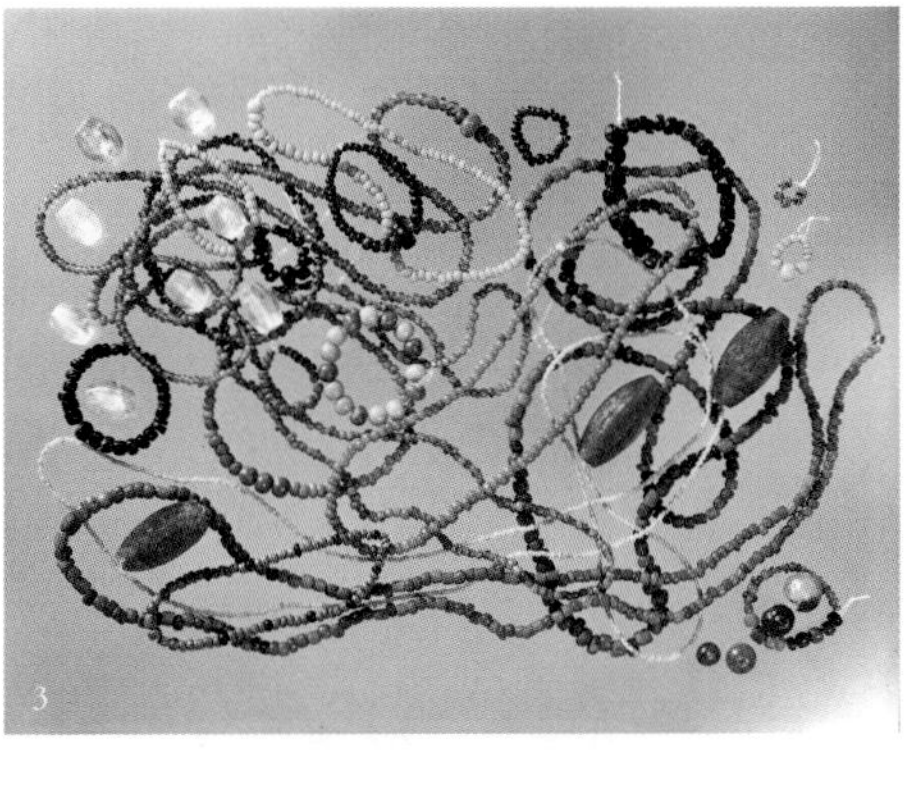

磐座の例（御岩神社）

は泊瀬川が流れ出し、ゆっくりと山腹を回り込みながら、湖水に流れ込んでいる。

　このような地形は、スンダランド系の基層文化を、この列島に持ち込んだ縄文人にとって、格別に想像力を喚起する力をもっている。彼らにとって、山そのものが、自然の潜在力の集まる聖所だった。動物や植物に形を変えてこの世にあらわれる自然力は、山と森から流出し、ふたたび山と森に帰っていく。雨も雷も嵐も、天然現象のすべてが、山を基点にして動いている。

　そういう山のなかで、とりわけ抜きん出た存在感をもった山が、特別な神奈備《かんなび》山に選び出されて、神聖視された。このような聖なる山には、宇宙的なエネルギーの象徴である大蛇が宿っている、と考えられた。蛇は土中の穴に籠って冬を越す。それと同じように、聖なる山に宿る大蛇も、想像上の空間である「室《ムロ》」の中に潜んで、力を蓄えるのだ。

　宇宙的な大蛇は、神奈備山そのものをムロとして、大地に潜んでいる。このことから、湖水を囲む山腹の傾斜地であるナラに住んだ縄文人は、三輪山のことを、「ムロ」とか「ムロヤマ」と呼んでいたはずである。大蛇の宿る密封された空間、という意味であるが、この呼び名の記憶は「御室山《みむろやま》」という三輪山の古い呼び名のうちに、痕跡が残されている。

縄文宗教の謎

　しかも山の中に踏み込んでみると、そこには大小さまざまな磐座《いわくら》が露出している。縄文人にとっての磐座は、天から降りてくる何者かを迎える場所ではなく、大地から立ち上がってくる自然力の、露頭の場所である。三輪山に潜む霊力（モノ）が、磐座を通路にして、この世に「あらわれ」ているのである。

　この山のいたるところから、大地の力が吹き出していた。山自体がとてつもない霊力の固まりなのである。そこでナラに住んだ縄文人は、この三輪山をオオモノヌシのすみかと考えたに違いない。オオ

（偉大な）モノ（人間を超えた霊力）ヌシ（主宰者）。ナラの三輪山は、このオオモノヌシを通じて、縄文的な古層とつながっている。

日本列島の中でも、三輪山ほど縄文人の宗教的思考に火をつける、みごとな神奈備山も少ないだろう。ところが、縄文人は三輪山の内部にも周辺にも、宗教的な祭祀をおこなったことをしめす遺跡のたぐいを、いっさい残していない。そのような祭祀遺跡は、ナラの地に倭人＝弥生人が出現して後のものばかりである。

神奈備の山も、大蛇の信仰も、磐座も、湖と川も、すべてが新石器人である縄文人の野生の思考を刺激するものばかりである。それなのに縄文人は弥生以降の人間のような、大げさな祭祀場のたぐいを作らないのだ。いったいこれはなぜなのだろう。

ナラの縄文人

縄文人と弥生人の思考の間には、本質的なちがいはない。彼らは現実の背後に、モノやカミの活動を感じ取りながら生きていた(2)。モノやカミは現実の表面には、あらわれてこない。それは隠されているヴァーチャルな幽界から、こちらの世界に「あらわれる」ものである。この「あらわれ」を確実におこさせる機構が、古層の時代における宗教にほかならない。しかし、ここから先に、重大なちがいが出てくる。稲作をおこなう弥生人は、「あらわれ」をおこさせる機構として、モノやカミを祀るための、特別な祭祀場を設けた。ところが縄文人は、そういうものをつくろうとしない。

そのために、三輪山の山麓一帯には、弥生人の作り残した、おびただしい数の祭祀場の跡が残されているにもかかわらず、縄文人による祭祀の跡は、まったく見つからない。このことから、三輪山におけるオオモノヌシの祭祀は、弥生人によってはじめられた、という説さえ出ている。

しかし、その説は正しくないと思う。スンダランド系人類である縄文人が、三輪山のような見事な神奈備の山のまぢかにいて、その山に「偉大なモノの主宰者（オオモノヌシ）」の存在を、感じ取らないわけがないであろう。三輪山の神を祀っていた最初の「三輪山麓集団」とは、山麓のなだらかな傾

（2）モノとカミの間には微妙な違いがある。のちに詳しく論じる。

斜地であるナラに住みついた、この縄文人に違いないのである。

縄文人の唯物論

ことの真相は、こうなのだと思う。狩猟と採集を中心とする縄文人の社会では、人間のおこなう生産活動そのものが、自然の全体的な循環構造の中に、完全に包み込まれている。そのため、人間が動物を追い、仕留めたとしても、自然全体（この中に人間の社会も含まれている）を循環するエネルギーの「総量」は、増えもしないし減りもしない。エネルギーが滞留している場所が、ただ移動するだけである。

このことを、縄文人のような森の民は、こう考えたはずだ。山や森で、獲物や収穫物が得られるの

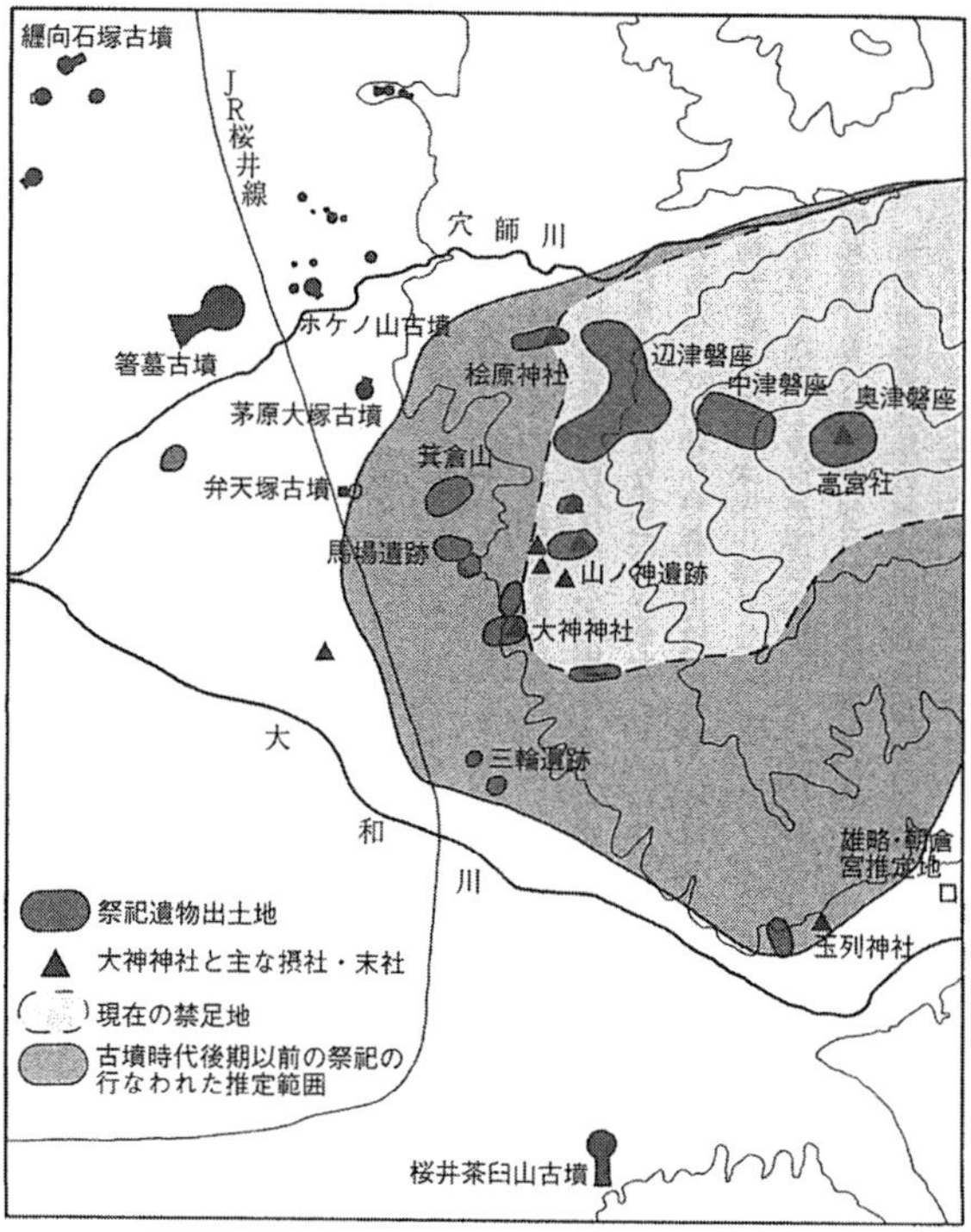

三輪山麓の「ナラ」の各所にオオモノヌシの祭祀場（地図は菅谷文則作成。網干善教他編『三輪山の考古学』から引用）

水田

は、自然の奥にひそむモノの主《ぬし》が、自分の存在の一部分を動物や植物の姿に変えて、人間に好意をもって、贈与してくれるからである。モノの主の好意を損なわないためには、人間はこの「大いなるモノ」を敬い、無礼をおかさないように礼儀作法に則った行動をおこない、獲物が得られたあとは、感謝の気持ちを伝える祈りを捧げた。

縄文人は、自分たちが大いなるモノの主に包み込まれた存在であることを、自覚する暮らしをしていた。そのために、周囲から切り離された特別な祭祀場をつくって、自分とモノの主との間に、距離を発生させることをしなかったのである。

縄文人の宗教は、自然を循環する全体的なエネルギーを正しく操作するための、精神的な技術にほかならない。しかもそれは、人間の観念を自然の上に立たせようとしない技術である。自然循環という「下部構造」が主であって、宗教や神話のような「上部構造」は「下部構造」の循環性によって決定づけられている。したがって人間の観念は自然の上に君臨することはないし、できないのである。こういう意味で、縄文人の宗教を、「唯物論」的と呼ぶことができる。

弥生人の観念論

弥生人は水田で稲をつくりはじめた。そのためには傾斜地を均《なら》して、水平な田んぼをつくらなければならない。どの田んぼにも均等に水が行き渡らなければならないから、水路の方向にも十分な配慮が必要だ。稲の成長期には、水温を保つための工夫も必要である。

ようするに、水田そのものがまわりの自然環境から浮き上がった、「疎外」された空間となっている。そこでイネ科植物のモノカルチャーがおこなわれる。稲以外の植物は、すべて「雑草」と見なされて、除去される。この理想的空間の中で、稲はすくすくと成長し、収穫期にはたわわに実を実らせる。

このようなことは自然環境ではおこらない。どの植物も他の植物との領地争いや日照をめぐる生死を賭けた静かな戦いを戦い抜いて、ようやく空間を占拠し、種の存続を可能にしてきた。水田で育つ稲には、そんな苦労をする必要がない。こうして競争者のいないモノカルチャーの世界で、自然状態ではありえないような、多量の実を実らせることができた。

その結果、毎年の収穫期には、蒔いた種粒の数よりもはるかにたくさんの収穫が実現できる。つまり水田による稲作では、狩猟採集民であった縄文人などが体験したことのない、「利潤」というものが発生するのである。

水田に栽培された稲は、自然環境からはみ出す存在となった結果として、利潤を発生させることができた。それによって、稲の栽培者＝弥生人自身も、自然環境からはみ出した、過剰を抱えることになる。そのおかげで、弥生人はもう縄文人のように、自然の全体的な循環の中に、完全に包み込まれた存在ではなくなってしまう。こうして弥生人の心には、稲の生み出す利潤のせいで、自然との間に距離感が発生するようになる。この距離感から、自然物を離れた、「観念」が生まれる。

利潤と祭祀

縄文人は自分をオオモノヌシの一部と考えていた。そのために三輪山を、自分から分離された、祭祀の対象にしなかった。ところが稲のモノカルチャーをおこなう弥生人は、そこから自然界では実現できない利潤を得たおかげで、もはや自分を自然環境と一体であるとは、感じられなくなっていた。そのために、三輪山とそこに住まうオオモノヌシは、お祀りの対象になったのである。

三輪山の麓にたくさんの祭祀場を設けて、オオモノヌシをお祀りしていた弥生時代以降の人間のほうが、そんなものをつくらないでも、オオモノヌシと一体であることのできた縄文人よりも、純粋な宗教心の持ち主であった、とは言えない。それはかつてモーゼを怒らせたように、穀物モノカルチャーの発生させる莫大な利潤をもとに、巨大なピラミッドをつくった人間たちが、すこしも純粋な宗教者でなかったのと、同じである。

ナラのヤマト

奈良の東大寺の二月堂や三月堂を訪れた人は、そこへたどり着くのに、大仏殿の脇から、ひどく急な坂道を登らなければならなかったのを、覚えているだろう。

それは東大寺の重要な建造物が、断層の崖に沿ってつくられているからである。この断層は、そこからまっすぐ南の方角に伸びていく。そしてとうとう南の端にたどり着くが、そこが三輪山とその麓に鎮座する大神《おおみわ》神社のあるあたりである。(3)

この長い断層に沿って崖が続き、その崖の上や下に、古代の重要な聖地が並んでいる。そこはまさに、柳田国男のいう「ナラ」、すなわち「緩やかな傾斜地」をあらわす、古代日本語の地形名に対応している。ナラは土地に固有の名前ではなく、もとは古代の普通名詞だった。

この長い断層崖の南の端に、三輪山があった。その三輪山一帯を、古代人は「ヤマト」と呼んだ。これも土地の固有名ではなく、「山の処《ヤマト》」という、地形の特徴をそのままあらわした普通名詞である。じっさいヤマトという地名は、北部九州にも実在するし（旧福岡県山門郡）、ほかの土地にいくらでもありえた地名である。しかし古代のナラにおいてヤマトといえば、それはとりもなおさず、三輪山周辺のことをさしていた。秀麗な三輪山は、まさにヤマの中のヤマであったからである。

イズモ系の神々

このヤマトの土地の最初の住人は、狩猟民の縄文人である。彼らは断層崖の上の緩やかな傾斜地に暮らした。縄文人は南方系の民らしく、神奈備の山を、宇宙的な霊力《モノ》の主《ヌシ》の居所とし、大蛇のイメージで、そのモノの主の形を思い描いた。大蛇は雷と結びつき、大地に雨をもたらす存在でもあった。

（3）正式な呼称は「大神神社」と書いて「おおみわじんじゃ」と読ませる。ここでは「三輪山の神の祭祀場」というほどの意味で、「三輪神社」という普通の呼び名を使う。

数千年がたって、この盆地に倭人＝弥生人が入ってきた。彼らは海抜五十メートルほどのところの乾いた土地に村をつくり（唐古遺跡など）、湖水に近い湿地帯に田んぼを開いて、稲の栽培をはじめた。彼らもまた南方系であったから、縄文人のものとよく似た、神奈備の山の信仰をもっていた。そのため彼らはすぐに、三輪山に住む蛇の神の信仰を受け入れた。

こうして、このナラのヤマトの土地で、縄文人と弥生人の共生や混血が進むと、縄文人の宗教を土台として、それを弥生的な新しい技術と生活の環境に適合したものに変形する、創造的な作業が展開していった。この作業をつうじて、神道の古層が形成されていった。

西日本を中心として、日本列島の各地で、同じような過程が進行していった。この時代の情報流通の速さは、現代人の想像をはるかに超えている。その結果、日本海沿岸のイズモ世界から、近畿のナラのヤマトまで広がる広大な領域に、比較的均質な、「縄文＝弥生ハイブリッド型」の神道が、つくりだされていった。

（上）古層の神道の本質をよくしめす三輪の信仰（写真は三輪山の遠景）
（下）唐古遺跡（復元された農具）（橿原考古学研究所蔵）（K）

「モノヌシ（霊力の主宰者）」や「クニヌシ（政治の主宰者）」の考えを中心として、そのまわりに環太平洋圏の神話世界と共通する多くの神々と神話群を配する、いわゆる「イズモ系」の神々の世界が、これである。三輪山の山麓に暮らした人々は、このイズモ系の神々の世界に、生きていたのである。

三輪山のマルクス

マルクスの考えでは、経済活動（下部構造）が人間の意識のあり方（上部構造）を決定づける。この考えは、古代人の社会に関しては、まったく正しい。三輪山麓に話を限ることにしても、狩猟経済から稲作経済への移行によって、三輪山の神であるオオモノヌシにたいする信仰の形は、ドラスティックな変容を見せる。

水田による稲作をおこなう弥生人は、狩猟採集で生きていた縄文人が知らなかった、「投資」と「利潤」の考えを知っていた。土地を耕して水田を作り、そこへ稲の種子を蒔く。これが投資であり、そのためには忍耐強い勤労が必要である。その勤労の報酬として、自然は人間に、何百倍にも数量の増えた稲籾をもたらしてくれる。その数量は生存に必要な分を、はるかに超えている。こうして稲づくりをとおして、自然は人間に利潤をもたらす。

この考えは、自然力の主宰者であるオオモノヌシの理解に、大きな影響を与えないではいなかった。オオモノヌシは水源の神でもあったから、稲づくりにとっても、きわめて重要な神であった。縄文人は、山と森の動植物の繁殖や動向を決定する神であったオオモノヌシの存在を、肌身で親しく感じていた。ところが農業をおこなう弥生人にとってのオオモノヌシは、山と森の外に流れ出してくる水を、山の奥でコントロールしている、暗い観念的な存在に変わる。

この暗い観念的な存在の、恩寵や気まぐれによって、その年の生産に、利潤がもたらされるか否かが決定される。三輪山麓で水田耕作をする弥生人にとって、このオオモノヌシとのコミュニケーションを保ち続け、機嫌を損ねないようにすることが、彼らのおこなった山麓祭祀を、深層で動機づけている。

（4）第一部　第一章を参照。

「歴史」が動き出す

縄文の土台に弥生人の宗教が混成する形で、三輪山における古層の神道が、かたちづくられた。縄文人の社会のような、利潤が発生しない社会には、解決のできない矛盾というものは生まれない。そこでは神話や儀式によって、小さな矛盾をそのつど解消してしまうことができる。こういう社会は、何千年たってもあまり変化しない、「冷たい社会」である。

ところが弥生人がつくっていたのは、まさに利潤を基礎とした「熱い社会」であったから、どうしても自分では解決できない矛盾を発生させ、その解決はたえず先送りされる。その先送りの運動が、「歴史」と呼ばれるものにほかならない。その意味での「歴史」が、日本で本格的に動き出すのが、ここ三輪山のヤマトにおいてだった。

血と酒の蛇

血と酒

旧石器人の蛇をめぐる思想の形を、今日にいくぶんなりとも伝えている、オーストラリア先住民の古い神話では、岩山の麓の深い池の底に住む大蛇（虹の蛇）は、女性の生理の血に誘われて、地上に巨大な鎌首を持ち上げてくるのだった(4)。

女性の流すその血には、からだの秩序におさまりきらない、過剰な自然力がこもっている。そのために女性は、月に一度、過剰した自然力を、体外に捨てなくてはならない。その血にこもる過剰した自然力にひかれて、大蛇は地上にあらわれる。その血が自分に似ている、と感じたために、大蛇は「喩」の力によって、女性に引き寄せられてきたのである。

この神話は、農業のおこなわれる新石器時代になると、別のもっとエレガントな形に変形される。

大地の奥にひそむ神話の蛇は、そこでは酒に誘われて、「あらわれ」の現象をおこすのだ。この変形にあたっては、女性の生理の血が、穀物からつくる酒に置き換えられる。この二つのものは、自分の中に過剰した自然力を抱えているという点で、じつによく似ているからである。

水田で栽培される稲は、自然状態では実現できないほどの、余剰生産（利潤）を産み出すことができる。石炭や石油と同じように、自然のエネルギーを自分の中に集中させ、蓄積することができるのである。お酒は、そのお米をさらに純化してできる液体である。それを呑んだ人間は、体内から異常な元気がわきだしてくるのを感じるが、それはお酒じたいが、過剰した自然力を凝縮したネクターであるからだ。

ウワバミの誕生

大昔には、血をあふれさせていた女性に、こよなく魅力を感じていた神話の大蛇は、稲の栽培が開始された日本列島では、その嗜好をお酒に切り替えるようになった。米づくりがはじまることによって、人間の酒量は格段に増えたが、オオモノヌシの本体でもある山の大蛇も、かつて体験したことのないほどの「蟒蛇《ウワバミ》」になってしまっていた。

弥生式住居の土間に並べられた大きな瓶《かめ》の中で、人間の唾液と混ぜ合わされた米は、ふつふつと発酵を続ける。しばらくすると、瓶の中には、芳醇な香りを漂わせる酒ができあがる。大地のもたらした利潤が発酵して、自然力を濃縮して純化した液体に生まれ変わる。

三輪山麓に暮らす人々は、山に住むオオモノヌシがこの酒と呼び交し合っているのを、強く感じたことであろう。三輪山の神をめぐる弥生人の祭祀は、山の蛇が里のお酒と呼び交し合い、おたがいが相手を「こう＝乞う、恋う」、エロチックな求め合いから、はじまったのである。

大蛇と酒

日本列島で水田稲作が最初に発達しだしたのは、大きなラグーン（潟）を抱えた、出雲と難波であ

（右）杉玉
（左）大神神社に奉納される「しるしの杉玉」（大神神社）

ろうといわれている。このことは、米から作る酒が、最初に大量に生産されだしたのも、出雲と難波であろうということを意味している。生駒山地を越えた奈良盆地に、弥生式の文化を持ち込んだ人々は、難波の河内潟から移住してきたと考えられるから、イズモ世界の酒文化とナラの酒文化の間に、深いつながりがあってもおかしくない。

じっさい、イズモ世界の神話には、酒を好む大蛇の話が登場してくる。高天原で思うさまパンクな反逆をしたスサノオは、太陽の女神によって、根のクニに追放され、そこで稲をつくる人間と出会う。人間は大切な娘が、大蛇の生け贄とされることを悲しんでいた。同情したスサノオは、若い女に化け、酒を醸した瓶をたくさん並べ立てて、蛇の出現を待った。

大蛇は酒の匂いにひかれてあらわれ、しこたま酒を呑むと、いびきをたてて眠り込んでしまった。まさにウワバミである。スサノオは、へべれけの大蛇に襲いかかって、これを難なく倒す。このとき大蛇の尾から、鉄でできた名剣「草薙《くさなぎ》剣《つるぎ》」が取り出された。

大蛇は若い女性と酒にひかれて、悲劇に見舞われることになったのである。このイズモ神話には、旧石器時代から新石器時代にわたる、蛇をめぐる人類最古の神話の、変容過程のすべてが、記録保存されている。

初潮を迎え、体内から過剰した自然力を、ときどき放出する存在となった若い女性に、旧石器の蛇はまず目をつけた。ところが新石器の蛇は、酒にひかれたのである。大地から余剰の利潤を取り出すことを可能にした米づくりの、まさに「余剰」として醸される酒。詩人のように想像力豊かであった蛇にとっては、酒は若い女性の変容した姿にほかならなかった。

古墳時代の前後から、三輪山の山麓にはいくつも、オオモノヌシを祀る祭祀場が設けられたが、それらの遺跡からは、おびただしい数の土師器《はじき》の杯が出土する。考古学者は、この杯にはおそらく酒が注がれ、神への供物とされたのであろう、と推測している。

醸造家オオモノヌシ

三輪のオオモノヌシは、若い女性にも深い関心をもったが、それ以上に、麓の弥生村落の人々が醸す酒に、強い魅力を感じていた。偉大な自然の霊力（オオモノ）の主宰者として、この神は、自然力の過剰しているものや場所を、好んだ。そのことをよく知っていた山麓の弥生人たちは、この神とコミュニケーションするために、酒を最高の供物として捧げた。(5)

このようなオオモノヌシと酒との強い結びつきは、のちのちまでも深く記憶され、大神神社のもっとも重要な伝統ともなった。この地にヤマト王権が出現する頃（崇神朝期）には、三輪山の神ご自身が、ウワバミ変じて、上等な酒を醸す醸造家として、誉め称えられるようにもなる。大蛇と女性と酒の結びつきをつうじて、三輪山をめぐる伝統は、縄文新石器を越えて、はるか旧石器の人類的伝統に、深くつながっていく。

蛇・酒・剣

蛇と酒の象徴的なつながりが、イズモ世界と三輪山信仰の世界を、強く結び合わせている。イズモ世界でも、神奈備山に住む神は、いずれも大蛇の姿でイメージされ、モノヌシの名で呼ばれていた。三輪山に鎮座する神は、その名もまさしく偉大なモノヌシ、出雲神話のヤマタノオロチのごとく酒を好み、みずから日本酒の醸造主ともなった。

モノは、縄文人にとっても弥生人にとっても、流動体のイメージでとらえられている。モノは特定の形を持たない、宇宙的な力の流れで、いたるところに遍在し、いたるところを動きながら、そこここ

（5）「ミワ」という地名じたいが、酒を醸す瓶である「雍瓦（みか）」から転じた、という有力な説もある。しかも「神酒（みき）」の古い読み方は、「ミワ」である。

三輪神社の拝殿奥の森で多数発掘された、背中に切れ込みを持ち、腹部に「胎児の胎児」を孕む勾玉（写真は大神神社所蔵の「子持ち勾玉」）

こで物質の中に、ほとばしりでる。

モノがいっとき物質の内部に留まるとき、そこに姿形をもった生物が出現する。しかしモノじたいは、どんな生物の中にあっても、形を持つことがなく、生物の死とともに、もとの流動体に戻り、そこに溶け込んでいく。これが古代人の抱いた、モノの普遍的イメージである。

モノは個体《もの》に宿る、無定形な流動体なのである。ここからモノと酒や剣との、象徴的なつながりが発生する。酒の醸造は、穀物をつぶして発酵させ、「スピリット（精霊度）」の高い液体に変容させる技術である。この流動体を呑んだ人は、体内のスピリットが発動し、自分を縛っていた個体性の殻が、破れていくのを感じる。固体から流動体への変化が、酒とモノを接近させる。

剣は真っ赤に溶けた鉱石の中から、純度の高い鉄を流動体として取り出し、それを錬《きた》えて成形する。この剣をふるうとき、人間は一気に体内のスピリットを集中して、相手を破壊できなければならない。ここでも流動体から固体へ、固体から形を持たないものへ、というモノの論理が活躍している。古代人の思考にとって、蛇としてイメージされたモノが、酒や剣と象徴的に結び合っていった道筋は、このようにいたって自然なものだった。

胎児の記憶

イズモ世界ではそこに勾玉《まがたま》が結びつく。勾玉は縄文人の想像力から生まれた呪物である。縄文人がヒスイ原石から磨きだした勾玉は、子宮の中にやすらう、魚期の胎児のイメージがもとになっている。そのため勾玉には、頭部に、鰓《えら》をあらわす切れ込みが施されている。

胎児も流動体と固体との中間物質なのである。この一点で、勾玉はモノと強く結びつく。縄文人はそういう勾玉を身につけることで、モノとのコンタクトを保とうとしていた。

そののちこの生々しい形をした縄文勾玉は、イズモ世界の倭人＝弥生人によって、キュートで洗練された、私たちのよく知っているあの勾玉に、変身させられた。この新しい弥生スタイルの勾玉は、穏やかな心性をもつ日本人に、大いに好まれた。

さて三輪山麓に住んだ弥生人も、御多分にもれず、弥生勾玉を好んだようすで、三輪山の神の祭祀場にも、古墳の中にも、このタイプの勾玉が見つかっている。ところが、古墳時代の前期、突然、それまでとはまったく異質な勾玉が、三輪山麓に大量に出現するようになるのである。その勾玉の背中は深い切れ込みを施され、その腹部には、もうひとつの小型の勾玉が、張り付けられていた。

よみがえる縄文勾玉

このタイプの勾玉は、「子持ち勾玉」とよばれている。「子持ちシシャモ」などと同じで、胎児を孕《はら》んだ母体という意味である。

この子持ち勾玉をよく見てみると、縄文勾玉との共通点が浮かび上がってくる。大きいほうの勾玉の背中にある深い切れ込みは、縄文勾玉の頭部にあった、数条の深い切れ込みを連想させ、せっかく洗練度を高め、胎児との連想を薄めようと努力してきた勾玉のデザインが、ここでまた一気に、生々しい縄文的な生命イメージに、逆戻りしているような印象を受ける。

おまけに母勾玉のお腹には、胎児が抱かれている。母勾玉も胎児ならば、子宮には胎児の胎児が抱かれている。このような表現をすることで、まるで子持ち勾玉は、弥生式のスマートな勾玉が隠している、「勾玉の真実」を露呈させようとしているようにも見える。

森の中の渚

この子持ち勾玉は、古墳の中にも埋められたが、多くはオオモノヌシへの捧げ物として用いられた。発見場所がそのことをしめしている。三輪神社の拝殿の奥のほうの、昼なお暗い森の奥に、たくさんの子持ち勾玉が、埋納されていた。このあたりは古来、少人数で秘密の儀式が、執り行われてきたと言われる場所である。

オオモノヌシの住処である山と、人間の生活圏との境界に、拝殿は設けられてきた。そこから奥へ少し踏み込んだ、暗い森の中で、子持ち勾玉が神に捧げられている。この空間のあり方や、奉納される呪物の形状、なにかを思い出さないだろうか。

胎児形をした縄文勾玉の中心的な工房のあった、日本海側にあった縄文コシ（越）国の、寺地《てらじ》遺跡の渚で発掘された、あの勾玉の巨大模型のことである。この模型の勾玉は、細部にいたるまで、魚期の胎児の解剖学的特徴を再現していた。海と陸地の境界である渚に置かれたことは、これが海の神ワタツミへの、捧げ物であることをしめしている。

古墳前期の三輪山麓で、縄文以来の思考様式と、それを表現するための古拙なオブジェの形が、よみがえっている。海岸部では、渚に胎児の形をしたオブジェが置かれたが、内陸のナラのヤマトでは、同じ発想にたって胎児に造形されたオブジェが、里と山の境界にある、ほの暗い聖山への入り口に置かれている。

まるで間欠泉のように、縄文の古い思考が、三輪山麓祭祀場に噴き出しているのである。この現象をどう理解すべきか。ここから私たちは、三輪山麓に展開された政治史に踏み込んでいくことになる。

蛇と鏡の確執

古層の神様

三輪神社の歴史は、均一な地層ではできていない。地下の地層には、二本の大きな断層線が走っていて、前後の地層をはっきりと分けている。

いちばん深いところには、古層が厚く堆積している。この地層は、列島の先住民であった縄文人のモノやカミの思想を土台として、その上に南方系海民である、倭人の宗教が混じり合って、弥生型の宗教を形成している。縄文人の三輪山信仰と、弥生人のそれとの間には、深い共通性があったため、一方から他方への移行は、ゆるやかに進行した。

古層の祭祀をになったのは、三輪山麓のナラに住んだ、縄文と弥生のハイブリッドである原日本人にほかならない。彼らは、見えないカミの思想が、見える形をとってあらわれた、三輪山の完璧な姿に神奈備の山を見て、深い感動をもってこの山を信仰した。

海から山へ

山麓にも山中にも、威厳をたたえたたくさんの磐座が見出された。磐座は大地にひそむ自然力の、地上への露頭をあらわす。しかも面白いことに、磐座の出現場所は、三輪山の山麓、中腹、頂上の三ヵ所に、集中していた。

南方系海民は、海中に上・中・底という三つの層を考え、それぞれに海神の分身を配置して、お祀りをした。その構造が、そっくりそのままひっくり返されて、麓・中・奥という三層の磐座でできた、オオモノヌシの祭祀場につくりかえられた。海の宗教が内陸部に持ち込まれると、海の底が山の頂きになるという反転がおこるけれども、基本となる思想は不変である。

この結果、海神の表現でありお使いでもある海蛇は、内陸に入って、神奈備山に住まう想像の大蛇に、変換された。古層的な神話思考をおこなっていた人々の考えは、蛇のように柔軟で、変幻自在の変身を見せるが、意外や、おおもとの思想の構造は、変化しない。

三輪山麓に住んだ原日本人が、古層の三輪山信仰の形を生み出し、酒や勾玉を重要なアイテムとする、ユニークな祭祀をつくりだした。こういう古層の三輪山宗教は、同じような縄文・弥生のハイブリッド構造をもつイズモ世界の宗教と、同一の文化圏をつくっていた。

このヤマト（山処）の地に、弥生人が到着してから数百年、縄文人の生活が始まって以来すでに数千年がたった頃、大事件が起こる。おそらく三世紀の初め頃、北部九州から東への進出を続けてきた王権勢力が、山麓断層崖の上部、いまの纏向《まきむく》のあたりに、拠点を築きはじめたのである。それをきっかけにして、三輪山の宗教史には、第一の断層が発生することになる。

ヤマトでの王権出現

弥生的豪族の連合からなるこの武装勢力は、東への漸進の途中で、吉備をはじめとする各地で、内乱をひきおこしていたが、ナラのヤマトにたどり着いた頃は、「鬼道をよくする」女性の巫女を連合の「王」に立てることによって、いっときの安定期に入り始めようとしていた。彼らはこのヤマトの地で東漸を停止し、ここに「ヤマト王権」が出現することになる。

北部九州からやってきたこの王権勢力が、奈良盆地の中の他でもないこのヤマトを、根拠地として選んだのは、そこに強力なオオモノヌシの鎮座する、三輪の神奈備山がそびえていたからである。古代人にとって、王権はたんなる政治上ないしは軍事上の根拠ばかりではなく、宗教上の根拠がなければならないものだった。それは人間の力だけではなく、強力な大地の神に承認され、支えられていなければならない。それならば、三輪山ほどの神奈備山の麓ぐらい、ふさわしい土地はなかろう。

湖水の対岸には、先住の葛城氏という、葛城山（いまの金剛山）を神奈備とする豪族が大きな勢力を張っていて、新来の勢力である自分たちに対峙していた。それに対抗するためにも、彼らはヤマトの麓に、拠点を構える必要があったのだと思われる。

蛇と鏡の確執

しかし、イズモ的な三輪山麓集団によるオオモノヌシの信仰と、新来のヤマト王権のイデオロギーとの間には、解消しようのない、重大な矛盾が存在していた。

北部九州の糸島半島に、のちのヤマト王権の原型がはじめて出現したとき、重要な祭具として「三《さん》角縁神獣鏡《かくぶちしんじゅうきょう》」と呼ばれる、銅でできた鏡を用いるようになった。初期には中国の後漢でつくられた鏡が使われたが、しばらくすると倭国製のものがつくられ、祭祀用として流通するようになった。

この鏡は、それまでのオオモノヌシをめぐる古層的な思想やその祭祀と、大いに矛盾する意味を含んでいる。オオモノヌシは暗い世界に住んでいる。ふだんは密閉された室《ムロ》に潜んでいるが、時が来ると、雷鳴や雨とともに出現する。また蛇体をもつといわれ、その形状からファロスが連想される。

これにたいして、光を反射する鏡は、世界を明るくする呪具である。鏡の表面には、可視の世界の姿が、ありありと映しだされる。このことからも、呪具としての鏡と太陽の光は、親子の関係にあると言える。鏡の像は世界を映し出し、包み込む。その包容力は、おおいに女性的でもあり、太陽の光を反射する激しさはすこぶる男性的でもある。

三輪のヤマトにあらわれた、大巫女を女王にいただくこの連合勢力は、武力とオオモノヌシの威力を背景にして、先住民や豪族たちを圧倒しようとした。そのために三輪山の祭祀権を、山麓にかたちづくられてきた祭祀集団から奪ってはみたものの、イズモ系オオモノヌシの思想と、神鏡が象徴するヤマト王権の思想とは、たがいに激しく矛盾しあっていた。ヤマト王権には、オオモノヌシ祭祀をおこなう、資格と知識が欠けていた。

こうして、おそらくは三世紀中頃から四世紀初め頃まで、数十年にわたって、組織的な形での三輪山麓祭祀が中断されるという、由々しき事態がおこったのであった。

糸島地方若八幡宮出土の三角縁神獣鏡（九州歴史資料館）

美女ホト伝説

三輪山麓民に伝えられてきた古層の神道と、新来のヤマト王権が、その地でいままさにつくりだそうとしていた、新しい神道の間には、そうそう容易には解決のできない、矛盾が存在していた。その矛盾から生まれる葛藤から、よく知られているあの「三輪山伝説」が、発生している。

三輪山伝説にも、ある種の断層が含まれている。古い層に属する伝説では、神と人のつながりが、素朴なエロチシズムで描かれている。あるときオオモノヌシの神は、一人の美女を見初めた。彼女が便所に入ったところをねらって、丹塗《にぬ》りの矢に姿を変えて、水洗便所の排水に乗って流れ下り、彼女のホト（陰部）に、みごとに突き込んだ。美女はびっくりして、その矢をもって走り出し、その矢を床の間に飾っておいた。矢がたちまち美男に変じると、美女もうっとり、二人はめでたく結婚して、神の子が生まれた。

三輪山麓民によって語られていたこの伝説には、三輪山が水源の山でもあり、そこから流れ出る水によって、水田が潤されていたこと、この水源の神とのコミュニケーションを保つために、首長の娘が神女となって、神意を受け取る役を果たしていたことなどの事実が、背景になっている。オオモノヌシと神女のつながりは、古代人らしくあからさまな性的関係としてとらえられており、この結婚はおおむねうまくいっていた。

『記紀』神話によると、ナラのヤマトに入って、そこに新しい王権を開こうとした北部九州勢力の大王は、神女がオオモノヌシによって産んだ神の子を、自分の妃としたという。この王の名は、ヤマト王権初代の大王とされる神武。ヤマト王権の王は、オオモノヌシの娘を妻とすることによって、三輪山の麓に開かれた王権の、霊的なバックボーンとしようとしていたことが、うかがわれる。

幸福のかげり

ところがしばらくして、三輪の古層神道とヤマト王権の新層神道との矛盾が、あきらかとなる。新しい神道では、「八咫《やた》の鏡」とも言われる大きな銅製の鏡が、重要な役割を果たす。光を集め、遠くまで反射させる呪具を用いて、さまざまな儀式がおこなわれた。この儀式にたずさわる神女は、たえず光のそばにいた。光のおおもとは太陽であるから、神女は神婚によって、胎内に太陽の子を、孕むことになるはずである。

オオモノヌシの霊を招き寄せようとするとき、初期ヤマト王権の神女は、この鏡を用いて、神招きの儀式をおこなった。この神事は不調に終わるであろう。なぜなら、古層の神オオモノヌシは、いわば暗黒に住まう神であり、「あらわれ」の回路をつうじて、みずから光を放ちながら、暗黒の中から立ち上がってくる神だからである。そうなると、神と神女の結婚も、不調に陥ることになる。

疫病の蔓延

神武大王は神話上の存在であり、じっさいにヤマトの地に、男系による王権の礎を築いたのは、三世紀末から四世紀はじめの頃の、崇神大王であると言われる。(6) この崇神大王の御代に、早くも矛盾はあらわとなる。疫病が蔓延し、多くの山麓民が死んだ。人々はこう噂しあったにちがいない。

武力をもってこの地に入ってきた王権は、三輪山の祭祀権を山麓民から奪い、鏡を用いる彼らの流儀の祭祀で、オオモノヌシを祀ろうとしている。そのことに山の神が、お怒りになっている、と。

だれしもが、古層の神道と新層の神道の間の、不穏な関係を感じ取っていた。そのときの感情が、別のタイプの三輪山伝説に、あからさまに語られている。その伝説によると、自分のもとを夜毎訪れる男の正体が、蛇であることを知った神女は、狼狽のあまり箸で自分のホトを突いて、死んでしまうのである。

古代の箸は金属製で、神と神女の共食のための、重要な呪具である。共食するとき、食べ物と箸を媒介として、神と人は口をとおして、つながりあう。その呪具でホトを突いて死ぬということは、あらゆる意味での世界の反転をしめしている。これほどに不吉なことがあろうか。

ヤマト王権は、この地に定着早々、破局の淵に追い詰められていた。そこへオオモノヌシからの神託がもたらされる。神は言った。自分の子であるオオタタネコ（大田田根子）を探し出し、その者に祭祀をおこなわさせよ。さすればたちどころに疫病はやみ、海外の敵国は帰順する、と。

オオタタネコ出現

崇神大王が派遣した捜索隊は、茅渟県《ちぬのあがた》の陶邑《すえむら》に、オオタタネコなる人物を発見する。本人に確かめ

(6) ヤマトにできた王権の最初は、三世紀中頃の女王卑弥呼による豪族連合権力であった。これが男系による「大王家＝のちの天皇家」の支配となるのは、崇神大王からである。

三輪山出土の須恵器（大神神社所蔵）

てみると、彼の母はじっさいにオオモノヌシに仕え、その霊を身に憑ける役目の神女であることがわかった。古代人の考え方でいけば、まさにオオモノヌシの子に間違いがなかった。

陶邑はいまの大阪府堺市にあった、大きな弥生集落である。ここには南朝鮮の伽耶《かや》から渡来した、須恵器を焼く職人集団も暮らしていた。この陶邑と三輪山麓で古くからオオモノヌシの祭祀をおこなっていた人々とは、以前から浅からぬつながりがあった。

オオモノヌシは酒を好む神であったから、祭祀にはかならず酒が捧げられた。それにははじめ土師器が用いられたが、焼成の弱いこの土器では、酒が沁みてしまった。そこへ新しく登場したのが、陶邑で焼かれる須恵器だった。須恵器に盛られた酒は、いつまでも沁みてしまわない。この新式の神器をつくる集落に、求めていた神の子がじっさいにいたのである。

崇神大王は狂喜したことであろう。オオタタネコはすぐにヤマトに呼び寄せられ、オオモノヌシの祭祀をおこなうことを、命じられた。すると不思議なことに、疫病はやみ、稲は豊作となった。こうして三輪山に、鏡によるのではない、古い祭祀の形態が、戻ったのである。

よみがえる古層

オオモノヌシの祭祀権が、ヤマト王権の手を離れて、その神の「子」であるオオタタネコに与えられると、彼のまわりにはすぐに、昔からの信仰を守ってきた三輪山麓集団が戻ってきた。

いったんはヤマト王権によって山麓に設置された、祭壇や神殿も撤去され、三輪山そのものを御神体として斎《いつ》き祀る三輪山祭祀の古い形態が、復活することになった。四世紀初期のことと推定される。

現在の拝殿の右奥の、暗い森の中が、おもな祭祀場である。祭祀は、地べたでおこなわれた。岩陰があるともっとよい。そこに酒を注いだ須恵器の杯が並べられ、勾玉をはじめとする種々の宝器が、山に向かって奉納された。暗い森の中に、オオモノヌシへの呼びかけである祝詞《のりと》の奏上される声だけが、静かに響いた。

山麓民の心とオオモノヌシとが、直接に結びあう空間だけが重要で、そこには、現世の権力は入ってくることができない。人々は、冥《くら》い潜在空間との通路を開く、素朴な神秘にみちた祭祀が取り戻されたことを、心から喜んだことであろう。

自分の子に祀られることで、オオモノヌシの機嫌がよくなり、この新しい祭祀者を大事にすれば、王権を支えてくれるという保証も得られたのであるから、崇神大王は神の申し出をこころよく受け入れた。大王は、王権の危機を救ってくれたオオタタネコに、「三輪氏」の名を与えて、おおいに優遇した。

子持ち勾玉の意味

三輪氏と名乗るようになったオオタタネコとその子孫は、三輪山信仰をできうるかぎり、古い神道の形に戻す努力をおこなった。新しい神道を推進しようとした、新興勢力のお膝元であるのにもかかわらず、三輪神社には鏡の神器を祀った社殿もなく、山そのものが御神体であるという、古層の神道の原型が保たれ、それはいまだに保たれている。これは自然にそうなったのではなく、三輪氏の独自な思想と、三輪山麓集団の努力があったからである。

その思想と努力を象徴しているのが、拝殿脇の古い祭祀場から出土する、あの異様な形をした「子持ち勾玉」ではなかろうか。子持ち勾玉は、縄文人が好んだ「胎児の形をした勾玉」と、同じ発想でつくられている。それは魚期の胎児の特徴である鰓をしめす切れ込みを持ち、しかも自分の腹部には、もう一匹の胎児型勾玉が孕まれている。

それまでの弥生社会では、おもに出雲の玉造などで作られた、ゆるい形態をした、抽象的に美しい勾玉が好まれてきた。弥生式の文化を受け入れてきた人々にとっては、あまりにも生々しい胎児の姿を模した、縄文人に流行した勾玉は、すでに時代遅れのものと感じられ、廃れてしまっていた。

その縄文式の勾玉が、よりにもよって、初期ヤマト王権の所在地である、三輪山麓でおこなわれるオオモノヌシ祭祀に、ヴァージョンアップして復活登場をとげているのだ。私はそこに、三輪氏と三輪山麓のオオモノヌシ祭祀集団を突き動かしていた、復古的な思想のあらわれを見る。彼らは北部九州から発達してきた神道の新しい祭祀思想には拠らない、古層の神道によって、三輪山の祭祀は続けられなければならない、と考えていた。

この後ほどなくして崇神大王は、困難な探索の末に、太陽神と鏡の祭祀からなる、大王家の先祖崇拝の祭祀場として、太平洋岸の伊勢の地を見出した。それ以後その伊勢の地で、大王家の祭祀の重要な部分は、執り行われるようになった。その経緯を見ても、古層神道と新層神道との矛盾は、とうとう解決ができなかったのだとわかる。両者は別居の道を探ることで、破綻を回避しようとしたのである。

もとの田舎に戻る

三輪氏を中心とする、三輪山のオオモノヌシの祭祀は、五・六世紀にかけて、隆盛をきわめる。このことは埋蔵物などでも確かめることができる。しかしその後、この勢いは急速に衰えていった。王権の所在地が、三輪のヤマトを去ってしまい、昔と同じナラの田舎に戻ってしまったからである。

王権の所在地が、河内、斑鳩、平城京、平安京と移っていく間、ヤマトに取り残された三輪山信仰は、三輪氏の子孫と山麓民によって、細々と続けられていた。あいかわらず社殿をもたない、古い神籬《ひもろぎ》型が保たれ、山中の磐座でおこなわれる祭祀にも、北部九州の沖ノ島でおこなわれていたのとよく似た、古い儀礼の形がよく保存されていた。この状態が数百年続いた。そして「中世」が始まる頃、このような状態に大きな変化が訪れる。

平安時代の末頃から、「神仏習合」という新しい宗教思想のブームがおこり、伊勢神宮外宮《げくう》と三輪神社が、そのブームの二大中心地となった。神仏習合の思想ははじめ、真言宗の学僧たちによって始められ、すぐに神道界を巻き込んでのブームとなった。

三輪流神道の登場

真言宗のおおもとは、インドで発達した「密教」にある。密教では、インドの新石器型宗教であるヒンドゥー教の土着の神々を、大々的に仏教の教えの中に取り込んで、ヒンドゥー教という民族宗教を、もう一段階高い宗教に、飛躍させようという試みがおこなわれた。

仏教の仏たちと土着の神々を、曼荼羅の中に集合させることによって、古層の宗教と新層の宗教を和解させ、一つの全体の中に取り込んで、両者をよみがえらせようというのである。人類の思想の古層と新層をシンセサイズして、新しい全体性をつくりだそうというこの運動は、中世のアジア全域を巻き込んで展開した、一大思想潮流となっていた。

その国際的な思想運動の一翼を担ったのが、日本列島においては、わが三輪神社なのであった。「三輪流神道」と呼ばれているものが、それである。

龍蛇神の導き

三輪流神道と言われる「神仏習合」の教えは、三輪神社から南東に山裾をたどったところにある、平等寺《びょうどうじ》を中心にして、中世から近世にかけておおいに発達した。この寺は、三輪山を水源とする、平等川の岸辺に建てられている。その意味でも、ここは長谷寺と同じように、御室山に鎮座する蛇体の神と、深いつながりをもつ土地であった。

この場所に慶円《きょうえん》という真言系の山岳修験僧が、住み着いたのが、鎌倉時代の初期の頃。その頃すでに、伊勢神宮の周辺では、真言僧と神宮神官の交流が進み、神道の神々の世界を、真言宗の曼荼羅の理論によって解釈する、神仏習合の新しい思想の流れが発達しつつあった。

慶円は三輪に進出してくる以前、室生寺で修行を重ねていた。室生寺は「室生龍穴神社」の神宮寺(7)で、雨乞いの祈禱で有名だった。慶円は、この山寺に籠って、雨を降らせる呪力を身につける修行をしていた。

（7）古代人の聖地は墓地を包含していた。その古代聖地が、神社と墓地に分離し、墓地には寺が建った。神社と寺はもともと対の存在であり、中世にはそれが神宮寺として再認識されただけのことである。

室生の龍穴には、「善女龍王《ぜんにょりゅうおう》」が住んでいる、と考えられていた。「善女」とは、仏教に回心した蛇体の神を、女性にみたてた呼び名である。この龍蛇が祈禱によって呼び出されると、雨が降り出して、田んぼが潤う。慶円が室生に籠って、千日をめざして祈雨の修行を続けていると、結願間近なある日、善女龍王が出現して、慶円に即身成仏の教えを乞うた。慶円がその願いにこたえると、龍王は五色の光を放って、龍穴に飛び去った。

この体験をとおして、大地の「室《むろ》」に住まう龍蛇神の心と、自分の心がつながっていることを、深く確信した慶円は、さらに龍蛇神の教えを広めるために、室生の山寺を出て、交通の要所である三輪神社をめざした。この神社の神が、神体山に住む大蛇であることを知っていた彼は、そこに龍蛇信仰を核とする神仏習合の新しい教え、「三輪流神道」を生み出そうとした。

奈良県宇陀市・室生吉祥龍穴

室町時代に作られた三輪神社古絵図（大神神社所蔵）

神と仏の平等

鎌倉時代の日本仏教は、ある意味では、「新仏教」の側も「旧仏教」の側も、いっせいに「大地性」をめざして、ダイビングを始めていたと言える。法然や親鸞は、比叡山を降りて、「民衆」という大地に降り立つことによって、古代仏教とは根本的に異なる、新仏教の運動を開始していた。

これにたいして、古代仏教の大枠を守ろうとした「旧仏教」の側からは、日本の神々の世界という、精神的伝統の大地との結びつきを回復しようとする、大規模な運動が始まった。曼荼羅の理論を道具として、そこに神道の神々を配置することによって、輸入思想である仏教と土着的な神道を、一つに結び合わそうという運動である。こういう神仏習合の考えは、鎌倉新仏教の思想と、反対方向を向きながらも、大地性の回復という一点では、同じ本質をもっている。

そういう流れの中で、慶円の三輪流神道は、トップを走っていた。とくに三輪流神道で、神仏の完全な平等が説かれた、という点が重要である。これには慶円が、学問僧ではなく、山中で修行する修験者であったことも、大きく影響している。

慶円は修行中に見たヴィジョンの中で、三輪明神と直接に対面する体験をもった。三輪明神は慶円に、密教の灌頂《かんじょう》を与えてくれるように求めた。これにたいして、慶円はまことに謙虚にも、三輪明神から神道の霊妙の教えを、伝授たまわりたいと求めた。そこで二人は、うるわしくも、お互いに相手に灌頂を与えあった。これを「互為《こうい》灌頂」という。

仏教の秘法と神道の神秘とが、お互いを贈与交換しあうことで、一つに合体するという、この互為灌頂によって、神仏習合の運動は、思想的なピークに達した。室生から三輪山へ、地底を走る龍蛇神の地脈が、このような飛躍を可能にした。鎌倉新仏教にばかり目を奪われていると、日本人の精神史に起こった、このような重大な飛躍を、私たちはうっかり見過ごしてしまうことになる。

叡尊の登場

それから数十年がたった頃、三輪神社の信仰世界に、もう一人の傑物が登場してくる。西大寺《さいだいじ》の真言律僧である叡尊《えいぞん》が、慶円によって神仏習合化をとげていた三輪神社に、なみなみならぬ関心を抱くようになったのだ。

この真言律宗は、鎌倉旧仏教の世界でも、とりわけ不思議な存在である。関西では奈良の西大寺が中心となり、関東では金沢山称名寺《きんたくさんしょうみょうじ》が活動拠点になった。厳しい戒律を守りながら、真言の教えを極めようというグループである。ところが東の称名寺では、修行に大胆に性的な要素を取り込んだ「真言立川流」が発達し、西の西大寺では、叡尊による非人やらい者の救済運動が、展開されていた。

考えようによっては、真言律宗では、身体という思想にとっての大事な「大地性」に着目し、それを性的な身体や、病気の身体との結びつきをとおして、大胆に表現しようとしていたのではないか、とも思えてくる。つまり親鸞にとっての「民衆」にあたるものが、真言律宗では、性や病気が開いてみせる、「身体」の深い層の現実だったのである。

西大寺の叡尊は、その当時たくさんの非人の集まり場所であった三輪宿に、文殊菩薩の画像を安置して、非人とらい者の救済活動をはじめた。仏典には、文殊菩薩は貧窮と苦悩を背負った人間として、この世に現れてくると説かれている。そこで叡尊らは、宿に集まる社会の底辺に沈んだものたちこそ、文殊の化身にほかならぬ、と説いたのである。

叡尊は三輪神社の参道脇にあった、十一面観音を安置するお堂（大御輪寺）を、このラジカルな社会運動の本部とした。そこで叡尊は、平等寺に伝えられる三輪流神道の教えと出会った。そのことが、三輪神社のその後の運命を、大きく変えていった。

叡尊の危機感

ヤマト大王家の先祖神アマテラス大神は、はじめは三輪山麓に鎮座したのであったが、古層の神オオモノヌシとの折り合いが悪く、早くも崇神大王期（三〜四世紀）に、伊勢地方への脱出行《エクソダス》を敢行したのであった。それ以来、三輪山と伊勢との間には、神界的な意味での、深い断絶が生まれていた。鎌倉時代の律僧、叡尊はこのような事態を、ゆゆしいことと感じていた。

叡尊が活躍していたのは、日本が未曾有の国難にある時期だった。中国はその頃モンゴル民族に征服され、「元帝国」の領土拡張の野心は、いよいよ日本列島に向けられようとしていた。対馬、壱岐、北部九州には、文永と弘安の二回にわたって、モンゴルと高麗の連合軍が襲いかかってきた。強力な火器で武装した侵略軍の前に、九州・西国の武士団は勇敢に戦ったが、日本は劣勢に立たされていた。

叡尊はこのような事態に、仏教僧らしく、武力ではなくイデオロギーによって立ち向かおうとした。彼は仏教が代表する文化的な「思想」と、列島の「大地」に生息する神々の自然世界が、乖離してしまっていることが、国難の原因であると考えた。

大地から生まれたものでなければ、たとえ思想であっても、その国土で正しい働きをおこなうことはできない。いまは仏教のような思想が、大地とのつながりを失っているために、正しい力を発揮できずにいる。しかしいまやあらゆる分断を超えて、自然力も文化力も、列島中の力を集中しなければならない時である。

危機感に突き動かされた叡尊は、とり憑かれたように、伊勢神宮への参宮をくり返した。彼は仏教と神々の世界を結合できる、強力な論理を探し求めた。当時はすでに、神仏習合の風潮が盛んになっていたが、叡尊はそれをもっと強力なイデオロギーに、改造する必要を感じていた。

伊勢と三輪の同体

その叡尊の前に出現したのが、慶円による「三輪流神道」だった。慶円は三輪明神と仏教が、教えの交換によってつながる、互為灌頂という形式を発明して、神と仏の一体化を推し進めた。このとき三輪明神は、神道灌頂というやり方で、神の教えを仏教に伝授した。叡尊はこの方式の中に、伊勢神宮と三輪明神の間の、途絶したつながりを復活できる鍵がある、と見抜いた。

叡尊は伊勢に参籠《さんろう》したとき、アマテラス大神と大日如来が、もともとは太陽の霊威として、本質を

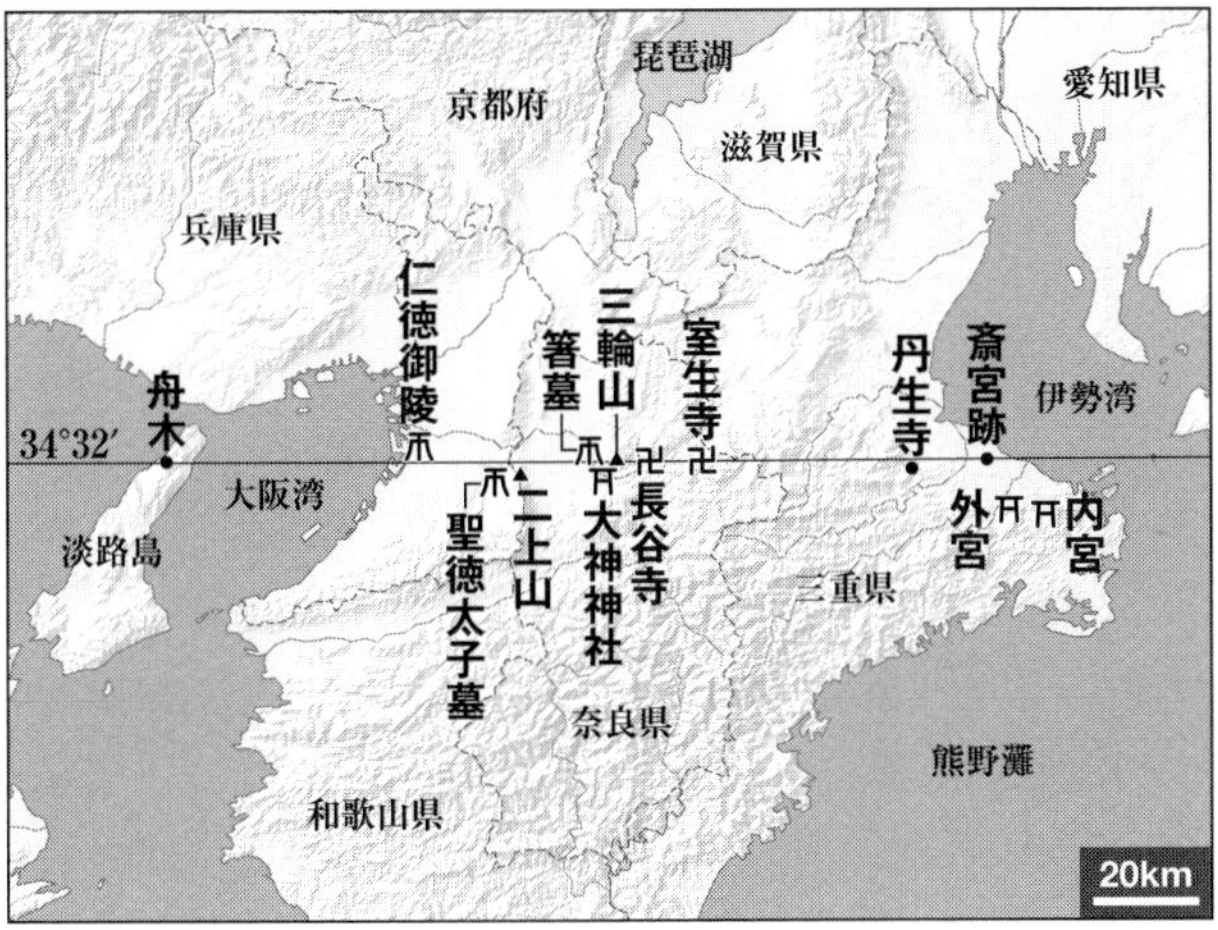

淡路島から伊勢まで、まっすぐな東西線にそって、重要な聖地が並ぶ（水谷慶一『知られざる古代』を基に作成）

同じくしている（同体）という確信を得ていた。この考えを進めると、大日如来の霊威が現実界にあらわれるとき、天上にはアマテラス大神となり、地上に降臨するときには、三輪山の大神明神と伊勢の内宮《ないくう》に鎮座ましします皇大神となる、という仕組みが、自然に浮かんでくる。

このとき、鏡か蛇かを争うのではなく、鏡と蛇の奥に潜んでいる、「太陽」としての共通の本質が見えてくる。鏡と蛇の対立は、まだ真の深層にまで達していない。さらに根源にあるのは、太陽なのだ。そうなれば、伊勢と三輪神は、太陽をとおして「同体」ということになろう。しかも歴史的ないきさつを考えれば、三輪のほうが古層であり、その意味で伊勢の上位に立つ。叡尊がこのとき展開してみせた、宗教の装いをした高度な政治的思考は、じつに冴えわたっている。

楕円としての日本思想

叡尊は太陽をめぐる神話思考によって、伊勢神宮と三輪山を、一つにつなごうとしたのである。鏡と太陽のつながりは、理解しやすい。しかし蛇と太陽をつなぐ回路は、一筋縄ではいかない。このつながりは、海人である倭人の神話思考を、くわしく調べたときに、はじめてはっきりしてくる。だからいまは、叡尊の思考にしたがって、三輪明神の本質の中には太陽が隠されており、それによって鏡と蛇が、深層で一つにつながる、とだけ言うにとどめておこう。

叡尊はこうして、数百年にわたって、三輪神社と伊勢神宮との間にうがたれていた断絶をのりこえようとした。これは古層の神と新層の神の間をつなぐ、たしかな「論理」が見出されたことを意味する。二つの異なる原理が、異なる原理のままに、より大きな原理に包摂されていく。二つの異なる中心のまわりには、「楕円」が描かれる。

叡尊は、日本思想を楕円構造としてつくりだそうとした。この点では、とかく一元論に傾きがちな新仏教よりも、はるかに日本人の心性にマッチしている。これ以後、中世の神道は、古層の神と新層の神という、二つの中心をもつ楕円として、構成し直されることになる。三輪流神道と出会った叡尊は、そのことによって、神仏習合の思想を、高度な政治思想にまで高める創造をおこなったが、それは三輪山麓民が回復を願っていた統一の夢の、中世的表現でもあった。

太陽のライン

叡尊は、イデオロギーの中で、伊勢と三輪山を一つにつなぐ、思想のラインを見出した。そのとき、観念化された太陽が、決定的な働きをした。しかし、それよりもはるか以前から、倭人の賢者たちは、伊勢と三輪山が、「現実の太陽」によっても一つに結ばれている、という事実を知っていた。

北緯34度32分のラインにそって、淡路島の舟木遺跡を出発した東西線（これは春分と秋分の日の、太陽の運行ラインである）の上には、三輪神社、長谷寺、室生寺など、三輪流神道におなじみの聖地がつぎつぎと並び、それはついには伊勢神宮にたどり着く。現実の聖地の配置は、叡尊の思考にはるかに先駆けて、太陽による伊勢と三輪の同体を表現している。

この事実は、いったいなにを語っているのだろうか。この太陽ラインがしめす謎は、「第三部　海民系神社」において、あきらかにされる。

第三部——海民系神社

第八章　対馬神道

はじまりの島

これから、日本人の神道の「古層」をかたちづくる心層のうち、縄文層の上に堆積する「弥生中層」の探査に入る。対馬から、この探査は開始されなければならない。それにはいくつもの理由がある。

最初の上陸地

二千数百年の前、倭人ははじめて対馬に上陸し、時をへずして、そこから北部九州の博多湾へ向かった。その意味では、倭人のたどり着いた最初の日本列島の土地が、対馬であった。中国大陸の南西部を原郷として、沿岸部を北に向かって拡大していた「倭人の植民地」は、その頃には、黄海沿岸から朝鮮半島の西と南の沿岸部にまで広がっていたと思われる。朝鮮半島の南端にたどり着いた倭人は、そこで海の彼方に浮かぶ、大きな島を望見した。対馬であった。

海人である倭人の航海技術をもってすれば、その島まで半日もかからずにたどり着くことができた。彼らはその島で、日本列島の先住民である縄文人と出会ったはずであり、さらに航海を続ければ海の幸豊かな壱岐の島にたどり着き、さらに南に海上を進むと、とてつもなく巨大な島があるという情報も得たことであろう。

対馬は倭人がはじめて歩を記した日本列島の土地であり、倭人の有する最大の知的財産である「水田稲作」の技術が、はじめてもたらされた土地でもある。その意味で対馬は、コロンブスのアメリカ大陸への上陸地点であるサン・サルバドル島にも例えられる、倭人とのちの日本人にとっての、記念すべき「肇《はじ》まり」の島なのである。

永遠の「倭」

対馬が私たちの探求の筆頭にすえられるべき理由は、ほかにもある。倭人の居住地の北部辺境にあたる対馬には、水田による稲作と漁業を合体させた倭人文化が、土台の部分ではその純粋な形が保たれたまま、歴史の展開をとげたのである。とりわけそこには、倭人の心性の精髄が生き続けた。

倭人は、漢民族が中原に発達させつつあった、「国家」に組み込まれることを嫌って、海上に逃れた「海のゾミア」である。彼らは国家というものから、つねに距離を保とうとした。そのために、倭人世界の内部から、「ヤマト」と呼ばれる国家が発生してきたとき、とうぜん倭人の一員としてその「倭人国家」に属する道を選びながら、国家というものには、完全に飲み込まれてしまうことがなかった。

そのため対馬人の精神には、現在にいたるまで、強い自律性が保ち続けられている。この島の人々は、どこまでも自律的な「対馬人」であり、その上で、倭人世界の発展形である「日本」の国民としての意識を持ち、そこで大いに活躍した。

その自律性は、朝鮮半島に発達した「カラ」の世界にたいしても、発揮されてきた。対馬はカラの人々と、交易や漁場の調整や文物交流を盛んにおこなった。ときにはカラ世界からの攻撃を受けたり、報復の攻撃をおこなったこともあった。しかし、対馬は一貫してカラにたいしては、一定の距離を保ち続け、一度もカラに政治的に服属したことがなかった。いわんや、昨今の韓国の政治家やマスコミが主張するような、対馬が韓国の領土であった事実などは、どこをどう探っても、まったく存在しない。

対馬は、日本人の原型をつくった倭人の、日本列島への最初の到着地点であり、倭人文化の原型を

天童法師の墓

保ちながら、自律性の高い一世界をつくってきた。対馬はヤマトからもカラからも一定の距離を取りながら、「永遠の倭」であり続けてきたのである。そのため、対馬人の心性や文化を探っていくと、私たちは日本人の心の深層に隠されている、「倭人の精髄」にたどり着くことができる。そのことは、とくに対馬の神道の伝統のなかにはっきり示されている。

平泉澄の冒険

玄界灘に浮かぶ対馬に、きわめて特異な神道がおこなわれているらしいという情報に、多くの知識人が接するようになったのは、大正の末年頃である。東京帝国大学の平泉　澄《ひらいずみきよし》という若い学士が、『中世に於ける社寺の社会的活動』という卒業論文を著し、その中で対馬の南端に位置する、豆酘《つつ》の村におこなわれる「天童《てんどう》」信仰について、初めての詳しい報告をおこなった。その卒論を書くために、平泉は当時にはまだ珍しい、フィールドワークを敢行している。

ヨーロッパの自由都市の比較研究をおこなっていた平泉は、教皇や領主の権力も立ち入ることを許されない、「アジール」という空間が西欧に存在していたことに、深い関心をもっていた。たとえ犯罪人であろうとも、いったんアジール空間の中に逃げ込んでしまえば、いっさい刑罰に問われることもなく、自由人として振る舞うことを許された。それとよく似た制度が対馬にあったことを古文書で知った平泉は、矢も楯もたまらずに、対馬へ旅立った。

下関港から釜山行きの客船対馬丸に乗り込んだ平泉澄は、玄界灘の荒波に揺られること十数時間、ようやく対馬の比田勝《ひたかつ》港にたどり着いた。そこからいくつも山を越えて、南端の豆酘の村に向かう。豆酘で「供僧《くぞう》」と呼ばれる特殊な神官に案内されて、平泉は龍良山《たてらさん》の密林に分け入っていった。そこはかつて広大なるアジールとして、厳重な不入《ふにゅう》の地であった。鬱蒼たる照葉樹林の奥に、平泉は「天童法師」なる神話的人物の墓所を見る……。

このとき初めて平泉澄によって報告された、対馬の宗教のきわめて特異な実態は、少なからぬ知識人の興味を刺激した。

どうやら対馬には、日本列島のほかの地域には見ることのできなくなった、神道の原型のようなものが残されているらしい。それはまさに「対馬神道」としか呼びようのないオンリーワンの神道であり、日本人の思想の根源のひとつを示すものにちがいない。このような直感に突き動かされて、何人もの民俗学者や宗教学者が、熱い視線を対馬の神道に注ぐようになった。

倭人神道のテーマパーク

対馬の神社を探訪することの面白さは、島全体が一つの大きな神道の「テーマパーク」をなしているところにある。島には、いくつもの重要な神社があって、それぞれが倭人神道を構成する、個別なテーマを担っている。そして、それらのテーマ群が一つに集合されるとき、対馬神道の全体像が浮かび上がってくるようになっている。

たとえば、南部の豆酘の村では、日本列島への水田稲作の到来を記念する、「赤米伝承」をテーマとした諸儀礼が、おこなわれてきた。米を神さまに捧げるのではなく、米そのものを神さまにする儀礼であり、かれこれ二千数百年もの間、同じコンセプトのもとに、続けられてきた。倭人社会の根幹に触れる重要なテーマを、豆酘の村が担当している。

これにたいして、倭＝弥生人の世界観とイデオロギーをあらわす、「海神のパンテオン」というテーマを担当しているのが、浅茅《あそう》湾に面した仁位《にい》にあるワタツミ（和多都美）神社である。そこではトヨタマヒメ（豊玉比売）とイソラ（磯良）という母の神と子の神を中心とする、海神のファミリーがお祀りされ、さまざまな伝承に彩られた聖所をなしている。

倭人の世界観で、海と同じくらい重要なのが「太陽」である。この太陽のテーマは、島内の各所で扱われているが、西海岸の阿連《あれ》の村が最重要である。雷命を祭神とする八龍《はちりゅう》（雷命）神社と、山中にある日照《ひでり》神社で、おもなお祀りがおこなわれる。このテーマと関連して、太陽神によって孕《はら》む女神の

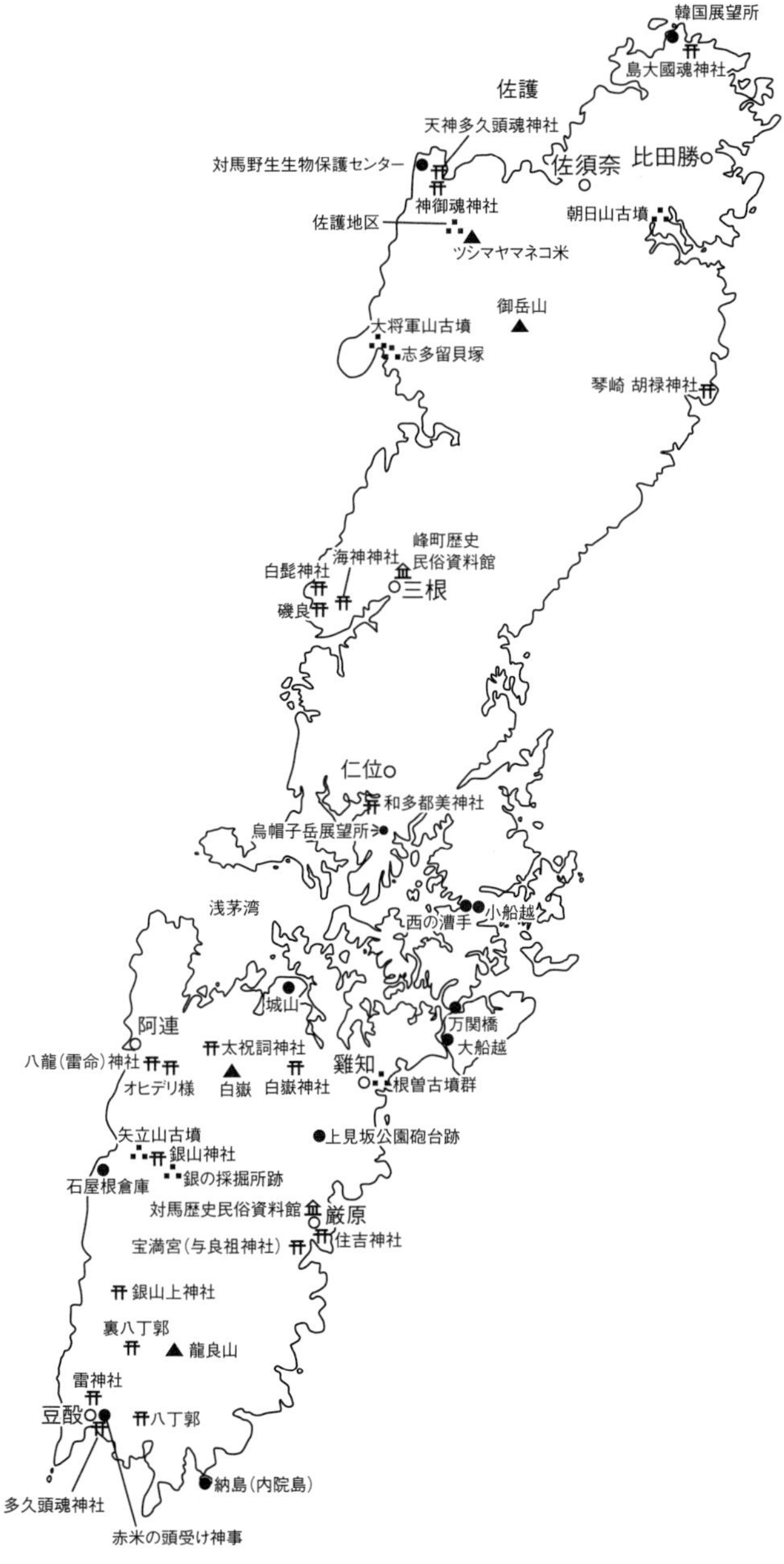

韓国展望所
島大國魂神社
佐護
天神多久頭魂神社
対馬野生生物保護センター
佐須奈
比田勝
神御魂神社
朝日山古墳
佐護地区
ツシマヤマネコ米
御岳山
大将軍山古墳
志多留貝塚
琴崎 胡禄神社
峰町歴史
民俗資料館
海神神社
白髭神社
三根
磯良
仁位
和多都美神社
烏帽子岳展望所
浅茅湾
西の漕手
小船越
城山
万関橋
大船越
阿連
太祝詞神社
八龍（雷命）神社
雞知
白嶽
白嶽神社
オヒデリ様
根曽古墳群
矢立山古墳
上見坂公園砲台跡
銀山神社
石屋根倉庫
銀の採掘所跡
対馬歴史民俗資料館
厳原
住吉神社
宝満宮（与良祖神社）
銀山上神社
裏八丁郭
龍良山
雷神社
豆酘
八丁郭
納島（内院島）
多久頭魂神社
赤米の頭受け神事

テーマが、いろいろな場所で語られている。平泉澄の報告で有名になった、豆酘・龍良山の「天童法師」伝説なども、その一環である。

テーマパークの構造

対馬の神道で特徴的なのは、村々の聖所がそれぞれに担当しているテーマが、一つ一つ独立しているのではなく、お互いが密接なつながりを持ち、相互変形が可能で、別の地域のテーマにつぎつぎと変換していくところにある。そのため対馬じゅうから集められた、神話や儀礼に表現された諸テーマを、全体性の視点からていねいに分析してみると、驚いたことに、一つの大きな全体システムが、くっきりと浮上してくるのだ。

初期のディズニーランドは、「ファンタジーの国」「フロンティアの国」「冒険の国」「野生動物の国」「未来の国」といった、いくつものテーマに分かれて展開し、それらのテーマ群をすべて集合させてみると、全体として一般的なアメリカ国民の神話的な世界観の全体像が浮かび上がってくるように、構成されていた。

対馬神道の世界は、それとよく似たつくりをしている。各地域の神社が担う個性的なテーマを集めて、お互いの間のつながりを明らかにしていくと、一つのシステムをなす「倭人神道」の思想が、私たちの前に出現してくるようになっているからだ。

まるで一つの和音が、さまざまなメロディに分裂して、四方に飛び散ったようにして、倭人神道の中心をなす唯一の「神話」が、この島の各地に分解されて、飛散していったように見えるけれども、さまざまなテーマを拾い集めて、失われた全体を復元してみるとき、倭人の思想の全体像に、近づいていくことができる。対馬にかんして言えば、「神道のテーマパーク」という比喩は、じつに深遠な意味を含んでいる。

豆酘の村

豆酘雷神社

倭人は潜水漁業をやりながら、米をつくる人々である。彼らの最大の知財は「水田稲作」の技術にある。この貴重な知財を携帯して、倭人は対馬を足場にして、日本列島に入ってきた。水田稲作は、倭人文化の中核にある。それゆえ、私たちの対馬神道の探求は、「稲作伝承」というテーマから、始められなければならない。

山がちな地形の対馬には、水田に適した平地が少ない。この島に上陸した倭人の多くは、時をおかず、南方の九州をめざしたことであろう。しかし漁業に適した対馬に、そのまま居ついた倭人たちもいた。彼らは、倭人の原郷である中国の江南地方でおこなわれていた稲米儀礼を、この対馬において、絶やすことなく続けた。それが豆酘の村に特異な「赤米伝承」として、現在まで続けられてきた。

豆酘は島の南端部にある良港である。湾に近づいた船乗りたちの目は、昔も今も、湾の奥にそびえ立つ龍良山の美しい姿に注がれる。巨大な円錐形をなすその山容は、典型的な「神体山」の特徴をしめしている。スンダランド系海人である倭人は、その山を神話の大蛇の住処と見て、「龍良」の名をつけたのであろう。

「つつ」という風変わりな地名の出処については、さまざまな説がなされてきたが、そのなかでいちばん説得力があるのは、「つつ」は海に住む蛇をあらわす古代語から来ているという考えである。この言葉は、諏訪神社の祭神タケミナカタトミの「トミ」と同様に、神話の大蛇をあらわしている。

そして海蛇は、海神の化身でもある。「つつ」という地名を冠されたこの村は、倭人の宇宙観の中心である海神信仰における、海と山と大蛇（龍）の三位一体のつながりを、強烈に表現している。その村で、日本列島に伝えられた最古の米である赤米の祭儀が、ずっと続けられてきた。

不思議な祭官

この村の存在は『日本書紀』の頃から中央にも知られていたが、中世になるとここに古くから勢力を張ってきた阿比留《あびる》氏という豪族が大きな力を持つようになり、対馬の政治と宗教の中心となる有力な「政庁」が置かれるようになった。阿比留氏は古代対馬の県主《あがたぬし》の末裔と言われる一族である。

豆酘には「供僧」という不思議な宗教者集団がいた。彼らはおそらく古い倭人の宗教における祭官の末裔であったが、中世になって神仏集合を取り入れて供僧と名乗るようになって、全島に大きな力を振るうようになった。この供僧たちが、龍良山の聖所を管理しながら、神秘的な赤米の儀式を伝えてきた。

ゾミアの象徴としての赤米

ところでこの赤米、おおもとをたどると中国南西部の雲南省に住む苗《ミャオ》族など、かつて「百越《ひゃくえつ》」と呼ばれた中国少数民族のもとにたどり着く。現在でも雲南省の奥地では赤米が常食されているが、今も赤米が栽培されている地域の分布を見てみると、なにやら意味深長なものを感じる。それは中国南西部からタイ、ビルマの国境山岳地帯からブータンにかけての険しい山岳に守られた高地の盆地である。これらの赤米栽培地は人類学者によって、「ゾミア」と名付けられた地域で、平原につくられた国家からすれば、しばしば手に負えない反抗者の出現する、独立独歩の人々の住む要注意地帯である。そこで、長めの粒をしたインディカ系統の赤米が、栽培されているのである。

これにたいしてもう一つの赤米の栽培地帯が、東方の海中にある。対馬暖流に洗われる対馬と、南九州に連なる種子島と、本州ではかつての吉備国の中心地である総社《そうじゃ》、この三つの場所で、短粒のヤポニカ系統の赤米の栽培がおこなわれ続け、日常食ではなくなったものの、古風な赤米祭儀とセットになって、今日にまで残されているのである。

この赤米を日本列島に運んだ倭人のことを、私たちは前に「海のゾミア」と呼んだ。彼らはもともと海民であったが、苗族たちが発達させた水田稲作の技術を譲り受けて、半農半漁の民となって、日本列島にまでたどり着いたのである。その稲は赤い芒《のぎ》に守られて、赤い米の実を実らせた。そう考えてみると赤米は、内陸の山岳地帯に逃れた「陸のゾミア」である百越の民と、東方海上に船出した「海のゾミア」たる我が倭人とを結ぶ、ゾミアの精神の象徴であるように思えてくる。赤米を携えた人々が、西と東に分かれて、大国家の拘束から逃れようとした。その意味では、赤米を自立の精神の象徴などと呼びたくなってくる。

赤米の祭祀

対馬の豆酘ではこの赤米の祭祀が、古い形を残して現在でも続けられている。おそらく中世の供僧によって定められた形式に則って、供僧の末裔とされる人々によって、毎年正月におこなわれる。供僧になるのは父子相伝であり、子が一人前の供僧になるのには、厳しい試練が課せられ、試練を通過した証として秘密の呪文が伝授される。この供僧を中心として、赤米栽培者の組織である特別な組（頭組）がつくられて、種もみの厳重な管理を持ち回りでおこなった。種もみの保管者になると、自宅

（上）赤米は神に捧げられるのではなく、神そのものになる（写真提供：対馬市教育委員会文化財課）
（下）赤米苗

の座敷の天井に赤米の種もみの入った米俵を、神さまとして吊るしてお守りする。

正月になると、前年の種もみの保管者のもとから、新しい保管者の家への、種もみのお渡りの儀式が、荘厳に執りおこなわれる。真夜中、天井から降ろされた神聖な俵は、前年の祭儀執行者の背中に背負われて、新しい家をめざす。道の両脇には、いつとはなしに現れた村人たちが、土下座をして居並び、種もみ様のお渡りを見送る。

新しい家に入った赤米の種もみ様は、ふたたび天井に吊り下げられ、呪文を受けて、神聖な存在に変容する。種もみ俵には、海藻（ねずみ藻）が結え付けられ、海水が振りかけられる。これは稲作が海の霊力をも必要とすると考えた、倭人の古い思想をあらわしているのではなかろうか。なぜ赤米の種もみの入った米俵を天井に吊るすのか。これによって、赤米は象徴的に太陽の位置に置かれたのである。太陽は水と協力して、米を生育させる力を発揮する。その力と赤米が一体になるさまを象徴して、種もみが座敷（これは宇宙をあらわす）の天井に吊るされる。ここで重要な働きをしているのが、「ムスビ」の思想である。(1)

ムスビの神

天地をつなぐ赤米

東南アジアの米作り民族は、収穫した新穀をできるだけ地面から離した、高床に収納する習俗をもつ。大地にまかれた種もみから発芽した稲は、太陽の光を受けて、天空に向かって伸び上がり、茎の先に稲の実を実らせる。そして刈り取られた穂先の実は、高床に収められて神様となる。

対馬の豆酘に伝えられてきた赤米の神事は、スンダランド系世界が稲という植物に寄せてきた神話的思考の古形を、まざまざとしめしている。豆酘では、新米の種もみを俵に詰めて、天井に吊るして神様にする。大地から引き離して、いったん天界の存在にするわけだ。その天界の種もみが、ふたた

（1）城田吉六『赤米伝承　対馬豆酘村の民俗』葦書房。

び大地に降下して、水を張った田に落ちると、今度は苗としての成長を開始する。

こうして赤米は、天界と地上の間を、昇ったり降りたりしながら、その間に太陽と水の恵みを受けて、成長をとげていく。稲の神様は、天界と地上の間を行き来することによって、エネルギーを蓄え、霊力を増していく。生育期間にある稲は、天界と地上をつなぐ、媒介の役割を果たしている。

稲作民族にとって、米作りの過程の全体が、天界と地上がうまくつながり、天地に調和が実現されている状態をあらわしている。稲は秩序と平和の象徴なのである。豆酘の赤米儀礼には、稲作民族が米作りにこめてきた、神話的思考のエッセンスが、はっきり示されている。

ムスビの神

赤米儀礼で重要な役目を果たす、神様たちのリストを見てみると、稲作をめぐる古層の思考の中身が、さらによく理解できるようになる。赤米儀礼には、「ムスビ」という神様と、「テンドウ」という神様が、大きく関与している。

天井に吊り下げられた種もみは、呪文を吹き込まれ、海藻を結び付けられ海水で清められて神様になるが、そのとき太陽の霊と結び付けられて、「テンドウ」という神聖な存在に変容を起こす。テンドウとは、太陽（おてんとう様）の霊のことにほかならない。太陽の霊（テンドウ）と結びつけられて、新穀までテンドウという、神聖な存在に変わるわけである。

このとき、ムスビというきわめて重要な神が登場してくる。このムスビ神が、太陽の霊力と赤米の霊を結び付ける。ありとあらゆる根源的な力どうしを結び付けて、生命活動を起こさせるのが、このムスビ神にほかならない。天のいと高きところにいるムスビの神（タカミムスビの神）は、対馬神道におけるもっとも重要な神である。この神が赤米の生育を祈るこの祭儀の背後に隠れていて、全体を差配している。ムスビの神の結合する力によって、赤米の種もみは太陽神の子供である天童になるわけである。

ムスビは南方の神霊

豆酘の人々の思考は、この点でじつにすっきりしている。しかし『古事記』や『日本書紀』や神道学などがからんでくると、話が急にややこしくなってくる。『記紀』神話では、宇宙創生の過程が、つぎのように説明されている。イザナギとイザナミによる天地創造が始まる以前に、宇宙には「アメノミナカヌシ（天御中主）」と「ムスヒ（産霊）」の神があらわれた。このムスヒ神はさらに、「タカミムスヒ（高皇産霊）」と「カミムスヒ（神皇産霊）」の二柱の神に分かれる。この三柱の神が力をあわせて、これから展開されることになる宇宙創造のための容器をつくった。しかしそれがすむとこの三柱の神は、すっと背後に退いて隠れてしまうのである。

ここに登場してくる「ムスヒ」の神は、日本神話のほかの神々と比べるといかにも抽象性が高く、いかめしく格調も高い。イザナギ・イザナミをはじめとする日本の神々が、相互連関しあいながら矛盾を調節しつつ一つの宇宙をつくりなしていく神話的存在なのにたいして、アメノミナカヌシやタカミムスヒ・カミムスヒの神は、宇宙に階層構造を入れて、高いところから低いところへ降りてくる「天孫降臨」を準備する。そしてムスヒの神は太陽神アマテラスを準備する。

「ムスヒ」に「産霊」という漢字が当てられているところから見ると、この神格には物事を育成する力という意味が込められている。その意味では、対馬神道の「ムスビ」と同じように、万物を育成する太陽神なのかもしれない。しかしその抽象性の高さや天孫降臨の思想などは、いかにも農民的な対馬的なムスビとは異質である。ここから昔から多くの神話学者は、天孫降臨と結びついた抽象性の高いムスヒの太陽神は、東北アジアとくに朝鮮の王権神話の影響で、弥生人の神話を作り変えてしまった結果なのではないか、と推理してきた。この問題については、「エピローグ」でもう一度立ち返ることになる。

豆酘の赤米儀礼を見ると、この考えが、正しいことが実感される。そこではムスビの神は、米作りの作業にがっしりと組み込まれ、泥まみれになって働いている。きわめて親しみやすく、具体性豊か

阿比留一族の御所。右が観音堂
（現在は多久頭神社社殿）

な神霊として、人々の暮らしの中で動き回っている。対馬のムスビには王権とは関わりのない、庶民の思考が示されている。

ムスビは稲の栽培方法と一緒に、倭人によって、南方から日本列島にもたらされた、一つの重要なコンセプトである。このムスビが、古代日本人の原初的な神道の思考で、重要な働きをもった。そのことの記憶が、対馬の神道には、はっきりと伝えられている。

ムスビ哲学

じっさい豆酘の村の背後の森に、われわれタカミムスビの神霊は祀られている。おそらくはじめは社《やしろ》の建物などもない、森の聖所だったのであろうが、のちになると、その脇に観音菩薩を祀るお堂が建てられ、阿比留一族による政庁の中心的な御所になった。この森の聖所で、神祭りと世俗のことの決裁がいっしょに進行する、祭政一致の政《まつりごと》がおこなわれた。

この森の奥で、ムスビの神は、対馬世界の存在そのものを支えていた。ムスビという概念は、異質なものどうしをつないで、ばらばらに分離しない、という意味をもっている。それは倭人の思想の核心をあらわしている。そもそも倭人は、言語や文化の違いをなくし、世界を均質にしたうえで、国家の支配をやりやすくする、漢民族の帝国思想を嫌って、「海のゾミア」として、東の海上に逃れた人々である。その逃走を突き動かした思想の原理こそ、ムスビの神に象徴される、異種結合《ハイブリッド》の思想にほかならない。

太陽の霊力が、ムスビの力によって、稲の苗に結びつけられるとき、植物の生命は目覚め、むくむくと起き上がって、増殖を開始する。この米作りと海の漁とが、分かち難くムスビあわされることによって、半農半漁としての倭人の生活秩序が生み出される。潜水によって海の漁をする倭人にとっては、陸の暮らしと海中の活動もまた、一つに結ばれていなければならない。ムスビの神が守る異種結合の思想をもとに、倭人世界はなりたっていた。そのことを、日本人は長いこと忘れている。

ムスビと日本人

ムスビ（ムスヒ）の神は、神道の体系の表面には、はっきりとは現れてこない。それどころか、『記紀』神話などでは冒頭に登場して来たっきり、奥に隠れてしまう。ところがムスビの神は、日本文化のいたるところに遍在して、隠れたまま重要な働きを続けている。

ムスビは、さまざまな力やものを結びつける原理をしめしている。この神がいなければ、すべての元素はバラバラになってしまう。物質もつくられないし、社会も存在しない。イザナギとイザナミがまぐわうこともなく、そうなると生命も生まれてこない。倭人がこの列島に運んできた哲学的概念のなかで、ムスビはおそらく、もっとも深遠でかつ実用的なものである。

対馬の伝承では、このムスビの神が赤米の栽培と、結びつけられている。水田で稲を育てるには、細かいものまで数えると、百数十の作業過程が必要である、と言われている。その百数十の作業が、相互に有機的に結びつけられ、組み合わされていなければ、水田稲作は実現されない。稲作農業は、まずもって、ムスビ原理にもとづく革新的な技術体系として、古代人には理解されていた。

ムスビは、宇宙の存在原理のようなものを、概念として取り出した神である。そのために、『記紀』神話ではその冒頭部にちらっと出現しただけで、姿を隠してしまう。ところが対馬下県の豆酘と、北部上県《かみあがた》の佐護《さご》には、このムスビの神を祀る重要な神社が設けられている。ここにも、対馬神道が日本人の古層神道の原形を残している、と私の考える理由である。

いたるところのムスビ

水田が開かれ、そこに稲が育てられる。そのことによって、地形のなかに新しい結びのつながりが発生する。水田に注がれる豊かな水は、村の後方にそびえる山々から流れ出てくるが、もとは天界にあった水が轟く雷鳴を合図に、大地に降り注いだものである。

テンドウ（天道、天童）を祀る茂には、とくに強い禁忌感が充満している

その天界の貯水槽には、太陽熱に温められた海水が水蒸気になって上昇した水が、蓄えられていた。水田による稲作が開始されると、人間はいやがおうにも天界と地上を循環する、水の回路を想像せずにはいられなかったことだろう。ここにも壮大なムスビが働いている。

これを倭人の末裔である対馬の人々は、神霊の活躍する神話の思考でとらえた。大蛇のすむ聖山・龍良《たてら》山《さん》は、天界と地上をつなぐムスビの回路をつくり、雷鳴に姿を変えた大蛇によって、地上に雨を降らす。その雨は川に集まって、水田をうるおす。

その水田に育てられている稲は、水と太陽の光を結ぶムスビの力を受けて、すくすくと成長をとげる。秋に実った赤米は、人間に食されて、生命を育む。これを漢字であらわせば「熟日《ムスビ》」であろう。太陽のもつ生命を育む力をあらわす。いたるところで、このムスビの神霊が、黙々と働いている。半農半漁の倭人はそのことを直感できた。

太陽の子供＝天童

豆酘の赤米儀礼で、俵に包まれて天井に吊るされ、ムスビの神霊を付着された種もみは、「テンドウ」という存在に変容する。テンドウは天道とも天童とも書かれる。どちらも「おてんとう様」すなわち太陽に関係がある。天道と言えば、太陽そのものを指すし、天童と言えば、太陽の子供の意味をもつ。この場合、ムスビの霊力によって神様になった赤米の種もみは、太陽によって孕まれた子供という意味での、天童である。

この天童なるものが、対馬神道の全体を駆動させている発動機《ダイナモ》である。赤米の種もみが天童に変容するのは、稲がムスビの神を介して、太陽エネルギーと結ばれることによって、孕まれ、生まれた、太陽の童子だからである。しかしこの言葉には、それよりもさらに広い意味が内包されていて、対馬神道の一つの中心となる考えとなっている。

対馬全島の各所に、「テンドウ茂《しげ》」という場所がある。「茂」は本土の「モイ」や「モリ」や「ダケ（岳）」「タケ（嶽）」などと、同じ意味をもった言葉で、樹木がこんもりと生い茂り、ふだんは人が足を踏み入れることをしない、禁忌の聖所のことをさしている。テンドウ茂は、テンドウ様という神様の聖所とされる山や丘のふもとに、設けられていることが多い。藪のなかに小さな空き地が開かれ、そこでお祀りがおこなわれるが、立派な社殿のようなものは、建てられていない。

テンドウ様の祭祀は、茂のモリだけでなく、山や丘の頂上付近でおこなわれることもある。そのときは、テンドウ様がおてんとう様のことであることがわかる。山や丘が太陽神の拝所であるばかりでなく、テンドウ茂を抱えた山や丘そのものがテンドウ様と考えられている。海人の宗教において最重要な存在である太陽の神が、対馬神道では、原型の素朴さをもって、前面に現れてくる。

天童の母

テンドウという考えの深さを知るには、対馬にあるムスビ神をお祀りしているもう一つの神社、佐護の「神御魂《かんむすび》神社」を、訪ねてみることである。佐護は、佐護川の下流域に開かれた美しい村で、海岸部には漁民が住み、内陸では農民が米をつくっている。半農半漁の倭人の社会が、海で暮らす漁民と、米作りをする農民に分かれて発達していった様が、くっきり見て取れるような村である。

このムスビ神社は、中世には「天道女躰宮」と呼ばれていた。そのわけはそこに地元の人たちが「女房神」と呼ぶ、不思議な女神像が祀られているからである。

高さは二十五センチほどの小さな像であるが、一見しただけで、誰しもが驚きを感じる。女神の腹部には太陽が抱かれている。女神は胎中に光り輝く太陽の子供を身ごもっているのだ。海人たちは、太陽の妻であり、太陽の子供を身ごもり産む母神を、「日女《ひるめ》」と呼ぶ。この日女が天童を産む。その姿がまざまざと表現されているのだ。

1 和多都美神社から海を望む
2 三角組みの鳥居がひび割れた石＝磯良を囲む
3 和多都美神社境内の豊玉姫

1 表八丁郭
2 裏八丁郭
3 裏八丁郭（天道古屋敷）

1 白嶽（雌岳）
2 白嶽（雄岳）
3 多久頭魂神社（浅藻。龍良山を遠望する〔右〕）
4 天神多久頭魂神社

1 浅茅湾（烏帽子岳展望所より）
2 お日照さま
3 阿連の天道茂

テンドウの意味

対馬神道で「テンドウ」と言えば、二重の意味がある。漢字で「天道」と書かれるときは「太陽」をあらわし、「天童」と書かれるときは「太陽の子供」という意味を持っている。しかし、漢字で書き分けないときには、どちらを指しているのか、はっきりしないことが多い。

天道には、父親的な要素が含まれている。天の高いところを規則正しく運行していく太陽、女性である大地を熱して、生命を孕ませていく存在としての太陽。倭人的弥生人は、そういう太陽に男性的で父親的な要素を見ていた。

山は地上と天界の間に立って、二つの領域をつないでいる。そこで、神話の思考は、印象的な姿をした山と太陽神を結びつけて、考えていた。雷鳴轟かせながら、地上に雨を降らせる雷《いかずち》の神も、そこに結びついていく。雷は天空の大蛇でもある。その大蛇は地上にあっては、高い山を棲家として、天地の間に水を循環させる存在だ。

そこから、天道様の聖所は山にある、という考えが自然に出てくる。対馬の各所にある天道山やテンドウ茂という禁忌の空間は、かならず太陽神への信仰を背景にしている。スンダランド系海洋民の思考の土台には、いつも太陽神が据えられているものだが、対馬にはその原型的な形が残っている。

金太郎の母

その太陽神は、山の奥で、大地の女神を孕ませる。山は太陽に近いから、太陽神はまっさきに山の女神に目をつけるのであろう。こうして女神は胎内に太陽の光を宿し、月満ちて一人の童子を産むことになる。この童子は、太陽神の申し子として、地上に神聖な力をあらわす、威力ある存在として、海人の世界で深く信仰された。

神御魂神社

このことからも、倭人神道における太陽神への信仰は、三元論の構造を持つことがわかる。父親的な太陽神は、聖なる山を地上への足がかりとし、山の女神と結婚して、人間の世界に自分の申し子である神聖な童子を贈与する。太陽神自身は超越的な存在として、地上の世界には降りてこない。また女神は山の奥に潜んでいる。それだから、太陽神によって山の女神の産んだ童子だけが、現世にあらわれて、驚異的な神のわざをおこなうことになる。父・母・子からなる、こういう三神のセットが、倭人神道の駆動装置をなす。

山奥に隠れて住む女神と、彼女の産んだスーパーボーイとをめぐる話は、日本列島では、数多くの伝説をとおして語り伝えられてきた。例えば、相模足柄山の金太郎である。怪力の持ち主として世の賞賛を集めた、坂田金時という武士の母親は、山奥に住む鬼女との噂があった。彼女は山中で暮らし、金属を食べながら、金太郎（のちの金時）を育てた。

この伝説の背後に、太陽神をめぐる三元論の思考が潜んでいることは、あきらかである。この伝説を伝えた相模地方は、アヅミ系倭人の重要な開発地の一つであった。倭人は金属を採掘する技術者でもあったから、金太郎の母が、山奥で金属を食べながら異常なる童子を育てた、という話が育ったのも、大いに納得ができる。話の表には出てこないが、金太郎の父親は太陽神であろうこと、ほぼまちがいがない。

天道・天童・女房神

対馬神道では、この太陽神を中心にする三元論が、くっきりと目に見える形で、表面にあらわれている。「おてんとう様」である太陽神は、天道と天童に分かれて、あるいは一体になって、この島の神道に頻繁にあらわれる。

このうち父親的で超越的な天道は、天道山を人の入り込むことを禁じられた聖所として祀られ、麓につくられた「多久頭魂《タクズダマ》」神社から遥拝された。タクズダマという聞きなれない名前は、対馬の大碩学であった永留久恵氏によると、卓越した力をもつ、超越的な存在などという意味をもっているらし

太陽神によって天童を胎内に宿した女房像（写真は永留久恵『海神と天神』より）

い。つまりタクズタマとは太陽神の別名なのである。

三位一体的な太陽神のもつ、父親的な面をあらわしている天道山は、しばしば「雄嶽《おだけ》」とも呼ばれる。これにたいして、その近くに女性的・母親的な面をあらわす「雌嶽《めだけ》」が、立ち並んでいる。そこに、女神を祀る聖所が設けられている。

さらにこの母親神の近くに、童子神が祀られる。佐護にある雌嶽の麓にある神御魂《かみむすび》神社には、「女房神」の像が秘蔵されている。女神の胎内に太陽の嬰児が光を放ちながら、やすらっている像である。これにたいして、豆酘の天道山たる龍良山では、海側の中腹に童子神の聖所が置かれ、内陸側の山中の水源地近くに、聖なる童子を産んだ女神の聖所が設けられている。

重要なのは、三位一体のうちの父親的な面は、抽象的で存在が希薄な感じがするのにたいして、母親と童子の側面は、なかなかに重たい存在感をもって表現されている点である。このことは、あとで詳しくお話しする、神功皇后《じんぐうこうごう》伝説や天童法師伝説などの形成に、大きな影響を及ぼすことになる。

対馬神道の普遍性

対馬や壱岐の神社でよく出会う、こうした母子神の像や伝説は、倭人の神道のもつ人類普遍的な性格を、よくあらわしている。文化人類学者の石田英一郎氏はかつて『桃太郎の母』という本を書いて、この問題に注意を促したことがある。日本人の伝えてきた伝説や神話には、母親に抱かれた童子のイメージが、よくあらわれてくるが、それは旧石器時代の信仰にまで遡る、人類に普遍的な思想に根ざしているのではないか、という問いである。

桃太郎や金太郎のような異常児をめぐる伝説の背後には、大地母神に抱かれた子供神をめぐる、とてつもなく古い思考が隠されている。そしてその思考は、中近東で大発達をとげて、ついには幼子キリストを抱く聖母マリアへの、熱狂的な民衆の信仰を生んでいった。
対馬神道の背後には、とてつもなく広大な世界が広がっている。

太陽神の恋

太陽神によって孕む大地の女神をめぐる神話は、スンダランド系海洋民の間で、大いに発達をとげた。沖縄・奄美列島の方面へ船を進めたグループは、「日光感精説話」という面白い形に、その神話を変形していった。

ある日、一人の美女が野原(または海岸)で、昼寝をしていた。気持ちがよかったので、すっかり裾がはだけて、秘所がさらされているのも気づかずに、眠りこけていた。それを太陽神が天空から見そめて、ステキだと喜んだ。太陽は美女の秘部めがけて、光線に乗せて自らの精を注ぎ込んだ。美女は懐妊して、立派な男の子を産んだ。この子はのちに、神のごとき活躍をする英雄となった。

別の神話では、一人の美女が朝、太陽に向かって、放尿するという話になっている。自分の顔めがけておしっこされても、粋な太陽神は怒るどころか、むしろ恋心を感じた。むきだしの彼女のそこをめがけて、太陽の精を装塡した光線が殺到し、たちまち彼女は懐妊して、のちに偉大なスーパーボーイを産むことになる。

これと類似した話は、スンダランド系海洋民の移動経路と推定される地帯に、いろいろな形に変形されて伝えられている。いずれの神話でも、太陽が天空のいと高きところから、地上の女神の秘部を見て、恋をするという筋立てになっている。月や太陽や星や種々の動物のように、人間からきわめて遠い存在と結婚することになる奔放な娘をめぐる、アメリカ先住民神話も、この神話の仲間である。

ふだんは隠して人に見せないものを、あえて「見せること」で、遠く離れた太陽と大地の女神が、距離を無化して、ショートサーキットによるコミュニケーションを実現するのである。そしてこの結びつきから、異常なる力をもつ「天童」が出現する。

出現の舞台

聖なる龍良山が村の背後にそびえる豆酘にも、太陽神によって孕み、天童を産む大地の女神をめぐる、海洋民神話が伝承されていたことが、大いに考えられる。じっさい龍良山の背後の渓谷には、女神を祀る聖所があり、それと反対側の山裾には、天童の聖所があった。周囲は驚くほどに広大な禁忌の森となっていて、「おそろしどころ」と呼ばれ、めったなことでは普通の人々の立ち入らない神聖な場所となっていた。

そこに立ち入ることを許されたのは、古代神道の聖職者たちだけで、彼らは森の中で、神秘的なミアレの祭祀をおこなっていた。太陽神の威力が、大地の女神の胎を借りて、この世に天童を出現させる、という神話にもとづく祭祀である。

その聖職者たちは、中世になると、両部神道の影響によって「供僧」と呼ばれる仏教化した神官に変貌した。供僧は豆酘の観音堂を拠点にして、祭政一致の政《まつりごと》をおこなうようになっていた。彼らの手によって、古代世界に普遍的な、太陽神をめぐる三位一体の神話は、つぎのようなローカルな中世的説話に変造された。

天童法師の伝説

豆酘の内院村《ないいんむら》に、照日長者（太陽の長者！）という富裕な者がいた。長者には一人の美しい娘がいた。そのあまりの美女ぶりは都にも伝わり、娘は召されて貴人の召使となり、内院女御《にょうご》と呼ばれることとなった。その女性の産んだのが、天童法師である。

彼女がまだ若い頃のある朝のこと、太陽に向かって放尿をした。そのとき太陽の精が彼女に入り込み、懐妊して、立派な男の子を産んだ。そのとき天空にはさまざまな瑞祥があらわれたので、この子は太陽の精の化身として、天童と名づけられた。天は慈雨をもたらす故に、十一面観音の化身とも言われた神童は、豆酘観音堂で修行し、菩薩の活動をおこなっていた。

大宝三（七〇三）年、帝が重病を患い、亀卜《きぼく》で占うと、西海に浮かぶ対馬に天童法師という者がおり、この者を召して祈禱させれば、病は癒えるという卦《け》が出た。さっそく使者が対馬に派遣された。ことのなりゆきを千里眼で知った天童法師は、使者が到着するやいなや、飛行術をもって壱岐、筑前宝満山《ほうまんざん》と飛んで、またたく間に王城に到着した。天童法師の祈禱で、たちまち帝の病は癒えた。帝の喜びは限りなく、天童法師の法力をほめたたえ、菩薩の称号を与えた（十七世紀の『天道法師縁起』による）。

このとき天童法師は天皇から、「褒美に何を望むか」と問われた。天童法師は、土地の貧しい対馬から税を免除していただきたい、銀山開発を中止していただきたい、海岸への漂着物を拾う権利をいただきたい、などの願いと並べて、龍良山天童地をアジールとしていただきたい、と奏上した。天皇はこれらすべての願いを聞き届けられた。

平泉澄や網野善彦ら、後世の歴史学者を刮目させたのは、このとき天童法師の奏上した、龍良山天童地をアジールとしていただきたい、という願いである。つまりそこに逃げ込んだ罪人の輩の罪は帳消しとなり、そこには世俗の法も、もはや及んではこないのである。

天童地アジール

この天童法師伝説を創作したのは、豆酘観音堂を拠点にして、中世の対馬全域に神政的な勢力をふるった、阿比留一族を中心とする供僧たちである。彼らは神聖な赤米祭祀を掌握し、龍良山を天童地と呼んで、そこを不入の聖地「おそろしどころ」として、みずからの宗教的権威の拠り所とした。

天童地アジールと目される地域は、おそろしく広大である。豆酘の村を出てしばらくすると、「ソト」と呼ばれる境界地がはじまる。ソトは「ソトの浜」の海岸部から、内陸部の龍良山全域を包み込んでいる。かつて豆酘の人々は、亡くなった身内の霊を送って、このソトの境界まで来ると、後ろを振り返らずに、緊張したまま村に逃げるように戻った。そこで生者の世界が終わり、その向こうにソトの世界が広がっている。

（2）平泉澄『中世に於ける社寺と社会との関係』至文堂。

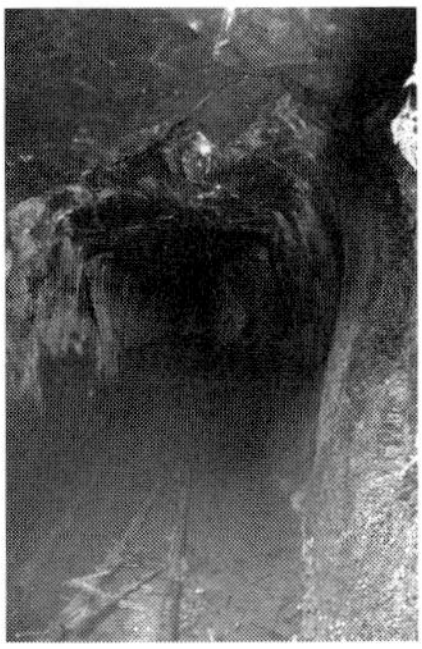

（上）銀山跡
（中）内院宝篋院塔
（下）龍良山全域から海岸部までが、広大な「天童地」のアジールであった

天童法師伝説が異様なのは、そこに語られている「アジール」の記事が、日本の歴史の中に、あまり類例を持たないからである。ことにこの伝説が問題にしている古代に、類似の記録はない。これにはさすがの平泉澄も困惑した。

たしかに中世の記録には、山林に逃げ込んだ罪人は罰を逃れることができるとか、不幸な結婚から逃げ出したい女性たちが逃げ込む「駆け込み寺」の事例はある。しかし、天童法師のように、堂々とそのことを天皇に要求し、天皇も不入の特権を認めたというような話は、聞いたことがない。

この話ははたして、豆酘の供僧の幻想が生んだ、権威づけのための作り話にすぎないのか。そんな疑念をぬぐい去ることのできなかった平泉の前に、有力な助け舟があらわれる。中国の歴史書に、「ソト」という場所でおこなわれる、朝鮮の不思議な習俗についての記述を、見つけたのである。

龍良山の南麓から浅藻《あざも》の海岸まで続く広大な森は、禁忌の地「おそろしどころ」のなかでも、とりわけ神聖視の度合いの強いところであるが、ここがソトと呼ばれている。古文書では「卒土」と書かれる。そのソトが「蘇塗」(2)と書かれて、古代の朝鮮にあった馬韓《ばかん》の習俗を記録した歴史書に、登場する。

朝鮮のアジール

そこにはつぎのようなことが書かれている。馬韓の習俗では、鬼神を信じて、国ごと村ごとに一人を選んで、天神を祀らせ、天君と名づけている。各土地には「蘇塗」という空間を設置してある。そこには大木が立っていて、枝に鈴や太鼓が掛けてあり、神祭をおこなっている。逃亡者がその空間に逃げ込むと、人々もあえて連れ戻そうとはしない。

この蘇塗はどう考えても、アジールである。この漢字表記の元になっているのは、済州島などで話されている「ソルテー」であるらしい（白鳥庫吉説）。ソルは秀でた、テーは竿をあらわす。大木を聖所に立てて、神聖な境内を画したのである。このソルテーが蘇塗と書かれた。

対馬のソトは、このソルテーとつながりがあるのではないか。平泉はそうにらんだ。その考えが正しいとすると、ソトはたんなる外部という意味ではなく、アジールそのものの名称となる。ソトの内、ソトの浜、ソトの山、という地名はすべて、この島にかつてアジールが実在したことを示している。

アジールとゾミア

ここで注意を要するのは、この記事が朝鮮南西部の馬韓の習俗に関するものであり、済州島も朝鮮半島とは異なる習俗をもつ、独立した海洋民世界であった、という点である。

平泉澄がこの研究をおこなっていた時代には、まだ倭人研究はほとんど進んでいなかった。しかし今日の倭人研究からは、朝鮮半島のそれらの土地が、かつては対馬・壱岐から北部九州まで広がる、倭人の居住地域であったことが知られている。ことに馬韓の住民は、朝鮮半島で最初に水田稲作を始めている。この技術はあきらかに、倭人によって、中国の江南地方から伝えられたものである。馬韓は倭人世界の一部だった。

龍良山の裏山の伝・天童法師の母の墓所、裏八丁郭

この地域に住んだ人たちは、潜水漁法に巧みで、水田による稲作りの技術ももっていた。その痕跡は、今日の済州島にも、対馬や壱岐にも、北部九州の島々にも残っている。そう考えてみると、ソト＝アジールの思想が、かつて倭人世界に広くおこなわれていたことが、想像される。

アジールでは、世俗権力からの自由が確保された。地上の世界が、いたるところくまなく、人間の権力によって覆い尽くされてしまうのではなく、ところどころにぽっかりと中空の穴が開いている。その穴にうまく逃げ込むことができれば、そこには世俗の権力も掟の追及も及んでこない。その穴は森であったり、聖所であったり、寺院であったりする。人間の生きる世界に、中空の穴を確保しておくことで、自由の空間をつくりだそうとする。

しかしこれは倭人のものというより、「ゾミア」のものではないか。倭人は海のゾミアであると私は書いた。彼らが南中国の海岸部に生活していたとき、中原に起こった漢民族の国家が、地上をくまなく権力によって管理できる場所に、作り替えようとしていた。それを嫌った倭人は、慣れ親しんだ故地を捨てて、一躍、海洋への逃走を敢行した。倭人の思想では、人間の作る世界には、いくつもの中空の穴が開いていなければならなかった。権力の監視の手が及ばない空間を、ところどころに残しておかないと、倭人の理想である柔らかい社会はつくれない。

それにしても、対馬の天童法師伝説に強く惹かれた二人の歴史家、平泉澄と網野善彦の二人の、いっぽうが皇国史観の大立者であり、もういっぽうがマルクス主義の戦士であったことは、おおいに興味深い事実である。

右翼と左翼の理想

二人には共通点がある。それは二人ともが「天皇」という存在に、異常なほどの関心をしめしていたことだ。平泉澄は天皇の権力が、一種の中空構造でできていた点に、注目していた。天皇の権力は、世俗的な権力が入り込めない中空として機能していた。天皇じたいがアジールなのである。

網野善彦も同じことに気づいていた。彼は、アジールが原始・古代社会の自由空間にさかのぼる起源をもっている点を強調した。そしてそういうアジールの仕組みを、自分の中に抱え込んだ天皇という権力の、変幻自在な能力に深い関心を抱いた。

アースダイバーである私からすれば、二人の歴史家とも、日本人の中に潜む「ゾミア的特質」にひかれていたということになり、この点では皇国史観もマルクス主義も、言われているほどには違わないことになる。

渚の神話学

父いずこにいます

海人の神道では、母の存在感の圧倒的な大きさに比して、父の存在感はきわめて希薄、という特徴がある。天童法師伝説の聖地、龍良山に祀られているのは、太陽の申し子である天童と、その子を産んだ母親の聖所だけで、父のイメージはいたって漠然としている。太陽が父だと聞かされても、あまりに遠い存在で、天童自身、子供時代はきっと腑に落ちないものを感じたことだろう。この点では、少年時代のイエスも、同様の思いをしたにちがいない。

山にまつわる神話だけではなく、海にかかわる神話でも、事情はまったく同じである。海の女神たちは、しばしば海辺で神の子を出産する。そのとき海の女神は、大きなワニや海蛇に姿を変えて出産する。父親は海神ワタツミであると言われているが、姿は見えず、イメージも固まらず、遠い海中にいらっしゃるお方としか、海辺に残された嬰児には知らされない。

神話と歴史の境界定かならぬ時代にも、同じことが起こっている。神功皇后は朝鮮半島への出兵をひかえた北部九州の戦陣で、のちの応神天皇を出産された（四世紀後半）。しかしそのとき、父親とし

（3）田中卓『続・田中卓著作集２　古代の住吉大社』国書刊行会。

浅茅湾の奥にある、ワタツミ神社

て我が子を抱くはずの仲哀天皇は、神々の呪いによって、その地で急逝してしまっていた。

神功皇后は生まれたばかりの嬰児を抱き、鎧に身を包んで、戦さ船に乗り込み、戦場目指して船を進めたのであった。その神功皇后が朝鮮半島への足がかりとしたのが、豆酘の港であった、と伝えられている。[3] 後世にはこの神功皇后伝説に基づいて、八幡信仰がつくられることになるが、そこでも前面に出てくるのは、偉大な母とその子の姿だけである。

豊穣な海辺

海人である倭人の神道では、山と海で、同じパターンの神話的出来事が起こる。父と母と子のつくりなす三位一体の内から、母と子だけが前面にあらわれ、父は見えない空間に隠れている、という構造をあらわす神話である。倭人神道のテーマパークである対馬では、その神話が地上の景観の中で、くっきり表現されている。対馬では神話がじっさいの地形の中に埋め込んである。その意味でこの島は、「ジオミトロジー（地理神話学）」の、すばらしい博物館である。

下県《しもあがた》にある豊玉町の「ワタツミ（和多都美）神社」をお詣りした人は、海辺に横たわり出産する、海の女神の姿と、出会うことができる。ワタツミとは「海に住むもの」という意味をもつ。ワタツミ神社は文字通り海神の宮である。

フィヨルドのような複雑な地形でできた浅茅《あそう》湾の入江の奥に、その美しい神社はある。船に乗って海からこの神社に近づいていくと、初めてこの湾に入った倭人が、そこの地形にどのような感銘を受け、どのような想像力を抱いたか、手に取るようにわかる。

穏やかな入江は、女性が仰向きで横たわっている姿を連想させる。両足を優しく開いて、奥まったところに開けた白浜に、舟人を誘うのだ。白浜の奥には松と照葉樹の森が、鬱蒼とした影をつくりだしている。その背後には、なだらかな山が続く。古代の倭人が、そこに海の女神の臨在を直感したであろうこと、現代人にもありありと感じとられる。

海の女神の墓所

まだ鳥居も社殿もない時代の頃を想像しながら、白砂の浜に上陸してみよう。浜はすぐに尽きて、森の小道に分け入る。道の両側にせり出している小山の尾根が、小さな渓谷をつくっている。しばらく行くと、左側の崖面が急に岩がちになってくる。この岩の群が、大きな蛇のかたちをしていることに気づくのに、時間はかからない。

大岩の群はいったん盛り上がって、すぐさま地上にうずくまるように塊をなして凝固する。そこが蛇の頭部であり、大岩の全容を振り返ると、それがまぎれもない海の大蛇であることが直感できる。現代人の私でさえ、そう感じるのだから、古代人の驚きはさぞかし大きかっただろう。

新しい聖所が見出されたのである。古代の倭人は、海浜の森の中に横たわり、聖なる子供を出産する海の女神＝豊玉姫《とよたまひめ》を、そこに発見した。彼らはその大岩群を「豊玉姫の墓所」と名づけた。

大いなる霊の流れが、偉大な運動を続けたあと、静かに停止して、岩や山や樹木に姿を変える。そういう場所を、古代人は「大いなる霊の運動が止むところ」という意味で、しばしば「墓」と呼んだ。海の女神が、豊穣な生命をこの世に産み出すという、苦しみにみちた冒険を果たして、静かな安らぎに入った場所は、まさに女神の墓所と呼ぶにふさわしい。

倭人神道の神官たちを喜ばせたのは、海浜の奥の森に横たわる母神の近くに、彼女の産み落とした息子まで、発見できたことである。潮が満ちると水中に没し、潮が干上がると姿をあらわす、不思議な姿をした石が、汀《みぎわ》に見つけられた。その石は全面が鱗《うろこ》のようにひび割れていて、神官たちはまるで自分たちが倭人の徴《しるし》として、肩に施している入れ墨の文様のようだ、と思った。

この石こそ、磯良《いそら》に違いなかった。磯良は海の女神の産んだ、海のスーパーボーイである。その名前があらわしているように、磯良は海と陸地の境界領域である、渚を本拠地とする。潮満ちれば海が優勢になり、潮引けば陸地に変わる。南洋の故地では、そこは珊瑚礁の広がる場所で、潮満ちれば魚たちの天国、干潮には人間が夢中で魚を取る、もっとも手近な漁場となる。磯良はそこに住んで、水中を自在に往来できた。

この渚の少年磯良と、海の女神がペアとなって、倭人たちの海を守っている。海の奥底には、姿をあらわさない海神の父がいる。海と山とで、この構造は合わせ鏡のようにそっくりである。

渚の神話学

生命は海に発生し、陸に上がった。この記憶は生命の奥深くに埋設されているらしく、人類は神話のなかで、なんどもこの話題に立ち戻ろうとしてきた。そのときとりわけ重要な場所として、神話が重視したのが、渚である。

渚では、海と陸がファジーな境界線で、混じり合っている。波が打ち寄せるたびに、砂浜は海水にひたされ、さまざまな海の生物が渚に打ち寄せられる。さらに月の潮汐作用で、海と陸の境界は、くっきりした周期をもって、変化する。海と陸との中間領域をつくる渚は、こうして、神話の思考をはげしく刺激することになった。

倭人はもともとが、海洋民としての本性をもっていたから、とくに渚にたいする思い入れが強かった。対馬のワタツミ（和多都美）神社に鎮座する磯良は、倭人にとって渚という場所がもっていた、深い実存的な意味を、私たちに伝えてくれる。

磯良は、渚で産み落とされた少年である。海に入れば、魚のように泳ぐが、陸へ上がってくるときは、顔面を隠して、恥じらいながら舞を舞う。その理由は、長い間海中暮らしを続けている間に、磯良の顔面には牡蠣やフジツボが、びっしりとこびりつき、あまりの醜さを恥じて、顔の前に布を垂らして、顔を隠すのであるという。

海への回帰

しかしこれは言い訳のようなものであって、じっさいには磯良の一見かたくなそうな行動は、磯良が水中では自在な活動をおこなえるのに、陸に上がると身の不自由を覚えなければならないという、実存の困難を抱えていることの表現にほかならない。

地上の生き物となった人間の条件を、古代ギリシャ人は片足を引きずって歩く、「オイディプス」の姿で表現した。古代ギリシャ人は、人間は大地から生まれてくる存在だと考えた。そのために、つねに大地の力に引きずられて、まっすぐ、自在に歩くことができない。この世での人生が、ままならぬものであることの理由を、彼らは大地の引力に求めたわけである。

海人である倭人にとって、つねに人間を引き戻そうとしているのは、海である。人間は羊水に満たされた、母胎という「海」からやってきた生き物であり、磯良のように、渚に産み落とされ、そこから不自由な陸上の生存を始めなければならない。そのために、「おのれの醜さを隠す」ため、自分のほんとうの姿を、布切れの仮面で隠して、地上生活を送る。

そんなわけで、倭人の神話ではとりわけ渚が重要な場所となった。倭人は神話をとおして、渚を思うことで、自分の実存の条件に思いをはせた。いや、弥生人＝倭人だけでなく、同じ海洋民であった縄文人も、渚に重大な意味を発見していた。

渚に産み落とされて

日本海が眼前に広がる寺地《てらじ》遺跡（縄文晩期、糸魚川《いといがわ》市）では、勾玉《まがたま》をつくる工房の横に、祭祀をおこなう広場が設けられ、そこに大きな魚期の胎児の姿を表現する、インスタレーションがつくられていた。

これを製作した縄文人の思考を、そのとき私はこんな風に推理した（「第六章　出雲大社」参照）。母親の子宮の中にいる間、胎児はいわば水中で暮らす存在である。母親の体に溜まった水の中で、胎児は幸福なまどろみを生きていることができた。だが出産によって、このまどろみは破られる。胎児は水中を出て、冷たい空気と陸上生活の感覚の中に出てこなくてはならない。その状態を、渚に産み落とされた嬰児の姿が、象徴している。

勾玉のモデルでもあるこの胎児は、水中生活と陸上生活の境界を行き来する、中間的な存在をあらわしている。この子供には、陸上の暮らしは、いささか不自由だ。だから現実の不自由さから逃げ出して、いつでも海中に逃れてしまおうと、考えている。

こういう胎児の生存に、縄文人は人間の実存の条件を発見していたのであろう。人間は誰もが、渚に産み捨てられた胎児なのだ。そのことを勾玉が表現する。その勾玉を胸につけることで、縄文人は自分の実存の根源を、いつも確認しようとしていた。縄文人にとって、ファッションは自分の実存の条件をたえず意識しているための、象徴的グッズであったのだ。

秘数「3」

このような「渚の神話学」には、不思議なことに、「3」という数がついてまわる。天童法師の神話が、天《あま》の父、地上の母、そしてスーパーボーイとしての天童という三位一体の考えを表現していたように、海《あま》の神である磯良の神話も、海の底にいまします父である海神と、蛇体となって渚で出産する母なる女神と、海のスーパーボーイたる磯良との、三位一体のセットをあらわしている。

そのことをあらわすように、ワタツミ神社の社前にある渚の池と、本社殿のわきにある類似の「エビス石」には、鳥居を三角形に組んだ、不思議な三つ鳥居が、ご神

和多都美神社
三角組みの鳥居が、磯良の神体を囲む

体を取り囲んでいる。似たような三つ鳥居の形態は、京都太秦の木島《このしま》神社などの、わずかな類例しか見つからない。ふつうの鳥居が、聖所への入り口を表示しているのにたいして、この三つ鳥居はそれ自体が、マンダラ状の結界をなしている。

この三角鳥居を見て、キリスト教の三位一体説との関連を連想したくなるのは人情であるが、アースダイバーの考えでは、これは、キリスト教の三位一体説をも自分の中にヴァリエーションとして包み込んでいる、人類に根源的な「3」をめぐる思考のあらわれにほかならない。

私は以前に『バルセロナ、秘数3』という本（講談社学術文庫）を書いたとき、地中海沿岸部の海洋民文化の中に、これとよく似た「3」をめぐる深遠な思考の残存を発見して驚かされたことがあるが、スンダランド系海洋民の世界にあっても、「3」という数は、奥深い実存の数であるようなのだ。

天と海

太陽の子である天童と、海神の子である磯良のいちじるしい共通性は、倭人の神道において、天《あま》と海《あま》とが神話的に同じ意味をあたえられていたことをしめしている。

天と海は漢字では二つに書き分けられるが、発音すれば両方とも「あま」で、同じ音である。「天高きところ」と「海のはるか彼方」とは、どうやら神話の思考の中では、同じ意味をもっていたらしい。

このことが、天童と磯良の二人とも、母親との強いつながりを持ちながら、父親の存在感が希薄であることの、理由を説明してくれる。天高きところを航行する者といえば太陽であるが、その太陽は海の彼方に没していく。太陽と海とは、「永遠」とも思えるはるか彼方で、一つに溶け合うのである。「また見つけたぞ。何を？　永遠を。それは、太陽と溶け合った　海だ」（ランボー）。海人たちはここで、近代のフランス詩人と、まったく同じ思考をおこなっている。海に潜る倭人と同じように、太陽も西の海に沈んでいく。そのとき太陽と海は、水平線で一つに溶け合う。倭人にとって、太陽神と海神はそのようにして、もともとは一体の神である。

そうして見ると、「あなたのお父さんは大海神《おおわたづみ》と呼ばれる、それは立派なお方なのですよ」と言い聞かされながら育った、磯良の父親のほんとうの姿は、じつは太陽神でもあったということがわかる。海神の背後に太陽神が隠れている、というのが、海洋民神話のしめす重要な秘密である。

太陽に向かって放尿して、天童を身ごもった山の女神と同じように、海面に降り注ぐ陽光を浴びながら、海の女神トヨタマヒメも、太陽神によって孕み、海童磯良を授かった。その意味でも、天童と海童は鏡像の関係にあり、山の女神と海の女神も、上と下がひっくり返った関係にありながら、お互いそっくりの姿をしている。

太陽の下に

天童と海童の関係の中にしめされているのは、スンダランド系海洋民に共通の知財である「三元論」の原理が、山側と海側に分かれて、それぞれの表現のスクリーンに映し出された像の違いにほかならない。倭人は海で「狩り」をする海人である。それと同時に、山裾の平地を開いて、稲作をする農民でもある。倭人の生活形態のもつこの二重性が、山側と海側で異なる表現を生み出している。

海側のスクリーンには、倭人の「海人性」に重きを置いた像が、映し出されている。彼らは暗い水中に没して、海の狩りをおこなうから、日没とともに水平線の彼方に没していく太陽に、近い生き方をしている。この水平線の彼方では、海神は太陽神と一つに溶け合っている。神話では、太陽神は背後に退いて、大海神が前面にあらわれ、海の女神と結んで、渚に海の神的童子たる磯良を、産み落とす。太陽が見えないからといって、この神話は太陽と関係がない、などとは言えないのである。

倭人の「農民性」は、山側のスクリーンに投射される。対馬の西側の海岸沿いの村々では、夜の間海中に沈んでいた太陽は、夜明けになると、東の山から昇ってくる。太陽神の住処である天と地をつないでいるのが、聖なる山であり、そこから流れ出る水を引いて、水田稲作はおこなわれる。そこで太陽の申し子である天童は、山の女神の胎を借りて、生まれ出ることになる。海神が見えないからといって、この神話が海と関係ないとは、ここでも言えない。

太陽の性（ジェンダー）

ここまで読んでこられた方は、すでにお気づきであろう。対馬に伝えられている倭人の神道において、太陽神は女性として描かれてはいないということを。山の女神を孕ませる太陽神も、海神の背後に隠れたまま海の女神を孕ませる太陽神も、ともに男の性として描かれている。

ところがご存知のように、皇室の先祖神である天照大神は、まぎれもない女性の神である。世界中の神話を見渡してみて、太陽と月をはじめとする天体の神々の性は、一定していない。太陽にしても、こちらでは男性と考えられているかと思えば、あちらでは女性として描かれている。しかし古層の神道にかんして言えば、おおむね太陽の神の性は男である。

どうして男から女への、性の転換が起こったのか。これは古層の神道が新層の神道に組み替えられるときに起こった、ある重大な変化に関わっている。その性転換の種子は、すでに海童磯良をめぐる神話の中に、埋め込まれている。

海の女神が渚で海童を産み落とすという古い倭人神話は、変形を加えられて、天皇家の王権起源神話の中に、じょうずに組み込まれた。有名な山幸彦（彦火火出見尊《ひこほほでみのみこと》）をめぐる神話物語の一節である。

タマヨリヒメ

よく知られている神話の前半部は省略しよう。海神の宮殿に運ばれていった山幸彦は、そこで海神の娘であるトヨタマヒメと結ばれる。山幸彦が陸の故郷に戻るにあたって、臨月を迎えたトヨタマヒメは、人間の住む世界の海岸にたどり着き、そこで出産の準備をはじめる。

海岸に鵜《う》の羽根で編んだ小屋をつくって、彼女は出産を待った。ところが鵜の羽根の小屋が仕上がらないうちに、男の子が生まれてしまった。そこでこのせっかちな子供には、ウガヤフキアエズという名があたえられた。重要なのは、つぎのくだりである。

トヨタマヒメは、自分の妹のタマヨリヒメ（玉依姫）に、この子の養育を任せて海に去ってしまう。タマヨリヒメに育てられたその子は、立派に成長したのち、自分の乳母であったこの女性と結婚して、ヤマト王権の祖となった。このタマヨリヒメという女性が、太陽に性転換をもたらすのである。

豊玉姫と玉依姫

海辺で皇子を産み落としたトヨタマヒメ（豊玉姫）は、その子を「妹」のタマヨリヒメ（玉依姫）に預けて、海神の宮殿へと去っていく。タマヨリヒメはその子を抱き上げて、育ての母となる。トヨタマヒメは産む母であるが、タマヨリヒメは産まない処女をあらわす。二人は神話の中では姉妹として描かれているが、じっさいは一人の女神の二つの顔をあらわしている。女神は生命を産むと同時に、非生物的な霊力を自在に扱う力の持ち主でもある。この女神の「神格」が二つに分かれて、産む女神と霊的な女神に分裂したのである。

大地と海の女神は、太陽の神の精光を受けて孕むが、そうして生まれた日子《ヒコ》を慈しみ育てるのは、産む女神の分身たる、処女の女神である。日子を養育する神聖な女性は、「日女《ひるめ》」と呼ばれた。日女は神の名であると同時に、太陽神を祀る巫女の呼び名でもある。太陽神の霊力が、この巫女に憑くのである。

山幸彦と豊玉姫の出会いの光景（青木繁『わだつみのいろこの宮』、1907年、石橋財団アーティゾン美術館所蔵）

ここから重大なことがわかってくる。アマテラス大神は別の名を「大日《おおひる》孁貴《めのむち》」という。この神名は、天照大神が産む女神ではなく、育てる女神＝タマヨリヒメの系列に属するお方であることを示している。大日孁貴は、日女の中でももっとも高い霊力をもつお方、という意味である。倭人系神話の分析から見えてくるのは、アマテラス大神がたんなる太陽神ではなく、内部に複雑な属性と歴史性を抱えた神であるという事実である。

原田大六の発見

海人の神話では、太陽神の性は、多くの場合、男性と考えられている。この神の力によって、大地も海も孕むからである。ところがヤマト王権の神話では、太陽神であるアマテラス大神の性は、明確に女性である。この性転換はいつ頃、どのようにしておこったのか。

この問題の解明に大きなヒントを与えてくれるのが、『魏志倭人伝』に描かれた古代の北部九州の、伊都《イト》国のあった糸島半島において、考古学者・原田大六のおこなった発見である。ときに人からは鬼とも呼ばれた在野の学者、原田大六の業績は、生前からすでに毀誉褒貶にさらされていたが、こんにち新しい目でその業績を見直してみると、数多くの独創的で実りある発想を、再発見することができる[4]。

対馬の文化と糸島半島の文化は、深いつながりをもつ。対馬を出て北部九州をめざした倭人たちは、まず博多湾に入り、そこからすぐに稲の栽培に適した糸島半島に移動し、弥生時代後期からは、そこに「イト」と呼ばれる国をつくりはじめている。そのため、対馬の原初的な神道と、伊都国の神道を比較できるなら、「国」の成立によって、神道がどう変化していったか、その道筋を内面からあきらかにできると期待される。

太陽の精を受ける巫女

糸島にはたくさんの古代遺跡が残されているが、なかでも平原《ひらばる》古墳群の存在感は、圧倒的である。そこに昔から王墓ではないか、と噂されていた墳墓があった。この古墳からは、鉄刀や玉といっしょに、何十枚もの銅鏡が掘り出された。剣・玉・鏡の組み合わせは、それが王に匹敵する人物の墓であることを、強く示唆している。

(4) 原田大六『実在した神話　発掘された「平原弥生古墳」』学生社。

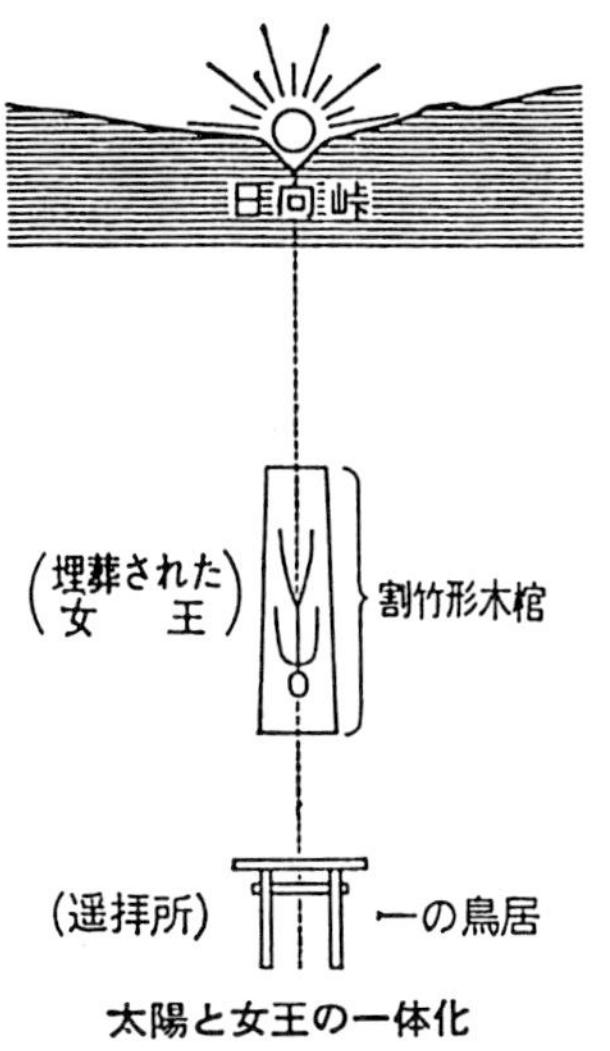

アマテラス大神の原像（原田による平原古墳の概念図。原田大六『実在した神話』より）

発見された銅鏡には、直径が四十数センチもある大型のものもあり、多くは後漢からの渡来品。古代の尺度に合わせて測ると、まさに伊勢神宮秘蔵を伝えられる「八咫《やた》の鏡」に、匹敵するものだった。推定年代は紀元前一世紀から一世紀の頃。原田大六はそこから、ヤマト王権の原郷は糸島半島にあった、と推理した。

だがアースダイバーにとって重要なのは、その古墳から原田のもたらした、もうひとつの発見である。遺骨はすでになくなっていたが、副葬品の種類や配置などから、埋葬されていたのは女性で、しかも高位の宗教者でもあることが予想された。この女性は「鬼道」をよくしたらしい。このことは、三世紀に実在した、ヤマト王権の女王・卑弥呼《ヒミコ》との関連を、暗示している。

原田大六が注目したのは、この「女王」の遺骸の体位である。彼女は両足が東の方角に向けられて埋葬され、その方向を伸ばしていくと、まっすぐ日向《ひなた》峠の方角に向かうのである。

これらの事実から原田大六は、つぎのように推理した。この墓の中の「女王」の遺体は、十月下旬の朝、日向峠から東の空に昇ってくる太陽の光が、ちょうど彼女の股間に差し込んでくるような方角に向けて、安置されている。太陽の光を受けて「受胎」した彼女は、霊的な皇子を産むことが期待された。死はすべての終わりではない、というのが古代人の考えである。この墓に納められた女性は、太陽によって感精受胎した多くの女神たちと同じように、こういうやり方で、蘇りを果たそうとしたのではないか。

原アマテラス

原田大六はここからさらに進んで、古墳の埋葬者はタマヨリヒメであり、アマテラス大神である大日孁貴に違いないと考えた。そこに眠っているのは太陽神の最高巫女であり、アマテラス大神と一体である、神聖きわまりない女性である。驚くべき大胆な発想である。

だがこの推理には、多少の修正が必要だろう。ここに埋葬されているのが、最高位の太陽巫女であることは、おそらくまちがいがない。だが彼女はタマヨリヒメであってタマヨリヒメではない。この女性は、太陽によって受胎する大地と海の女神たちと、産むのではなく霊によって育てるタマヨリヒメとの、ちょうど中間に位置しているような存在なのだ。

糸島半島に見出された最高巫女の埋葬の姿は、対馬神道に見出される原初的な太陽神の像が、ヤマト王権のアマテラス大神＝大日孁貴の像に変化していく過程の、過渡的な段階をあらわしている。しかし、ここにアマテラスの原像が誕生していることはまちがいない。

神道のガラパゴス島

倭人神道における太陽神は、一〜二世紀頃の糸島半島で、ドラスティックな進化をとげ始めた。「日女《ひるめ》と呼ばれる神聖な女性が、太陽の霊力によって、その申し子である日子《ヒコ》を慈しみ育てる」、という古くからの考えと、「日女自身が太陽の化身である」とする考えが結びついて、その結合の中から、大日孁貴という新しい神格が出現してきたのである。

この大日孁貴が、のちに伊勢神宮内宮《ないくう》の主神である天照大神として、古い神道との間に断絶をもたらして、「新層神道」形成の中心となっていった、新しいタイプの神の原型をなす。古層から新層へ向かう、神道思想の進化へのとば口を開いたのが、伊都国の太陽巫女《ひみこ》にして女王である、この女性にほかならなかった。

しかし、糸島半島から海上わずかな距離にある対馬では、アマテル（天照）神は、その進化とはまったく無縁な、原始的な姿をそのまま残している。対馬にはさまざまな古い太陽神の観念が残されていて、アマテル神はそのような原始的太陽神の一人にすぎない。本土ではとっくに死に絶えたはずの、奇怪な姿をした古代観念動物が、まだ対馬には多数生き残っている。この意味で、対馬は、神道研究にとっての、貴重な「ガラパゴス島」なのである。

川べりのオヒデリ様の聖所

対馬神道のエルサレム

このガラパゴス島の中でも、もっとも原始的な太陽神の姿を伝えるのが、下県《しもあがた》西海岸の村、阿連《あれ》である。対馬の神道について、最初の組織的研究をおこなった鈴木棠三は、この村のことを「対馬神道のエルサレム」と呼んだ。

エルサレムはユダヤ教、キリスト教、イスラム教という、三つの一神教すべての聖地になっている。その町に、三つに分かれて発展する宗教の、おおもとになっている唯一の思想が、眠っている。阿連は、そのエルサレムとよく似ている。「倭人神道のテーマパーク」として千変万化な展開を見せる対馬の神道の、いちばんおおもとになる原始的な形が、この村の神道に残されているのだ。

阿連の神道で、いちばんの中心となっているのが、村のはずれにある雷命《らいめい》神社である。文字通り雷の神を祀る。この神社は尋常でない古さをもつ。神主は代々世襲で、現在のご当主である橘一門《たちばなかずかど》氏で、なんと八十代になる。天橋立《あまのはしだて》にある古代海人安曇《あづみ》氏の神社である籠《この》神社の宮司家ですら、八十二代というのであるから、ほとんど天皇家に匹敵する古さである。

雷命神社の神主は、潜水漁法に巧みな方であった。神をお祀りしながら、田畑を耕し、海に潜って魚を取る。まさに倭人の伝統の末裔と呼ぶにふさわしい方である。この人がお祀りする「オヒデリ（お日照り）」と「イカズチ（雷）」の二柱の神こそ、倭人神道の原始的な核心をしめしている。

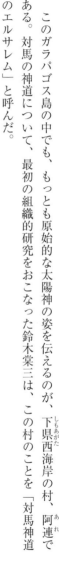

オヒデリ様

イカズチの神を祀る雷命神社は、川のほとりにある。榧《カヤ》の巨木が御神木になっている。その川を辿っていくと、水流は山の麓に沿って流れるようになり、森が深くなったあたりの川べりに、オヒデリ様の祠《ほこら》が祀られている。ここの御神木は楠《くすのき》である。同じ水流に臨んだこの二つの聖地を結んで、原始的な太陽神の祭りが執り行われる。

祭祀は、つぎのような物語を背景としている。オヒデリ様は「テルヒ（照日）」や「アマテル（天照）」などと同じように、熱源である太陽神をあらわし、その遥拝所は山である。山が太陽と地上をつないでいる。これにたいして雨を降らせるイカズチ神は、同じ川のずっと下流に住んでいる。熱をもたらすオヒデリ様と雨をもたらすイカズチ神の両方がいなければ、自然も人間も生きてはいけない。

イカズチ神は雷であると同時に、古代の考えでは蛇の神をもあらわす。九月の末から十一月の朔日まで、日本中の大地の神が蛇の姿を取り戻して、出雲に参集する「神無月《かんなづき》」である（「第六章　出雲大社」参照）。この時期には、この阿連のイカズチ神も、蛇神として出雲に出かけていく。太陽神であるオヒデリ様は、この期間わざわざ出雲に出かける必要がないので、神無月には山を降りてきて、留守になった雷命神社に入って、村を守るのであるという。二人の神がいつも間に距離を挟んで、たがいに接近しないようにしていることに、お気づきだろうか。

太陽と雷の結婚

雷命神社を留守にしていたイカズチ神が、十一月の朔日に戻ってくる。神社にはオヒデリ様が留守居をしているから、とうぜん二人は同じ屋根の下に同棲することになる。その間なにが起きるかを、阿連の村人はよく知っている。村人は気を利かせて、七日後に盛大な婚礼のお祝いの儀式を催すのだ。

その翌日、オヒデリ様が山にお帰りする、「元山送り」の儀式がおこなわれる。村人は目には見えないオヒデリ様に同行して、行列をなして太鼓を打ち鳴らしながら、川沿いの道をたどって、オヒデリ様の聖所にまでお送りする。阿連の人々は、注意深く川床の道をたどっていく。それは、オヒデリ様がご懐妊あそばしているのを、皆が感づいているからである。

太陽神オヒデリ様は、孕む女性の神だったのである。女神を孕ませるのは、男性である雷＝蛇の神。春になれば、山の女神が御子神を出産される。太陽神自身が「天童」を産むのである。太陽神の子が「ミアレ」する。阿連という地名は、このミアレに由来する。

これがもっとも古い形の、倭人神道における太陽神である。大地を潤す水は天空からもたらされるが、それを導くのは雷の姿をとる蛇の神だ。このファロス的雷の神と結婚した太陽神が、御子神を産む。御子を産む女性の太陽神という考えは、倭人神道の最古層にすでに埋め込まれている。

太陽神の観念の進化の過程で、この最古層がまた表面に出てくる。弁証法の面白さである。

子供と鹿

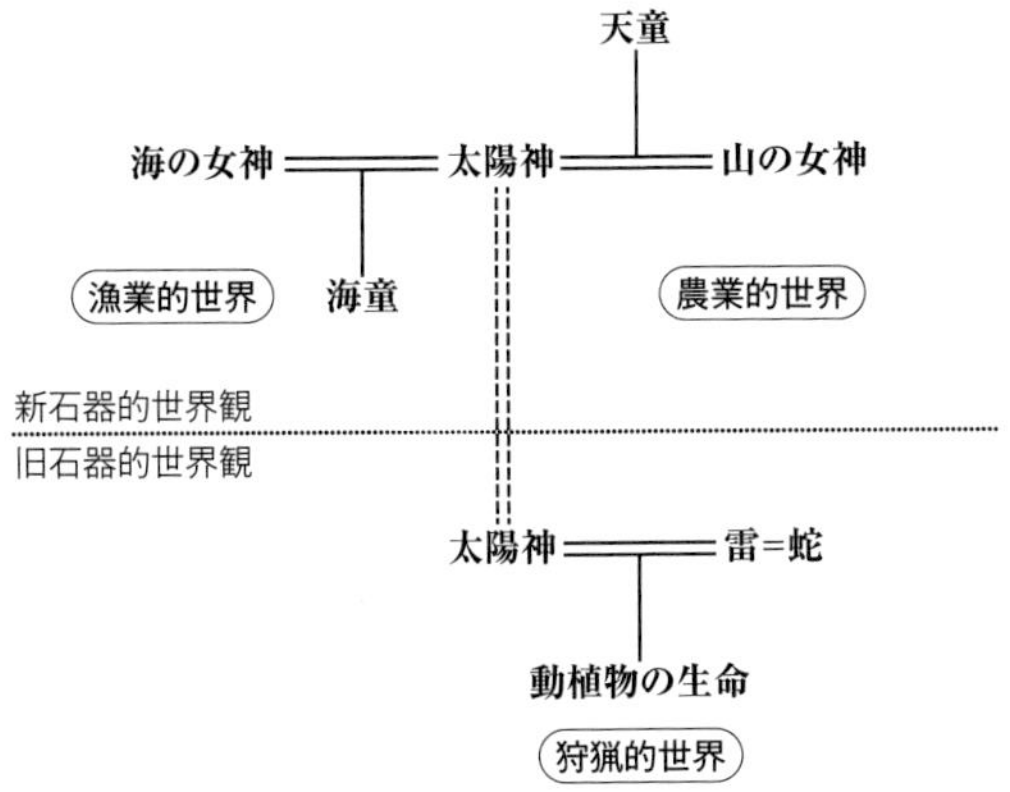

対馬神道をかたちづくる重層的な構造

オヒデリ様と呼ばれている対馬の太陽神には、おそろしく古い考えの残存を発見できる。赤米の栽培（農業）を中心とした天童の考えや、潜水漁法（漁業）を反映した磯良《いそら》の考えなどは、新石器時代のものの考え方をあらわしている。それにたいして、オヒデリ様とイカズチ神の祭祀には、それよりもさらに古層の、旧石器的な狩猟文化にまで食い込む、きわめて古い思想の残滓が組み込まれている。

里の雷命神社に滞在して、イカズチ神によって懐妊したオヒデリ様が、山にお戻りになる「元山送り」の祭祀のクライマックス、人々は水のなくなった川床を裸足でさかのぼって、祠に近づいていく。すると物陰から鹿に扮した子供たちが突如出現して、大人たちを驚かす。大人たちはここで、鹿の出現にひどくびっくりしなくてはならない、という決まりになっている。子供たちが山の神のお使いとなって、オヒデリ様を出迎えているのである。

子供は七歳になるまでは、神様のものである、というのが古くからの人類の考えである。子供は、自然の領域に近い存在であると考えられた。そのため「子供にお酒を飲ませてはいけない」などというタブーも、もとは道徳や衛生の考えからではなく、子供と自然の近さから発生したのである。お酒は人間を自然の領域に近づけていく力をもっている。だからもともと自然の領域の住人である子供を、そういうお酒と接近させてしまうのは、火に油を注ぐようなもので、とても危険なことであるという理由で、こういうタブーが語られた。

この意味で、すべての子供は、森と山の守護神であるオヒデリ様の同類なのである。そのオヒデリ様のお使いが、鹿である。そのため子供は、鹿に変容する能力を秘め持っている。現代社会は、こういう真実を恐れているために、子供を「子供らしさ」という神話の中に、閉じ込めておこうとする。ところが阿連《あれ》の祭祀では、鹿に扮した子供が、その真実を白日のもとに晒す。この祭祀のなかに噴出しているのは、人類のもっとも古い思想の一つにほかならない。

対馬のアルテミス

オヒデリ様という太陽神は、山と森に住む動物たちの、守護神であり母でもある。彼女は古代ギリシャではアルテミス、古代ローマでディアナ（ダイアナ）と呼ばれていた、樹木と動物と自然の多産性を守護する女神の一類である。この女神の来歴は、おそろしく古い。ヨーロッパでも、旧石器時代の狩猟的文化のなかで、この女神の原型がすでに活躍を見せている。

オヒデリ様は冬の季節に山から里に下りてきて、出雲から戻ったイカズチ神と結婚する。その結婚によって、樹木や動物の生命の種を授かった女神は、身重な体をかかえて山にお戻りになる。ふたたび山に籠ったオヒデリ様は、冬の季節を越え、春の時節の到来を待って、森じゅうに生命を放つ。

フユ（内部にこもって増殖する意味の古代語）からハル（生命が膨らんで出てくるという古代語）へ。阿連の村に伝えられているこの太陽神の祭には、縄文文化と倭人的海人文化に共通の基層である、旧石器以来の狩猟文化の思想が、がっしりと組み込まれている。旧石器文化の生命力は、しぶとい。

倭人神道という音楽

このように対馬神道には、太陽神の観念の進化の過程が、古いものから順に地層の下に埋められていくのではなく、地面の上に並べられ、展示されている。

阿連の村は、さすが対馬の「エルサレム」と言われるだけあって、対馬神道の最古層をなす観念が、毎年おこなわれる祭祀というかたちで、上演されつづけている。ここにはその後に展開される、すべての要素が一つの魅力的な和音のように、交じり合っている。

天と地をつなぐ雷と蛇の要素があり、山に住む森の女神がおり、女神は蛇=雷と交わって、動植物の命を孕む。「ムスビ」の原理が働いて、たくさんの命のミアレをもたらす。つまり、この最古層では、太陽の子供である「日子」とは、自然に生きる生命そのものを意味している。

この最古層の観念和音から、二つの主題が流れ出てくる。海の狩猟である「漁」と、稲作の「農」の主題の二つに分かれて、それぞれの展開をはじめる。「漁」と「農」はからみあって、「半農半漁」を生活スタイルとする、倭人独特の音楽を奏でるようになる。最古層の旧石器的和音は、聞こえないほど低い通奏低音を響かせつづけている。その上に、海側に移って変化した神々と、農業世界に組み込まれた山と森の神々が、それぞれの音楽を歌っている。その様子を、上の図であらわしてみた。

こういう複雑な地層を抱えた倭人神道の原型が、北部九州にも移植された。倭人たちはそこでも、半農半漁の生活スタイルを続けたからである。しかし、弥生式の生産が順調に発達するにつれて、富の蓄積が始まり、権力者が生まれ、糸島半島や博多湾などの各地に、「クニ」の形成が開始された。

はじまりの神道

クニは旧式の倭人神道を超えた、新しいイデオロギーを求めた。倭人神道を材料にして、組み合わせを変形するブリコラージュのやり方で、対馬神道の段階では存在しなかったクニという現実に対応できる、新しい神道をかたちづくる必要が生まれたのだ。

その動きの中から、大日孁貴という概念が、伊都国女王として、はじめて登場してきた。ヤマト王権より前の話である。大日孁貴には、海系の倭人神道のタマヨリヒメや、太陽を本質とするアマテル神の要素が、すべて組み込まれている。しかし不思議なことに、この伊都国の大日孁貴＝アマテラスは、ほかの誰よりも、生命を孕む女性の太陽神であるオヒデリ様に、そっくりなのである。古代における最新の神道は、最古の神道のいわば復活版なのだ。

第九章　アヅミの神道

海の民の末裔

さまざまな海人

ひとくくりに「倭人」といっても、日本列島に渡ってきた倭人を構成していたグループは、多様である。伝統的に漁労を得意とする海人であっても、海岸伝い、島伝いに、北への移動を開始した頃には、揚子江下流域で開発された水田稲作を取り入れて、半農半漁の生活形態をとるようになっていた。そのために、倭人の生業のうちで、農と漁の占める割合は、グループごとにさまざまである。

多くの倭人がしだいに、農に重きをおくようになったのにたいして、漁や航海を中心とする、海人的な生活形態を続けたグループもあった。彼らは時間がたつにつれて、独自のまとまりを見せるようになっていった。農のほうに重きをおいた倭人は、しだいに海人としての特徴を失っていったが、漁や航海で生きる道を選んだ倭人たちには、海洋民独特の心性が強く残された。

アヅミと呼ばれる人々

この人たちは、自他ともに許す「海《アマ》に住《スミ》む」の人々になっていった。そのうちもっぱら彼らだけが、「海人」と呼ばれるようになっていったのだが、もともとは倭人そのものが海人だったことを、忘れてはいけない。

こうした海人に、大きく分けて三つのグループがあった。アヅミ（安曇）、スミヨシ（住吉）、ムナカタ（宗像）である。スミヨシとムナカタは、得意の航海技術を生かして、人や物資の運輸に携わる技能集団となっていった倭人である。これにたいしてアヅミは、漁に重きをおく半農半漁スタイルを発達させて、列島の広い範囲に広がっていった生活集団である。

アヅミは、もともとは、「海に住む」人々という、一般的な呼び名だったようである。古代語では、天も「アマ」であるし、海も「アマ」である。その「アマに住む＝アマスミ」人々がなまって、アヅミになったと推測されている。しかしそれならば、アズミと発音されるはずであるが、なぜか熱海、渥美などのような、アヅミ関係の地名を見ても、いずれもアヅミと発音されている。

これは思うに、彼らの祀っていた神に関係がある。アヅミ族は「穂積《ほづみ》」「穂高見《ほたかみ》」のような、「稲を高く積み上げた」という意味の名前をもつ、神さまを祀っていた。こうした神名はあきらかに稲作と関わりをもつ。海に生きるアヅミ漁民は、同時に稲作をおこない、庭に穂を積み上げることを願う農民でもある。アズミではなく、アヅミと呼ばせるところに、私は彼らの心の中の半農半漁性を、強く感じてしまう。

このアヅミ族が、日本列島に広がっていった海人的倭人の、じつの姿なのであろう。紀元前数世紀以前から、彼らは潜水漁法を組み込んだ漁の技と、水田稲作の技を携えて、日本海側と太平洋側に分かれて、沿岸伝いに日本列島をなめるように移動していった。

大きな川の河口部からは、内陸にも深く入り込んでいった。日本人が伝統的に、たとえ内陸部に住む農民であっても、宴会には海の幸を欠かせないものと考え、祭りでは船をかたどった檀尻《だんじり》を引き回すといった、いちじるしい海洋性をしめすのは、そのためである。いまではアヅミとの関わりなどまったく感じさせない内陸部の日本人も、もとをただせば、「海に住む」人々の末裔である。この列島の住民は、農民であっても、海人の本性を失わなかった。

志賀海神社（1）

アヅミ族の初期の拠点は、福岡県糟屋《かすや》郡の新宮である、と言われている。その近くには、同じ海人系ムナカタ族の拠点である、宗像神社もある。糟屋の海岸部には、倭人の中でも海人性の強い人々の住む漁村がいくつもあった。博多湾の西部では、大規模な水田開発が進んでいったが、東部では、海人的な生活を続ける人々が、まだ多くいた。

アヅミ族は海岸部にいくつもの漁村をつくり、少し離れた海の孤島・志賀島《しかのしま》に、自分たちの聖所を設けた。そしてこの島にも、神官や巫女だけでなく、多くのアヅミ漁師の暮らす漁村ができていた。

（上）志賀島から糟屋を望む
（下右）住吉大社（K）
（下左）宗像大社（K）

この島は、博多湾の東で海に突き出ている、中道《なかみち》という砂洲によって、陸地と結ばれている。昔は中道の先端部からさきは、ふだん海に沈んでいて、潮が引いた時だけ、志賀島とつながった。

志賀島という地名は、動物の鹿と深い関係をもっている。もともと鹿がたくさんいたこの島では、「海の狩人」であるアヅミは、「山の狩り」である鹿の狩猟もおこなっていた。鹿は山の神の使いでもあるから、鹿を仕留めたあとは、厳重な「動物霊の送り」の儀式をおこなっていた模様で、そのさい聖所に殺した鹿の角を納めた。

この鹿儀礼のおこなわれた古代聖所に、のちに建てられたのが、志賀海《しかうみ》神社であり、この地にはそののちも、鹿を狩猟したらその角を神社に奉納するという風習が、地域の伝統として残ることになった。そのため、社殿の脇には、奉納された何千本もの鹿の角が詰め込まれた庫《くら》が、建てられている。

三位一体の磯良

志賀海神社の宮司職は、代々安曇家の世襲によって守られてきた。氏子の多くも安曇の一族で構成され、祭祀のほとんどすべてが、安曇氏によって取り仕切られてきた。注目すべきは、その御祭神である。底津少童命《そこつわたつみのみこと》、中津少童命《なかつわたつみのみこと》、表津少童命《うわつわたつみのみこと》の三神が、御祭神である。「少童」と書いて、「わたつみ」と読ませているが、アヅミ族の伝承を考えれば、あきらかにこれは渚の少年である磯良《いそら》のことを指している。じっさい、中世には志賀明神というものが登場してくるが、この神はじつは安曇磯良《あどびのいそら》のことである、と古伝には言われている。

底、中、表と三分割された少童命は、そのまま統合されて磯良という神格に収まるのである。私たちにはおなじみの、海人的三位一体論の再登場である。

志賀海神社（2）

海人アヅミ族の初期の拠点、北部九州は糟屋の沖に浮かぶ志賀島。その島の志賀海神社には、アヅミの人々の抱いていた世界像をしのばせる祭りや習俗が、いまに伝えられている。

1 穂高岳（大正池畔より）（K）
2 穂高神社の船
3 穂高神社

1, 2 道祖神まつりのようす
（長野県下高井郡野沢温泉村）（K）

1, 2 那智大社　火祭り（K）
3 ご神体としての滝

1 志賀海神社の歩射祭（福岡市文化財活用部）
2 海女　舳倉（K）
3 海女　浜島（K）
4 海女　久慈　北限（K）

（右）志賀島と海の中道（K）
（左）志賀海神社（K）

アヅミは、多くの南方系海洋民と同じように、「3」という神聖な数をもとに、世界を分類し、思考している。神々の住まいである海の領域は、底《そこ》、中《なか》、表《うわ》の三つに分類され、それぞれに底津《そこつ》少童命《わたつみのみこと》、中《なか》津《つ》少童命《わたつみのみこと》、表津《うわつ》少童命《わたつみのみこと》という三人のワタツミ神が配された。そして三人のワタツミ神は、一人の少童命《ワタツミ》に統一される。海神は、キリスト教の神と同じように、三位一体をなす神なのである。

この点は、同じ海人仲間のスミヨシ族やムナカタ族でも変わらない。スミヨシ族は海神を、底ツツ男、中ツツ男、表ツツ男に三分割し、それぞれが海底、中層海、表層海を宰領するとしている。ツツは一説には海蛇であるから、いずれも海神の化身と考えてよい。ムナカタ族の場合、海神は三人の女神（宗像三女神）となってあらわれ、海上はるか彼方の沖津宮、中ほどの中津宮、海岸部の辺津宮が、それぞれの御在所とされている。よくよく海人は三元論が好きである。

「3」の力は、生活の他の領域にも及んでいく。生産の世界も、三つの技術として分類される。稲作を取り入れて米づくりを始める以前は、倭人系の海洋民は、おもに海と山で狩猟をおこなう狩猟民だった。とくに海の狩猟である漁の技に秀でていた。そこから彼らは、稲作＋漁（海の狩り）＋狩（山の狩り）という三つの領域に、自分たちの生産世界を分類した。

山をほめる

志賀海神社で続けられてきた祭礼には、その昔に倭人の抱いていた、こういう古層的な世界像が、まことに素朴な形で表現され伝えられてきた。アヅミの人々は、最後まで海との密接なつながりを失わなかった。そのおかげで倭人系海洋民の抱いていたコスモロジーの全体像が、この人たちの間ではいつまでも保存され続けたのである。

南方系の海洋民は、沖から見える美しい山を、航海の目標とも定め、聖なる山ともして信仰した。あいにく志賀島には、神奈備《かんなび》としての目立った特徴をもつ高い山はない。それでもこの島に住み着いたアヅミ族は、三つの形のきれいな小山を選んで、聖なる山として特別に扱った。社殿の後ろにある勝山、北のほうの衣笠山、西方の御笠山がそれで、まとめて志賀三山と呼ばれる。ここでも「3」という数が重要である。三つの聖山は、自然力の根源をつかさどる場所である。そのため、山の霊力をほめる「山ほめ祭」が、志賀海神社でもっとも重要な祭祀となっている。

この祭りは、春と秋に二回おこなわれる。別名は「かりすなどりの御祭」。狩猟と漁労の祭りという意味である。山での狩猟のみならず、海での漁のためにも、山の自然力を必要とした、というところが、じつに興味深い。

鹿を射て鯛を釣る

「山ほめ祭」は、安曇大宮司によるお祓いからはじまるが、その所作は拍手によらない。神籬《ひもろぎ》の前に立ち、三山それぞれの方角に向かって、「胸の前で藻でも巻き取るような動作で輪なりに祓う」。そのあと今度は扇をもって、神籬に向かい、扇と手を合わせて礼拝する。これを見ても、お祓いや礼拝の所作が、倭人神道にあっては、まださまざまな形式でおこなわれていたらしいことが、わかってくる。

ここからが面白い。別当が立って、正面、右、左と向きを変えながら、三度「あゝら　よいやましげったやま」と唱える。対馬の神道で神聖な禁足地をあらわす、「しげ（茂）」という言い方を思い出していただきたい。植物が繁茂することが「茂る」だが、それは同時に人間の世界の外、非人間の領域をあらわす言葉であり、そこから自然力が湧き出してくる。その山をほめたたえるのである。

「狩」「漁」「農」を一体化する山ほめ祭（志賀海神社）

ついで、一の禰宜《ねぎ》と二の禰宜が登場して、掛け合いをはじめる。一の禰宜「山は深し　木の葉は茂る　あれは山彦の声か　はたまた鹿の声か　なにがなんだかわからない」。二の禰宜「一の禰宜どのは　七日七夜のおまつりの　御酒にすっかり酔いつぶれてしまわれた　おやおや　神殿の前を鹿が横切っていくぞ　七頭　八頭　一の禰宜どのどうしましょう」。

そこで一の禰宜、弓をとって立ち上がり、「そのときには　志賀三社、志賀大明神のみちからをもって　一匹たりとも逃しませぬ　エイッ　エイッ　エイッ」。こう唱えて、弓を引く所作をする。山中で鹿を狩猟することが、聖所の神に許されたことを、一連の所作で表現している。

茂りの山の自然力が、鹿を産み育んだのである。人間にその鹿を狩ってもよいと、神が許可を出すということは、鹿が人間に贈り物として与えられた、ということを意味している。そのかわり、人間は鹿を狩ったら、その角を取って、丁重に神にお返ししなければならない。角に鹿の霊は宿るから、その部分を神にお返しすることによって、鹿の霊にふたたび鹿と生まれてこの世を訪れてください、という願いを込めるのである。

つづいて「すなどり（漁）」の祭りに移る。神官たちが藁でつくったヒレを手にして、お相撲さんのような蹲踞《そんきょ》の姿勢で座り、ヒレをパタパタとやる。鯛が泳いでいる様子である。禰宜は艪《ろ》をとって、船を漕ぐ所作。演じているのは、磯良《いそら》が崎という岬に立って、鯛を釣る翁の姿である。

「かり（狩）」と「すなどり（漁）」は、野生の自然に直接踏み込んでおこなう生活の技である。これにたいして生産の第三のジャンルである「農」は、自然を制御しておこなう文明の技として、「かりすなどり」に対立する。こういう狩と漁と農の三位一体が、アヅミの生活の技をつくっていた[1]。

志賀海神社（3）

志賀海神社には、もうひとつ重要な祭りがある。選ばれた若い男たちが、遠く離れた大きな的を矢で射る、正月の「歩射祭《ほしゃさい》」である。

村の中で日頃から颯爽として目立つ若者が、自分から望んで射手《いてし》に志願する。かっこうのいい役回りなので、娘たちのあこがれの的ともなるし、どこかしら英雄的にも見えるので、青年たるもの、一度は射手の役をつとめたいと願ったものである。

祭りの十日ほど前から、射手に選ばれた若者の訓練が始まる。「胴結《どい》」と呼ばれる、巻き藁でつくった古風な稽古用の的を、道路に据えて、それに向けて矢を放つ練習をする。練習といっても、すべてが儀式めいた作法でおこなわれ、舞を舞ったり、お神酒をいただきながら、神聖な遊びの感覚でおこなわれる。

いよいよ祭りの当日になると、射手たちは、大宮司の扮する「いとうべんさし」の指揮のもとに、神庭に大的をしつらえて、始まりを待つ。まずは的を持って庭をおごそかに廻る「的廻り」がおこなわれる。射手たちは、弓矢を手にもって、おごそかに的のまわりを廻り、それがすむと、射手は順々に「いとうべんさし」に近づいていって、扇子をその人のあごに差しつけて、「大宮司さん、お笑いなさい」と言う。大宮司はそれを受けて、「ワッハッハ」と声高に笑うことが作法となっている。

古代の祭りではよく、接近してはならないものが近づきすぎたり、くっついたりしているのを、儀礼の作法によって、みごとに分離することができたとき、神官たちが「ワッハッハ」と儀礼的な高笑いをする。このアヅミ族の祭りでも、なにかを分離して遠ざけることに成功したから、大宮司は声高に笑っているのである。

ではいったいなにが分離され、遠ざけられたのか。そのことは祭りの表面には、あらわれてこない。志賀海神社で続けられているこの祭りを、広く環太平洋の諸民族の文化に照らし合わせてみると

（1）福岡県教育委員会編『福岡県文化財調査報告書　第24集　志賀海神社祭事資料集』福岡県教育委員会を参考にした。

き、はじめて大宮司の笑いの意味がわかってくる。

太陽を射る男

歩射祭と類似の祭りを、日本列島の海岸ぞいの漁村や離れ小島の海人系の村の神社で、いまでもよく見ることができる。弓矢をとって的を射るからといって、流鏑馬《やぶさめ》などの一種かと思ってはいけない。この祭りは、それよりもずっと古い、人類的な来歴をもっている。射手が矢を放っている相手は、ただの的ではない。射手が狙っているのは、太陽なのである。

そのことをこっそり知らせるように、こういう祭りはしばしば、「オビシャ」と呼ばれている。「お日射」であろう。文字どおり、「太陽を射る」という意味である。太陽には三本足のカラスが住むとされていたから、的の中に三本足のカラスの姿を描くところもある。

（上）太陽を射落とした神話の英雄を模す若者の射手（志賀海神社）
（下）三本足のカラス

海洋民の神道で、太陽がつねに大きな意味をもっていたことは、すでに何度もお話ししてきた。太陽は天空を旅していく偉大な航海者であり、地上にエネルギーを降り注がせる生命の根源であり、清らかな女性を孕《はら》ませて神聖な童子を出現させる天の父でもある。しかし、歩射祭で人間の射手に射られる太陽は、そういうものとは別系統の、もっと古い時代から環太平洋の全域で語られていた、不思議な太陽神話を背景にしている。

大昔、空には太陽が三つも四つも、たくさん出ていた。そのため地上は暑くなりすぎて、あらゆる生き物が熱に苦しんでいた。生き物は土中に隠れ住んだ。鳥は空を飛ぶこともできなかった。この窮状を見た一人の人間の若者が、太陽を射落として、地上に涼しさをもたらそうと決意し、弓矢を手に太陽たちの住処をめざして、旅に出た。

遠くまで旅をして、若者は太陽たちの集まり住んでいる国にたどり着いた。すさまじい熱に耐えながら、若者は強い弓に矢をつがえ、一つの太陽に向けてヒョウと射た。みごとに矢は命中して、太陽は死んだ。こうして若者はつぎつぎと太陽を射落とし、とうとう一つの太陽を残すのみとなった。すると地上の熱はおさまり、快適な気温になった。

これとよく似た「複数の太陽」をめぐる神話は、中国少数民族の暮らす「ゾミア地帯」から、太平洋諸島、南北アメリカの先住民のあいだなどで、さまざまな形で語り伝えられている。ただ語るだけではなく、部族の若者が太陽を射落とした英雄に扮して的を射る、歩射祭とよく似た儀礼をおこなっていた。

なんという古さ！

射手が狙っていたのは太陽であり、たくさんの太陽を一つに減らすことが、その日射のめざすところである。この射手の英雄的行為によって、原初のカオスがコスモスの秩序へと変貌する。そのコスモスの偉大な始まりを、毎年再現してみせているのが、この祭りなのだ。

複数の太陽についての神話は、おそらくそれよりももっと古い、つぎのような神話と同じ主題を語っている。それによると、大昔、天と地上が近くにくっつきすぎていたために、地上の生き物は太陽の暑さで苦しんでいた。これを見かねた力持ちの巨人が、天をいまのような高い場所まで持ち上げてくれた。こうして天と地は適切な距離に分離され、おかげで地上の生活は快適になった。

複数の太陽を矢で射落とすのも、天と地を遠くに引き離すのも、現在の地上の状態を説明する神話としては、同じメッセージである。そこで、志賀海神社の大宮司は、射手の若者に挑まれて、「ワッハッハ」と声高に笑うのだ。若者は太陽を射落とす。すると天が遠いところに分離されるのと同じように、コスモスの秩序がつくられる。お日射の神事を環太平洋神話圏の中でとらえなおしてみると、「近づきすぎたものを適切な距離に離す」という主題は、近親相姦をめぐる古い神話群の中で重要な位置を与えられていることがわかる。妹と兄だけが大洪水の後などに地上に二人きりで残され、近親相姦によらなければ子孫を得ることができなくなった。そういう状態が続いたあと、ようやく他部族の者に結婚の相手を見つけられるようになり、「適切な距離」で離れている男女が結ばれるようになると、その社会は「ワハハ」と笑い出すのである。この話はすぐあとに紹介する道祖神の起源神話ともきわめてよく似ている。太陽を射る神話はこのように社会制度の起源を語る神話でもあるのだ。

志賀海神社の伝える歩射祭の起源は、このように恐ろしく古い。その古さは、おそらく数万年の深さに達する。旧石器人以来の思想が、そこには生きている。じっさい太陽の熱にネガティブなものを感じるというのは、温帯域の稲作民らしくない発想で、そこにはおそろしく古拙な感受性を感じとることができる。

日本海ルート

列島に広がるアヅミ

同じ海人の仲間といっても、アヅミ族がムナカタ族やスミヨシ族と大きく異なっているのは、日本列島の内陸部に深く入り込んでいくことを、厭わなかったところにある。スミヨシやムナカタは、おもに大陸や半島との交易のための航海に従事した。そのために、住吉神社と宗像神社の分布は、海沿いの土地が圧倒的に多い。ところが、アヅミ族の活動の跡は、内陸部の奥深くにまで及んでいるのである。

　アヅミ族の移動や活動の痕跡は、地名、神社、神名、家系、祭りの様式などから、推測できる。まず地名からいくと、アヅミから直接派生した安曇、安積、温海《あつみ》、渥美、熱海などをあげることができる。安曇と書いて「アドミ」とも読ませるので、そこから弥富《やとみ》などという地名も、派生している。海人《あま》族から派生したところでは海人、海部《あま》、海部《かいふ》、海士《あま》などがあり、アヅミから音韻変化した泉、和泉、出水《いずみ》、飯泉、稲積《いなづみ》、出海《いずみ》、伊豆見なども、これに含めることができるという説もある。

　またアヅミ族の祀った海神の名である「ワダツミ（綿津見、海神）」からは、和田という広く知られた地名や苗字が発生している。ワダツミ神を祀った神社は、内陸部にもたくさん見つかる。山の神のことは「ヤマツミ」と呼ぶので、ヤマツミとワダツミを対で考えている所も多くある。海の女神であるトヨタマヒメ、タマヨリヒメをお祀りしている神社なども、アヅミとは決定できないが、海人系の倭人が住みついた場所だと考えて、まず間違いない。

　宮司の家が代々「安曇」と名乗っているような神社も、全国にいくつもある。中には、うちの先祖は、背中や胸に不思議な入れ墨をしていたと言い伝えております、などという神官の家系があって、海人系倭人の記憶の痕跡をあざやかに留めている。ここに磯良舞《いそらのまい》を伝えている神社や、太陽を射る「お日《び》射《しゃ》祭」を続けている神社、浦島子伝説と関係した神社・家系などを加えることもできる。

　こうして見ると、いかに活発にアヅミがこの列島を移動していったかが、見えてくる。彼らは船で海上移動を続けながら、海岸沿いの気に入った土地を見つけてはそこに住みつき、開発を進めていったばかりでなく、河口から川を遡って、内陸深く入り込んでいった。アヅミは、職能集団的なスミヨシやムナカタとは異なる、半農半漁の生活集団であるがゆえに、海人系であるにもかかわらず、内陸部にも臆せず入り込んで稲作に取り組む、柔軟な精神をもつ「百姓」であった。

日本海側から

アヅミの移動は、日本海側からと、太平洋側からとに分かれて進んだ。まず日本海側から見ていこう。

北部九州の拠点を離れたアヅミ族は、まず丹後地方に定着している。ここには天橋立《あまのはしだて》と呼ばれる長大な砂州ができていて、砂州の内側にラグーンができている。漁にも農にも適した土地。ここの籠《この》神社がアヅミの拠点である。代々の宮司を務める海部《あまべ》家は、天皇家を超えるほどに古い家系図を保存している。この家系図を信用すれば、紀元前一～二世紀の頃には、すでにこの地に定着していたのではないかと推定される。

（上）水田に魚を放って漁業にいそしむ半農半漁の倭人であるアヅミ族（写真は琵琶湖の湖畔の水田、滋賀県立安土城考古博物館所蔵）
（中）天橋立（K）
（下）籠神社（K）

若狭湾にも、早い時期に到着している。ここも良い港と、稲作に適した良い沖積地をもつ。しかし一部のアヅミは、そこから川を遡り、後世の鯖《さば》街道をたどって、巨大な琵琶湖に達した。高島市を流れる安曇《あど》川などの地名に、痕跡が残っている。

琵琶湖の中の離れ小島である沖の島には、海人的な生活形態がいまだに保たれており、鯰《なまず》の鍋料理がここの名高い郷土料理である。アヅミは琵琶湖の周辺に住むようになってから、淡水の魚を取る漁師になったのである。彼らは内陸に住んでも、半農半漁の生活を続けようとした。そこで発達したのが「水田養魚法」である。

水を張った田んぼに、鮒《ふな》や鯉や鯰を放して、養殖するのである。魚が成長したところで、総出で泥田の中に入って漁をする。その様は、海でおこなう追い込み漁と、まったく変わりがない。アヅミ族がこの地に開発した水田は、稲も育てれば、りっぱな魚の漁場ともなる。倭人の故郷である中国浙江省では、これとよく似た水田養魚法が、今日でも盛んにおこなわれているが、アヅミの農民はいかにも倭人の末裔らしく、相手が海の魚でも淡水の魚でも、漁業を手放すことがなかった。

安曇野へ

日本海の海岸沿いに、さらに北上を続けたグループは、能登半島、富山湾と、いくつもの豊かな漁場を発見し、各所に住みついていった。日本海側はプレートの運動によって、たえず沈降し続けているために、山岳部から流出する土砂を集めて、稲作に適したラグーンや広く平らな沖積地をつくりだしていたため、半農半漁の生活形態を続けていくのは、難しくなかった。彼らは海とのつながりを失わない稲作民であり続けた。

しかし、富山湾から糸魚川《いといがわ》にたどり着き、そこに中央地溝帯《フォッサマグナ》のつくりだした大渓谷が、内陸の奥へ奥へと続いているのを見たとき、一瞬もひるまなかったアヅミが、はたして何人いただろうか。この奥にさらに進んで、海に出会うことはないかも知れない。漁のできる大きな湖があるとは限らない。

内陸部と海岸部の民の間では、古くから黒曜石や瑪瑙《めのう》の交易がおこなわれていたから、姫川《ひめかわ》の上流に広大な平地が広がっているという情報は、伝わっていた。だがそこに入り込むことは、海や漁とのつながりを失うことを、意味している。それでもアヅミは、こんなときも柔軟でポジティブな発想のできる人たちだった。内陸には稲栽培のできる広い土地がある。先のことは着いてから考えよう。内陸をめざす、アヅミの冒険がはじまった。

穂高神社

周囲を山また山で囲まれた信州は、意外なことに、海人系の人々の活動の痕跡を、色濃く残している。

古代人が信州に入ってくるのには、日本海側の姫川や信濃川からの北コース、太平洋から天竜川を遡る南コース、それに伊勢湾から尾張や岐阜を抜けてくる木曾路コースの三つが、主要なものだった。それらのどのコースからも、海人系の人々の、信州への流入は可能だった。

そんなわけで、信州には山奥にも青海などという地名があり、住吉神社や玉依比売命《たまよりひめのみこと》神社や海神《わたつみ》神社などの海人系神社が祀られ、安曇野のように、広大な地域の名前そのものに、アヅミ族の名を冠したところさえある。自分たちが海人出身であることの記憶が、まだ強く保たれていた奈良時代には、氏族の名前にも安曇や海部や、アヅミの一派である犬養（安曇犬飼）を名乗る人々がまだたくさんいた。

信州は数千年も前から、高度な縄文文化が栄えていた地帯である。いわゆる弥生系の文化を携えた人々が、この地に入り込んできた頃、縄文文化はとっくに最盛期を過ぎていたため、諏訪湖沿岸のモレア勢力圏を例外として、ほかの地域では、縄文文化の弥生化の過程は、比較的スムーズに進んでいった。それまで縄文文化の担い手だった人々は、稲作を含む新しい生活形態を受け入れ、混血も急速に進んでいったと考えられる。

いっぽう内陸部に入り込んだ海人系の人々は、自分たちの得意としてきた、海での漁を断念した生き方をしなければならない、という大きな問題に直面した。しかしそこは、柔軟な百姓《ひゃくせい》である倭人系の海人である。田んぼの開けるところでは稲づくりを、そうでない乾燥地では畑作を、奥深い未踏の森林では樹木の活用を、湖水や川では淡水魚の漁を、というように、半農半漁の基本パターンを自在に多様化し、膨らませていった。こういう意味では、信州くらい、倭人系海人のフレキシブルな精神を発揮して見せた土地もめずらしいのではないか、と思われる。

穂高岳への着目

その倭人的フレキシビリティが、もっともみごとに発揮されたのが、信仰の領域における、穂高岳《ほたかだけ》への着目である。神奈備の山を、いつも身近に見上げていたい倭人は、日本列島を移住していきながら、それにふさわしい容姿をした山を、見つけ出そうと努力している。多くの場合は、海岸からさほど遠くない場所に、求める神奈備の理想に近い山は発見され、その麓に聖所を設けることができた。

ところがアヅミ族が初期の拠点とした、北部九州の志賀島のようなところには、目立った山が見出せなかった。それにもかかわらず、アヅミたちは島の中にそれらしい形をした山を三つ見つけて、自分たちの神奈備山に見立てているのである。彼らの精神はじつに柔らかかったので、心の中にあるモデルに、少しでも似ているところがあれば、それでよしとした。安曇野では、この志賀島のケースとは逆のことが起こった。

中央地溝帯《フォッサマグナ》に入り込んで以来、海人たちが目にするのは、形こそ神奈備の理想的モデルそのものであるけれど、いままで見てきたものとは桁違いに巨大な峰々の連続であった。北アルプスのように三千メートル級の高山が連なる、長大な山嶺を、彼らはそれまで見たことがなかった。なかでも三千百九十メートルの標高を誇る、穂高岳の美しい山容は、きわだっていた。

初期の頃に、弥生系の人々が住みついたらしい松本平からでも、それより遅れてアヅミ族の一団が進出した安曇野からでも、穂高岳の姿はよく見えた。穂高岳の形姿は、倭人たちの心に、深い崇高の念をかきたてた。しかしそれは、彼らよりもずっと前からこの地に生きてきた、縄文系の人々にとっても同じだった。縄文の狩猟者は、よく梓川をさかのぼって、穂高中腹の深い森林地帯へ狩りにでか

中央地溝帯（K）

けたが、そのとき途中の高原に、美しい盆地が開けていることを知っていた。「神さまたちが集い集まる、水の流れる場所」という意味で、崇高感みちるその盆地は縄文人たちによって、「カミカウチ（神合地、神河内、のちの上高地）」と呼ばれていたという伝統がある。縄文系の狩猟者の案内で、梓川の上流に分け入ったアヅミの神官たちは、このカミカウチに踏み込んで、そこから穂高岳を振り仰いだとき、おそらく感嘆の声を発したのではなかろうか。

そこは、それまで彼らが体験したことのなかったほどの、神聖さに満ちた土地であった。しかもその神聖さを生み出す土地の形姿は、彼らの体内にセットしてある、倭人神道の理想モデルに完全に合致していた。

空間観念の開拓者

ここから穂高神社の創成が始まったのである。アヅミ族の心のなかに、モデルとして存在してはいたが、まだ現実化されていなかった神道の形を新しくつくったという意味では、穂高神社は、神道史における一つの画期的な発明なのである。

現実にある山を、神奈備と見立てて神聖視したり、神奈備山を象《かたど》った模型の「ヤマ」を聖所に据えることによって、人間は「空間の秩序」をつくりだそうとした。大地から特別な山が立ち上がることによって、天と地は分離され、感覚のなかに「空間」というものが、生まれでることになる。

アヅミ族が中部山岳地帯の奥深く入り込むまで、倭人系海人の発見してきた神奈備山は、いずれも人間の想像力のサイズに、うまく収まってしまうことができた。居住地の裏手を見上げれば、そこに美しい形をした山を、見いだすことができたからである。

だが穂高岳ほどの高山を、自分たちの神奈備に据えようとしたアヅミは、一挙に想像力の空間サイズを、拡大しなければならなかったはずである。安曇野のアヅミは、穂高神社を創建することによって、海人族がいままで体験しなかった、新しい観念を創出するという課題に取り組んだ(2)。

巨大な自然とささやかな人為

「ホタカ」という古代語は、「他のものに比べてひときわ高く目立っている」という意味をもっている。「ホ」は「マレ＝稀有」と結びつくと「ホマレ」という言葉になるし、「ホ（ツ）クニ」といえば、お国自慢になる。安曇野に到着したアヅミ族が、連なる峰々のなかにひときわ秀麗なこの山を見出して、それを「穂高」と名づけた気持ちは、よく理解できる。

それに「ホ」は、「富」をあらわす言葉でもあるから、この音に「（稲）穂」の字を宛てる心理も、自然である。海洋民アヅミ族は、稲を栽培する百姓《ひゃくせい》でもあり、山岳地帯の盆地に入植した彼らにとって、いまや最大の富は、たわわに実った稲穂であった。こうして「ホタカ」は、神の庭に高く積まれた稲穂の山を、あらわす言葉ともなる。

この穂高岳を神奈備の山としたアヅミたちは、安曇野の中央部から少し南に下った八原《やはら》郷に、神奈備山を遥拝する里宮である穂高神社を設けた。穂高岳の社を奥宮《おくのみや》とし、平地につくったのを本宮《ほんぐう》とするが、あくまでも信仰の本体は、崇高なる自然の山と、そこにある奥宮である。

山の神聖なエネルギーを受けてはじめて、里にある本宮の聖性は保たれる。そのせいであろうか、烏川扇状地の突端部に設けられたこの神社は、あっけないほどに平凡なたたずまいをしている。海人アヅミ族最大の冒険の記念碑としては、拍子抜けがするほどにあっさりしている。

しかしこの平凡さが、くせものである。アヅミたちは、それまで体験したことのない巨大な山岳を、自分たちの神奈備山とした。それによって彼らの空間感覚は、一気に拡大されたのであるが、そのかわりに人間の世界を構成し装飾する、人工的な象徴や記号を、いちじるしくミニマム化した。そうして巨大な自然とささやかな人為が一体となって、雄々しい聖所が立ち上がるのである。

（2）宮地直一『穂高神社史』穂高神社社務所を参考にした。

自然の崇高さを前面に出し、人工的象徴のほうは、それが持つ意味に比べると不釣り合いなほどに、縮約して表現しようとした。大自然の一角でおこなわれる、ささやかな人為にすぎないものとしての神道、という思想であろう。これも信州安曇野に入ったアヅミが、神道史にもたらした創意の一つである、と私は考える。

穂高岳の蛇神

そのことは、海人族伝来の蛇神信仰の取り扱いに、もっともよくあらわれる。アヅミ族はおそらく古代以来、真夏の七月に、年に一度の大祭礼をおこなってきた。自分たちの先祖がこの地に到着したのを記念して、各地区で大きな船の飾り物をつくり、氏子がそれを引っ張って町の中を練り歩き、最後に穂高神社の本社にいっせいに集合してくるという祭りである。

海岸部にすんだアヅミたちは、同じ夏の時期に、「浜降《はまお》り」の祭りをする。伝説が語る先祖がはじめて上陸したとされる浜に、各地区の氏子が集合して、神輿を海に担ぎ入れ、そこから街に練りだして、最後に中心とされる神社に、勢い良く神輿を担ぎこむ。このとき模型の船形や、布団太鼓《ふとんだいこ》や檀尻《だんじり》と呼ばれる山車が、町中を走り回って、勇壮な陸上の「船さばき」を競うところもある。

穂高神社の夏の大祭礼も、そういう祭りと同じタイプの、「浜降り」の祭りである。ただし海岸部に住むアヅミが、リアルな浜辺でこれをおこなっているのにたいして、信州のアヅミは、想像の中の浜辺で、先祖伝来の祭りを続行してきた。これについては、次項に

天を持ち上げ、地を支えて立ち上がる穂高岳

詳しく述べることとして、ここで注目したいのは、この祭礼の日の神官の行動である。古来アヅミ族とは深い関係をもつ尾張の国で、江戸時代に著された『神祇宝典』という書物に、つぎのような不思議な記事がある(3)。

大祭礼の日、神主はお神輿に乗せられて、地上には足をつけない。瞑目して端座するうちに、前触れもなく、小さな蛇に姿を変えた穂高の神が、神主の襟口からするすると着物の中に入り込むのである。神主はそのまま気絶してしまうので、小蛇が潜り込んだことも、祭礼の様子もいっさい記憶していない。祭礼が終了すると、小蛇の姿をした神は、またするすると本殿に帰っていく。そこで神主はハッと蘇生する。こういうことが、毎年の祭礼で繰り返される。まことに驚異というべきである。

伸縮自在

この日、大祭礼に立ち会おうと、穂高岳に住む神は、里宮である穂高神社に降り、本殿の奥に潜んだのである。神輿に乗った神主を認めると、小蛇に姿を変えて、着物に潜り込み、神主に憑依した。その瞬間から、神主の体をとおして、神のミアレ(顕現)がおこり、神は神輿の上から祭礼の様子を楽しまれた。

神に憑依された神主は、その間まったく人間としての感覚も思考も失ってしまう。そして祭礼がすむと、神はふたたび小蛇に姿を変えて、本殿に戻っていく。神主は意識を取り戻し、穂高の神は瞬時にして穂高岳に帰還し、融合する。

ここには、神奈備山にすむ神の本体は、蛇体をしている、という海人的思考の、なまなましい痕跡を見て取ることができる。このような思考に、私たちは諏訪でも三輪山でも出雲でも対馬でも、出会ってきた。列島全域にある神奈備山の伝承に、蛇神の存在を感知できる。

安曇野に入ったアヅミ族は、その神奈備山のサイズを一気に巨大化させて、北アルプスの高山に設定した。穂高岳という巨大な神奈備山にすむ神もまた、蛇体をしているはずである。その蛇体の神は、ではどのようにして人間の前にミアレするのか。

(3) 尾張藩主徳川義直編纂の書物。宮地直一『穂高神社史』穂高神社社務所による。

里宮として設けられた穂高神社の本宮

小さな、小さな、蛇となってあらわれるのである。穂高岳と小蛇との、なんというアンバランス。アヅミの象徴思考は、ここで伸縮自在の闊達さを見せる。崇高なるものは、大なるものにも、小なるものにも、分け隔てなく宿りたもう。そうアヅミたちは考えたにちがいない。

空間概念の変革

北アルプスの穂高岳に神奈備山を見出した、安曇野のアヅミたちは、海人族伝来の空間概念に、大きな変革をもたらすことになった。神奈備山のサイズが巨大化した。その結果、巨大な自然と、それとは不釣り合いなほどにコンパクトな人工物との組み合わせによって、前例のないプロポーションをもった、神道のかたちがつくられた。

それだけではない。海辺を生活の場としていたアヅミが、内陸部の山国に進出していくことによって、彼らの神道はほかにもいろいろと、異例な問題を解決しなければならなかった。たとえば、アヅミの本拠地志賀島で、正月におこなわれていた「おびしゃ（お日射）」の行事は、信州に住むようになると、真冬の雪の中で執行されなければならなくなった。

お日射の行事は、地上を過熱状態にしていた、たくさんの太陽を射落とす、あるいは天と地の間に適正な距離をもたらすという、とてつもなく古い環太平洋神話にもとづいている。その行事を、安曇野のアヅミは、律儀にも雪の中で続けたのである（明治以降から三月に変更された）。

そのうち、射落とされた太陽を象徴している的を奪うと、吉祥がもたらされると言われ出し、人々は熱狂して、矢に射られた的に殺到して奪い合った。志賀海神社の儀式で、矢が射られる前に、神官が儀礼的な大笑いをしてみせたのを、覚えておられるだろう。このときの神官の大笑いが、安曇野にくると、的に殺到する人々の熱狂に、変形されたわけである。

そうしたなかでも、安曇野のアヅミたちにとって、いちばんの懸案は、内陸に移住した自分たちの「浜降り」の祭りをどうやって再創造するか、という問題であったろうと思う。倭人系海人にとって、「浜降り」は、「原初の時間」に戻るための、きわめて重要な祭りであったからである。

御船祭り

神を乗せた神輿を海中から浜に引き上げ、態勢を整えてから、村や町の中を引き廻す。あるいは船形の檀尻《だんじり》を、海に見立てた街路に、全速力で引き廻す。そうすることによって、その土地に先祖が上陸した最初の行為を模倣し、神の霊力を撒き散らして、時間の感覚を「はじまり」に戻そうとする。海のない山国で、それをどう表現し、再現するか。信州に移り住んだアヅミの柔軟な想像力が、ここで大いに試されることになった。

信州のアヅミは、数台の大きな船の模型をこしらえて、町中を引き廻した後、穂高神社へ集合して、互いの勢いを競い合う祭りを考案した。檀尻でも布団太鼓《ふとんだいこ》でもなく、文字通りの船の模型である。

その昔には、アヅミ族には優秀な船大工の伝統があるから、木材や藤蔓をつかって、頑丈な船のシャーシをつくることなど、朝飯前の仕事であったろう。その周囲に派手な色使いの幔幕《まんまく》を張り巡らし、船べりにトヨタマヒメなど、海神信仰なじみのキャラクターの人形を乗せる。村じゅうを四つの地区に分けて、それぞれがこの「御船」を出して、美しさと勢いを競い合うのである。

山国にこの船形山車の取り合わせは、いかにも異様である。しかしこの祭りには、二千年近くも以前に、遠い北部九州の故地を出て、日本海の沿岸をさまよった末に、ようやく北アルプスの麓の平地にたどり着いたアヅミ族の、アイデンティティと同族の結束と誇りがかかっている。

海人族は、神奈備である山とワタツミの住処である海とのつながりを断たれたら、生きていけない。神奈備山は穂高岳であり、そこから御神体である蛇体をお呼び申して、神輿に乗せた神官にのりうつっていただく。そして意識を失ったままの神官の身体を通じて、目の前に続々と集合してくる御船の勇姿を、穂高神にご覧になっていただくのだ。
こうして山と海とが、蛇体の神を介して、一つに結びつく。信州の山岳地帯にあっても、いくぶん破格の組み合わせを使ってではあるが、みごとに海人族の理想とする「神道の基本構造」が実現されている。

観念文化の覇者

信州安曇野に進出したアヅミ族は、理想と現実との間のギャップをいかに乗り越えていくかという問題に、取り組んできたのだと言える。彼らの思想の基本の枠組みは、倭人系海人に特有の「海洋性神道」である。この神道では、天《あま》と海《あま》とに、根源的な力のよりどころが置かれた。その天＝海の力の結合を象徴するのが、特別な山として選ばれた神奈備山である。多くのケースでは、神奈備山は村の背後にあって、稲作りに必要な水をもたらしてくれる。

そんなわけで、神奈備山には美しい形をした、そこそこのサイズの山が選ばれるのがふつうである。ところが安曇野に入ったアヅミたちは、北アルプスの山々の中でもとりわけ雄大な穂高岳を、自分たちの神奈備山に据えた。そのとき以来、アヅミたちの心の中で、神道の理想と現実との間の、大きなズレが発生するようになった。

海洋性神道の理想とする観念と、自分たちがそこで生きていこうと選んだ内陸性風土の現実とのギャップを乗り越えるためには、アヅミたちは精神を可能な限りフレキシブルに保ち、観念と現実の間の矛盾した関係について考え抜く、粘り強い思考力を鍛えなければならなかった。

浜降りの例

安曇野や松本平にはこうして、観念と現実は違うものであるが、与えられた現実の中で理想の実現のために、柔軟に思考し、忍耐強く努力しなければならない、という精神風土が育っていった。そのせいであろうか、明治以降になると、安曇野を中心とするこの地域の出身者の中から、岩波書店や筑摩書房などのような、近代日本の観念の形成をリードする、高品質の観念文化の発信者が、数多く出現することになる。(4) 海人族アヅミが内陸に移住したことによって、そういうことが起こった、と私は見る。

信州人も人の子である

しかしそうは言っても、信州人も人の子である。岩波筑摩だの、教育程度が高いだの、神聖な穂高だの言っても、それは信州文化の一面をあらわしているにすぎない。アヅミはもともと野生的な海人族である。そのアヅミが、内陸部に移ったからといって、上品なだけの文化で、満足していることなどありえない。

そのよい例が、穂高神社の「御船祭り」である。この祭りは、海人族の末裔であることの自覚と誇りをしめす、陸上でおこなわれる船引きである。穂高の神はこのとき山を降りて、小蛇に姿を変え、神官の身体に乗り移り、海の祭りを見学しては、海人時代の思い出に浸る。

そのとき登場する船であるが、舳先《へさき》のほうを「男腹《おとこばら》」と呼び、後方を「女腹《おんなばら》」と呼んでいる。この呼び名を聞いて「ははん」と思った人は、正常な庶民感覚の持ち主である。御船祭りのクライマックスは、穂高神社境内に集まったお船どうしの、激しいぶつかりあいにある。そのとき氏子たちは、自分の船の男腹を別の船の女腹に、勢い良く突き込み、女腹のほうは男腹の突き込みを、深くくわえ込むように受けとめる。

神社境内はそのとき、船の姿をした男女の神々の、激しい交合のおこなわれる新床と化す。交合が激しければ激しいだけ、五穀の豊穣、家庭の円満がもたらされることとまちがいないとする。この庶民お得意の思考法は、穂高神社でも健在である。安心してください。安曇野のアヅミ族は、いまも、健

(4) 臼井吉見『安曇野』筑摩書房。

（右）松本平（K）
（左）御船祭り（写真提供：安曇野市観光協会）

康な海人的思考を保ち続けています。

道祖神の里

じっさい安曇野には、ときどき息を呑むほどに野生的な、性の文化が息づいてきたのである。それは海人族の原郷である南方海洋的な性の文化である。安曇野は、みごとに彫刻された、男女二人立ちの道祖神（双体道祖神）の石像で名高い。この道祖神こそ、その南方的な性の文化の、最高の表現者なのである。

道祖神はいまだに謎の多い、路傍の神さまである。神社には祀られない。Y字の形をした地形を好んで、祀られることが多い。神社の神さまと鉢合わせしないように、旧正月の宵に祭りがおこなわれるが、そのとき道祖神を覆うようにして、藁の小屋（オカリヤ）がかけられ、そこに藁でつくった巨大な男根形が、差し込まれる。

夜になると、オカリヤに火が放たれる。オカリヤは仮屋と男根の隠語であるカリをかけたもの。雑穀からつくった餅を火であぶりながら、信州の人々は、夜空に向かって、底抜けに猥褻な伝承歌を大合唱したものである。

「三九郎々々々（道祖神の別名）　かかさのべっちょなっちょうだ
まわりまわりに毛が生えて　なかがちょっとちょぼこんで　かきの種くわえた」（南安曇で採集）

この道祖神は、仲良く並んで立つ男女の姿で描かれる。とくに安曇野に残された双体道祖神の石像には、みごとな出来栄えのものが多く、いかにもほほえましい愛の像を写真に収めているカップルのなかには、「まるで私たちみたい」と思っている方々も多い。

しかし、ほんとうに「私たちみたい」だろうか。この道祖神に関して、信州や上州の人々は、つぎのような説話を語り継いできた。

昔あるところに二人の兄妹がいた。やがて年頃になったので兄は妻をさがしに、妹は亭主をさがしに、二人は別れて求縁の旅に出た。二人とも長い旅を続けたが、これはという相手に出会えない。ところがある所で二人が出会う。兄妹と知ることなく、お互いが相手のことを好きになり、二人は夫婦の契りを結ぶ。男は自分の故郷に女を誘い、何日も旅をして、男の故郷にたどり着いてみると、なんとそこは女の生家でもあった。二人はこのときはじめて兄と妹であったことを知り、驚愕する。嘆きのあまり、二人は抱き合って淵に身を投げて果てた。これを哀れんだ村人が、抱き合う二人の姿を像に刻んで、路傍に立てて道祖神とした。(『山村』第二号、昭和九〔一九三四〕年より)

道祖神となった二人の兄妹は、じつに過激な行動者なのである。血縁においてもっとも近い二人が、空間においてもっとも遠い所へ行き、そこで結合する。この結合は社会的なショート(近親相姦)を引き起こしてしまう。心中してふたたび遠い所へ去ってしまった二人を記念して、村人は道祖神の像を刻んだ。その道祖神の像の前で、信州の人々は、あけすけなエロチシズムの祭儀をおこなってきた。

海を越えたパンク

石像の中でほほえましく立ち並んだ二人の姿からは、とても想像できないことだが、この兄妹はふつうの人たちのように、万事に適切な距離のところで折り合いをつけることを拒否して、過激な性の冒険に身をさらした、古代におけるパンクなのだ。極端に遠いか、極端に近いか、さもなければ死である。

道祖神の二人は「私たちみたい」どころか、臆病な「私たち」とはおよそ似ていない。しかし二人のしたことは、人類の隠された欲望の具現化にほかならない。人類は社会をつくるために、多くの欲望や夢を、自分の無意識の底に押さえ込まざるをえなかった。その無意識を、なにげない表現に託して、路傍にさらしておくのが道祖神だ。信州に広く祀られている、双体道祖神の石像の背後には、海人族の大胆な欲望や夢が隠されている。

双体道祖神をめぐる説話は、安曇野や松本平を中心とする、海人系の人々の移住地であろうと推定されている日本列島の各地に、濃厚に分布している。それどころか、何人もの民族学者・神話学者によって、その説話が、中国南西部に住むいわゆる少数民族のもとで伝えられている、「洪水のあとに生き残った兄妹」の神話の仲間であることが、確認されている。この説話も、アヅミの人々ととも

（上）双体で立つ愛らしい道祖神が、人類の先祖でもある近親相姦者だという（写真は伊藤堅吉『路傍の性像』より）
（中）亀ヶ岡式晩期縄文文化の遮光器土偶（K）
（下）千曲川（K）

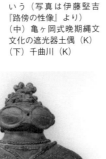

に、海を渡ってきたことはまちがいがないだろう。

太平洋ルート

太平洋岸を進む海人

北部九州に上陸した倭人の集団は、博多湾の周辺とのちに伊都《イト》国の生まれる糸島半島に広がっていった。そこには広い沖積平野が広がっていて、稲作にうってつけの土地だった。しかし本性が遊動的な海人である彼らは、早い時期から北部九州を出て、日本列島を東に向かう移動を始めている。得意の航海技術を利用して、海岸に沿って進む旅である。

倭人の集団には、海の活動に重きをおく人々と、農で豊かになろうとする人々との、二つのタイプがいた。海の活動を強化しようとした倭人たちは、博多湾の周辺に拠点を築いて、そこから遠い距離をめざそうとした。博多湾の東の志賀島を拠点としたアヅミ族、同じ湾の西部を拠点としたスミヨシ族、糟屋《かすや》を拠点としたムナカタ族である。

この三族ほど遠距離の航海に執着しなかった倭人集団も、人口が増えるにつれて、日本海側と太平洋側に分かれて、海岸沿いに広がっていった。彼らは移動そのものよりも、稲作の適地を求めての旅をおこなった。その地で農と漁が一体となった、海人系倭人のライフスタイルを確立することを、目的とする旅である。

この倭人の移動拡散は、紀元前四世紀頃には、すでに開始されている。日本海側への拡散を見届けてきた私たちは、ここからいよいよ、太平洋側で行われた倭人系海人の移動拡散の様子に、目を転じていくことにする。

瀬戸内海の幸福

北部九州を出た倭人が、瀬戸内海に入っていくのは、ごく自然な流れである。瀬戸内海は気候穏やかで、豊かな漁場に恵まれていた。海岸には沖積地が十分に形成されており、水田を作るのに困難はなかった。この地域ならば、特別な航海技術を持っていない、ごくふつうの倭人集団でも、苦労せずに移住してくることができたと思われる。

その頃、瀬戸内海沿岸部に、倭人集団が移住してくるのを、妨げる要因は少なかった。そのいちばんの原因は、その地帯に住む縄文人の人口が、当時きわめて少なかったことにある。このあたりの森林は、東日本のそれに比較すると、ひどく貧弱で、狩猟採集経済によってたつ縄文人が、好んで住む

（上）「サバ」と呼ばれる三角の握り飯と魚の鯖（大林太良他『海と列島文化 第10巻　海から見た日本文化』より）
（下）瀬戸内海（K）

ような環境ではなかった。

縄文人の大集団は、その当時東日本の各地に展開していた。そのため、倭人集団が日本列島にあらわれた縄文晩期の頃、瀬戸内海の浜に上陸した倭人たちは、縄文人の大集団と接触することなく、半農半漁の弥生的ライフスタイルを、自由に築いていくことができた。

倭人系海人にとって、瀬戸内海沿岸はまことに幸福感にみちた世界だったことだろう。小型の壺を海に沈めて引き上げれば、そこにはきまって蛸が入り込んでいた。釣り針や漁網の扱いに巧みな彼らは、面白いように魚を獲った。それに稲もよく育った。豊かな富が満ち溢れた土地だった。

産飯と鯖

私の推理では、瀬戸内海につくられた倭人の村において、のちの日本人の生活に深い影響を及ぼすことになる、さまざまな習俗の原形が形成されだしたのだと思われる。日本の民俗には、意味不明の不思議な習俗が、たくさん残されている。それを「稲作をおこなう農民としての日本人」というイメージで理解しようとすると、わけのわからないことが多い。ところがそういう習俗の原形が、かりに半農半漁を基本的なライフスタイルとする、倭人によってかたちづくられたとすると、無理なく理解ができるようになる。

たとえば、三角形に握った握り飯を、盆と正月に神仏へのお供えの食物とする民俗が、かつては列島に広くおこなわれていた。この握り飯のことを「産飯」と書いて、「サバ」と言った。この産飯は神仏に供えられるだけでなく、屋根に撒いて魔除けともした。

ところが多くの地方では、この産飯の供物として、三角形の握り飯ではなく、魚の鯖《さば》を用いている。お祝いの品として、大切な人に鯖の塩漬けを、産飯として贈る地方もあった。たんなる語呂合わせでないとすると、この習俗などは、米と鯖の間になにか深い関係があると考えられていたのでなければ、とうてい理解できない。

私たちはすでに、倭人の思考の中で、稲と太陽とが、強い結びつきをもっていたことを見てきた。

(5) 折口信夫『古代研究』角川ソフィア文庫、日置孝次郎「サバとニシンのシンボリズム」(大林太良他『海と列島文化 第10巻　海から見た日本文化』小学館所収)。

舟木石神座（淡路島）

ところが、各地の海人伝承を見ると、鯖という魚は太陽の魚と考えられていた。鯖は青魚としての光る体をもち、横に流れる体表の縞模様は、太陽の光線をあらわすと考えられていた。

倭人は太陽を神聖視した。そこで彼らは、太陽エネルギーの化身である米と、太陽の魚である鯖の間に、強い結びつきを考えた。そのために盆と正月という、古代における二つの太陽祭祀において、三角の握り飯と鯖とを、太陽の象徴として同一視する民俗が生まれた[5]のではなかろうか。

こんなことを、山奥に住んだ日本人までがやっていた。こんな思考がごく自然に湧いてくるのは、太陽信仰を中心に世界が回っていた、半農半漁の倭人的ライフスタイルをおいて、ほかには考えにくい。

遠くをめざす

アヅミの集団が、こういうふつうの海人たちといっしょに、瀬戸内海に入っていったことは、疑う余地がない。しかし興味深いことに、海人的世界の濃度の濃い山陽の各地に、アヅミ関連の地名や遺跡や神社などはきわめて乏しく、ようやく兵庫のあたりに出たところで、その痕跡らしきものが登場しだすのである。

その様子を見ていると、ふつうの海人たちによって、瀬戸内海沿岸に多数の倭人コロニーがつくられていた頃、もっとも海人的な海人と言えるアヅミ族やスミヨシ族は、自分たちはもっと遠くまで進んでいこうと考えたのではあるまいか、と思えてくる。その証拠に、淡路島をへて紀伊半島を回り込み、伊勢湾へ近づくにつれて、ふつうの海人の活動痕跡をはるかにしのいで、アヅミ族やスミヨシ族の活動の痕跡が、表立ってくるようになる。

冒険的海人たち

淡路島をすぎて、大阪湾へ近づくにつれて、海人的文化の色合いは、ますます鮮明になっていく。瀬戸内海の穏やかな幸福に落ち着かなかった人々なのだろうか、激しく渦を巻く鳴門海峡を抜けて、いまだ未開の紀伊半島に接岸し、さらにその沖合に黒潮の流れを見出しては、ひるむことなくその潮流に船を乗せて行ったのであろう。

アヅミ族はそういう冒険的海人の一隊の、水先案内人もつとめたのだろう。紀伊半島から東に向かう太平洋岸の各地に、アヅミやアマに関連する地名が急増してくる。アヅミをもともとの広い意味で「海に生きる人」と理解するならば、それはアマと同じ意味を持つ言葉となり、東日本の太平洋岸は紀州から陸奥にいたるまで、いたるところこの倭人系海人の活動の痕跡で、埋め尽くされることになる。

太平洋岸を進んだ海人の信仰する神道で、もっとも目立つ特徴は、太陽神の重視である。私たちはすでに、対馬に今も生きている倭人系海人の神道の中に、太陽神への強い信仰を見てきた。そこには太陽神の精によって孕み、太陽の子（天童）を産む、山の女神がいた。海の女神でさえ、アマ（天＝海）の精によって孕んで、海辺で太陽の子を産む。その子は女神の妹分である巫女によって育てられて、のちには英雄となる運命を持つ。この構造はのちの天皇家の神話でも活きてくる。

それと同じ太陽神への信仰が、淡路島、大阪湾、紀州、伊勢湾と、少しずつ形を変えながらしだいに大きなものに膨らんでいき、ついに伊勢の地で、その表現はピークに達していく。その跡をたどっていくと、倭人神道の展開の過程が見えてくる。

レイラインは存在する

海人色濃厚な文化の跡は、まず淡路島にあらわれる。この島が古くから海人族にとってきわめて重要な意味をもったことは、多くの証拠からあきらかである。なかでも興味深いのが、大阪湾に面した舟木村にある磐座《いわくら》の祭祀場である。磐座群に囲まれた岩陰でおこなわれる祭祀は、今でも女性を近づけることを禁じて、厳粛に執りおこなわれているが、この祭祀の関心が、太陽の昇る東の方角に注がれていることは、ありありとわかる。

長谷寺（K）

磐座のあたりから東の方角を見ると、海の向こうには住吉をはじめとするいくつもの津（港）を抱えた、上町台地が望見でき、さらにその向こうには生駒山地が横たわっている。舟木村の磐座から見ると、春分や秋分の日の太陽は、生駒山地の高安山近辺から昇ってくる。

淡路島と難波の地は、海を隔てて、一つの世界をつくりなしている。淡路島を経由して、大阪湾に入った倭人系海人は、上町台地から住吉にかけて形成された海浜に、つぎつぎと上陸していったことが想像される。そのとき彼らは上陸地点に近い浜辺に、太陽に関わる聖所を設けていった。

興味深いのは、それらの聖所が、天照姫《あまてるひめ》、照日《てるひ》姫《ひめ》など、いずれも太陽の女神の名前を持っていることだ。こうした名前をもつ女神たちは、海人の神話体系において、太陽神の子供（天童）を養育する女性である玉依姫《たまよりひめ》の系譜に属している。その女性たちは、現実の姿としては、太陽神や産みの母である豊玉姫《とよたまひめ》の霊威を受けながら、神の意志を人々に伝えつつ、天童を養育する巫女に他ならない。

難波の浜につくられたいくつもの太陽聖所には、じっさいには巫女が座っていただけである。この海人系の巫女たちは、人々の幻想の中では「神の嫁」である。彼女たちは太陽神の霊威をその身に受けて、神の言葉である「詔《みこと》」を、現実世界に産み落とすのである。

淡路島の磐座祭祀場とこれらの天照聖所は、ほぼ東西線上にある。しかし興味深いことには、淡路島の太陽神の祭祀場には、女性の立ち入りが禁じられ、それに反して、対岸の難波にある女神聖所を司っていたのは、女性の巫女たちであった。太陽は生駒山地から昇り、淡路島に沈む。天空を行く太陽の航跡のちょうど中間地点にある難波の浜では、太陽巫女たちが、神の言葉を観念の「天童」として、産出し続けていた。彼女たちの中から、いずれ「天照《あまてらす》大御神」という大女神が出現することになるのだが、倭人神道の段階では、まだ玉依姫の系譜に属する、太陽の子供の養育者であった。

ここには、太陽の運行ラインに合わせた、一つの体系的な宗教システムが、かたちづくられている様子がうかがえる。倭人神道における、原始的な「レイライン」である。このラインを東にずっと延ばしていくと、その線上には、三輪山、長谷寺、室生寺、神島《かみしま》、伊勢神宮などの、重要な聖所が並んでいることは、すでにお話しした通りである。ここにも、倭人系海人の、太陽の運行現象への高い関心がうかがえる。太陽こそが倭人の神道の要《かなめ》なのである。

海人のつくった大阪

こういう観点から見ていくと、大阪の形成にいかに深く倭人系海人が関わっていたかが見えてくる。例えばこれまで謎とされてきた、古代大阪きっての大豪族である「物部氏」の出自についても、新しい見方が可能となる。物部氏はヤマト王権が奈良盆地に進入してくるはるか以前から、河内の「王」であった一族である。その地帯はかつて「河内潟」と呼ばれた巨大ラグーンであり、出雲地方と並んで、弥生時代の初期に、大規模な水田化に成功したところである。その水田開発のリーダーが、物部氏の先祖である。

その物部氏の先祖神の名を「天火 明 命《あめのほあかりのみこと》」という。あきらかに太陽神である。しかも河内潟に稲作の技術を持ち込んだのは、倭人以外には考えられない。そうなると、物部氏そのものが単純な帰化人などではなく、もとはカヤに住んでいた倭人系海人族であった可能性が、高くなってくるではないか。物部氏が得意としたという呪術も軍事も、そのことから発生していると考えると、海人族の東方進出の持つ意味は大きい。

丸石神の謎

紀伊半島は、生粋の海人たちの到来を待っていたわけである。農より漁を好んだ海人グループは、黒潮の流れを前にしたこの緑濃い未開の半島が、大いに気に入ったらしく、海岸部に少しでも開けた土地を発見すると、そこに村をつくって住みついた。とくに南部の古座《こざ》川の沖積地には、早くから倭人系海人が、紀伊半島における拠点の一つとして住みついていた。

私にはこの古座川の流域にとりわけ深い思い出がある。まだ学生だった頃、私は甲州の丸石神を調査していて、偶然に南紀の海岸沿いの村々にも、甲州のものとそっくりな丸石神が祀られているという情報を得て、早速に出かけていって、そのあたりの村々を歩き回ったことがあった。その頃は、倭人についても海人についても、深い知識をほとんど持っていなかったので、どうして南紀と甲州に、同じような丸石の神が祀られているのか、理由はまったくわからなかった。

そのときの旅に同行していた彫刻家は、甲州の丸石神と南紀のそれとを見比べながら、人間は皆こういう完璧な形を好むものだから、遠く離れた所によく似た神さまの形があらわれたとしても、少しも不思議なことはない、という普遍説を立てていたが、私はそうかなあ、と半信半疑だった。それほどに、二つの異なる場所にあらわれた丸石神は、よく似ていたのである。

しかし長いことアースダイバーを続けてきて、紀伊半島の倭人系海人と同じ系統の人々（アヅミ）

高尾山古墳（沼津市文化財センター編『スルガの王 大いに塚を造る』より）

駿河、甲州、伊勢の古代海人の情報貯蔵庫である

が、富士川沿いに甲州に入っていった痕跡のあることを知っている現在になってみると、別の意味で、それは不思議でもなんでもないことがわかる。

南紀の丸石神

周参見《すさみ》から古座にかけて、海岸から内陸に入っていく川に沿って、上流の村に向かって歩いていくと、いくつもの丸石神の祭祀場に行き当たるのである。南紀の丸石神は、甲州のもののように、村の道祖神場に祀られているのではなかった。村から少し離れた川沿いの場所に、美しい楠《くすのき》や欅《けやき》の巨木がそそり立ち、その根元などに立派な石の基壇が築かれ、その上に甲州のものと同じ、丸い石の神が鎮座しているのである。

南紀の丸石神は、あきらかに神社の古形をしめしていた。甲州で丸石神の置かれる道祖神場は、村の三叉路や小字《こあざ》の境などの境界地に設けられるのがふつうで、それは神社の立てられる場所とは異なって、ずいぶんと世俗的な場所になっている。ところが、南紀の丸石神の多くは、ふつうならば聖地の森があってもおかしくないような、霊威にみちた場所に置かれている。

これは、同じ丸石の神でも、背景になっている神話の違いによって、意味合いの異なるたたずまいを見せる、ということをしめしている。甲州や信州や上州の道祖神には、潜在的な形での洪水神話と、そのあとに続く兄妹の近親結婚をテーマとする神話とが、一つのセットになっている。そのことのために、道祖神場に鎮座する神さまたちには、双体道祖神に代表されるように、濃厚なエロチックの雰囲気が漂っている。

そのせいであろう、あまりに抽象的で美しい形をした甲州の丸石神は、そういう場所に置かれて、いつもなんとなく場違いな感じを漂わせているのである。それにくらべると、南紀の丸石神のたたずまいの、なんとぴったりなことか。丸石の抽象性と聖所のつくられ方の、なんとみごとに合致していることか。ここがきっと丸石神の故郷にちがいないと、そのとき私は思った。

（6）山梨県北杜市の金生遺跡など。

（右）那智の滝（K）
（左）南紀の丸石神を祀る聖所（写真は丸石神調査グループ編著『丸石神　庶民のなかに生きる神のかたち』より。撮影：遠山孝之）

太陽の子供

南紀の丸石神を見ているうちに、何度も私はそれを「地上に落ちてきた太陽」ではないか、と思いそうになったものだ。そのたびに、丸い形を太陽に見立てる発想の凡庸さに気がついて、その仮説に走るのを、思い止まったものである。しかし今は、その発想が陳腐どころか、倭人系海人の神道の本質をあらわにしたものであることに、むしろ驚きを感じる。そしてその本質は、遠い甲州の山岳地帯に入り込んでいったのちも、変わらなかった。

甲州では、道祖神場に置かれた丸石神の祭祀は、真冬におこなわれる。太陽の力が最弱となる冬至の前後におこなわれる祭祀は、旧石器時代にまで遡る、きわめて古い来歴をもつ。このとき人間は大きな火を焚いて、太陽の力を復活させようとした。そのとき古い太陽は死んで、新しい年の太陽が、若々しい童子として生まれ出るのである。この考えはとうぜん、新石器時代としての縄文にも受け継がれている。

その若々しい童子としての太陽の姿を、縄文人も倭人＝弥生人も、好んで丸い形で表現している。縄文人は炉のそばの「神棚」に、男根状の石棒と女陰形をした石皿を並べ、そこに小さめの丸い石をお祀りしている。[6]

この丸石は父－母－子の三角形のうちの、子供をあらわしている。のちの時代の道祖神場は、この縄文人の炉祭祀の考えを、そっくり受け継いでいる。そこで道祖神場には、石棒や石皿がそのまま置かれ、兄妹結婚譚に姿を変えたエロチックな神話が、語られることになった。

古代の人々にとって、世界中で炉やかまどの火は、規模の小さな「太陽」をあらわしていた。冬至にはほんものの太陽が、いちど死んで、童子となって生まれ変わる。そうなると冬の最中におこなわれる火祭りは、太陽が童子の姿で生まれ変わる、という主題をもっていることになる。童子としての太陽が、丸石で表象されることは、そこではごく自然なことである。そのために、甲州の道祖神場には、生まれたばかりの童子としての太陽をあらわす丸石が、神として祀られた。

丸石神の故郷である南紀では、その丸石が独立自存の至高の神として、威厳ある祭場に祀られたのである。この丸石神は、どう考えても、童子としての太陽である。

太陽の童子

対馬の天道山からはじまって古座川の丸石神まで、ここまで倭人系海人の移動の跡を追ってきた私たちは、いたるところで「太陽の童子」という観念に出会ってきた。

太陽の童子は、さまざまな形をとる。人間の姿をした神童で描かれることもあれば、抽象的な円形の光や、丸い石で表現されることもある。同一の根本神話が、各地でさまざまに変形され、それにあわせて表現の形が変化していった。そうした変形をすべて集めていくと、倭人の神話世界の全貌が、たちあらわれてくる。

南紀熊野の海人は、この太陽神話の変形において、とりわけ鮮やかな表現を生みだした。この土地へ海上から入ってきた彼らは、断崖の森に屹立している巨石や、山から海に落下する見たこともないほど巨大な滝に、まず目を奪われたことであろう。巨石は「やぐら」と呼ばれる聖所となり、巨大な滝を囲む広大な土地は、そのまま聖所となった。

そして、それらの聖所には、太陽神話を表現する、さまざまな神話と祭祀がつくられた。それらの

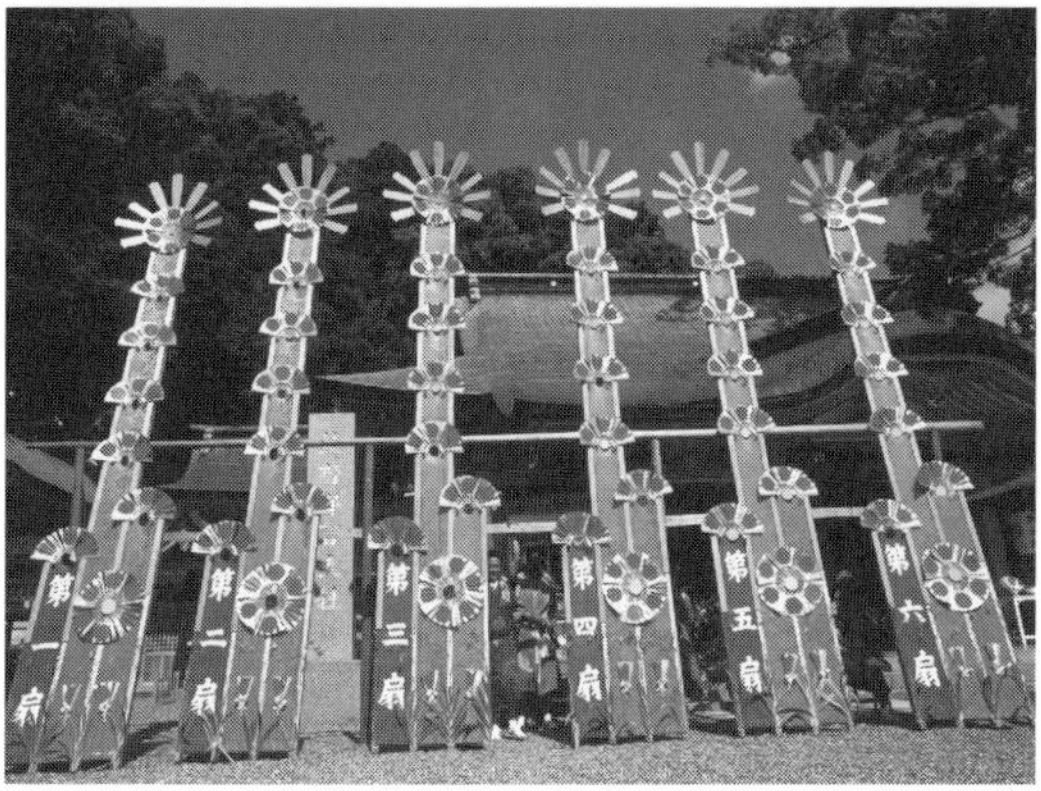

那智大社の火祭り（K）

神話と祭祀は、どれひとつとして同じではない。ここが国家以前の人間の思考の、面白いところである。倭人系の海人は、例外なくみんなが太陽信仰を抱いている。しかしその信仰を表現するのに、誰もが同じ日の丸や旭日を用いたりしない。

地域ごとに、太陽や太陽の童子の表現は、みんな違っている。むしろ隣のグループとは、隣であるがゆえに違っていなければならず、全体を合わせてはじめて、根本の太陽神話の全容が浮かび上がってくるように工夫されている。「一」を「一」で表現するのが、国家である。それにたいして、国家以前の人間は「一」を「多」で表現した。みんな違っている、ということが、みんなが一つである、ということの条件だったわけである。

落下する火龍

海上から那智の滝をはじめて見たときの驚きは大きい。しかしその驚きは古代人にとってはなおさらで、那智から新宮にかけての各地に、彼らは自然の聖所をいくつも「発見」した。この地域では、滝を落下する水とそそり立つ巨岩とが、人々の心に大きな影響を及ぼしたためであろうか、いずれの聖所の太陽神の祭りも、上昇したり、落下したりする「垂直性」のイメージで、色鮮やかに表現されている。

新宮の速玉《はやたま》大社の摂社、神倉《かみくら》神社境内の山頂には、びっくりするほどに巨大な「ゴトビキ岩」と呼ばれる磐座がある。ゴトビキはヒキガエルの意味であるが、その大岩の足元からは、弥生時代からの奉斎物が発掘されている。この神倉神社の「御燈祭」は、火の滝となって流れ下る火龍となって、太陽の子供が生まれ落ちる様子が、表現される。

真冬の二月六日の夜、襦袢《じゅばん》から足袋まで白ずくめの男たちは（この男たちは「上り子」と呼ばれる）、火のついていない松明《たいまつ》を手に神社に参拝して、すれちがいざまに松明をぶつけあう。夜が更けた頃、山頂に集まった上り子の手にする松明に、ゴトビキ岩の下で鑽《き》り出された御神火が、点火される。閉じられていた柵が開かれる。すると男たちはいっせいに階段を駆け下りる。その光景はまさに、火龍が山の上から火の滝となって落下する様子を思わせる。

男たちの出で立ちが、全身白ずくめで、夜の中、点火される松明の火が赤である。この「白赤」の組み合わせは、スンダランド系海洋民の間でおこなわれている象徴思考では、白＝精液＝男と、赤＝経血＝女をあらわす。すると、松明の点火が受胎をあらわし、流れ落ちる火とともに、太陽の童子が降ってくる様子が、象徴表現されていると見えないこともない。そしてこの推定は、那智大社の「火祭り」において、いっそう確実なものとなる。

アフリカ的火祭り

那智大社は、山頂の付近から落下する、お滝への素朴な信仰から発展した。中世の那智参詣曼荼羅図には、滝の脇に神鹿の姿が、くっきりと描かれている。この鹿はただちに北部九州のアヅミ族の拠点、志賀島における神の鹿の信仰を思い起こさせる。

那智大社の火祭りは、夏至近くの七月十四日におこなわれる。祭りの名は「扇祭り」。大松明とともに、扇が取りつけられた独特な神輿が、祭りの主役となるからである。ここでは、火祭りなのに昼間におこなわれる。那智の滝に向かって下っていく石段を、十二基の扇神輿がおごそかに下りてくる。それを迎えるべく、滝口からは十二本の大松明が石段を登っていく。扇と松明は、石段の途中で出会うように仕組まれている。(7)

この火祭りを、アメリカの著名な文化人類学者ヴィクター・ターナーが見学したときの話が有名である。ターナーはアフリカの部族の祭りの研究で知られる。部族の祭りに潜む、性的なシンボリズムを嗅ぎ分けることにおいては、天才的な能力の持ち主であった。

那智の火祭りを前にして、人類学者は興奮した。祭りの進行に合わせて、彼は大声で吠えるように、私たちに「解説」をした。白い装束の男たちが手にする赤い松明の火は、白＝精液、赤＝経血の

（7）御燈祭および火祭りについては、谷川健一・三石学編『海の熊野』森話社を参考にした。

ならいで、性交と受胎を象徴する。いや、こうも見える。上昇する松明の火（男）と、落下する滝の水（女）が、交わり結ばれて、受胎をおこすのだとも。見よ、大きく開いた扇の形を。あれは女性性器そのものである。その扇神輿のてっぺんの造形がまたすごい。あれはまさしく太陽である。開いた扇の先から、太陽の子供が生まれている。なんとも、アフリカ的な祭りではないか。日本人の想像力はアフリカ直系か！　こう人類学者は咆哮した。

真夏のこの祭りでは、十二個もの太陽の子供が産み落とされ、巨大な母胎ともいうべき山から、しずしずと出現してくる。たくさんの太陽という、環太平洋神話学における重要主題の再登場である。

第十章　伊勢湾の海民たち

太陽の道

海人の伊勢湾

伊勢湾の入り口にあたる伊良湖《いらご》崎と大王崎は、日本の民俗学にとっての、大いなる啓示の場所である。伊良湖崎に旅した若き日の柳田国男は、浜辺に打ち寄せられた椰子の実を見た。椰子の実は、黒潮にのって南方の島から流れ着いていた。柳田はそのとき啓示を受けて、日本人のルーツが南方海域の島々にあることを確信した。

折口信夫もその若き日に、大王崎の突端に立っていた。まばゆい光に包まれた海を見ていた彼は、電撃に打たれたように、「マレビト」の思想を得た。南方海域からこの列島にたどり着いた日本人の先祖は、自分たちの魂の原郷は遠い海の彼方にあると信じたにちがいない、という啓示である。

柳田も折口も、日本人の出自を南方に求めた。この二人の直観は、いまもって正しい。その直観を二人に与えた場所が、期せずして伊勢湾口であったということが、まことに意味深長である。じっさい、伊勢湾そのものが、日本人にとって、古代から重大な意味をもつ土地であったからである。

その土地を発見したのは、南紀から海岸沿いに、紀伊半島をぐるりと回って、伊勢湾の入り口に達した、倭人系海人《あま》たちであったはずである。彼らは伊勢湾の自然の豊かさに驚いたにちがいない。倭人系の海人は、潜水《かずき》漁法を得意とした。アワビやサザエやトコブシが、豊かに繁殖するこの湾は、まさに海人の生活にはうってつけの土地であった。

潮騒の神島

伊勢湾には、多くのアヅミ（海に住む人）やアマ（海の民）たちが、移住して村をつくった。この倭人たちは、海岸部に多くの原始的な聖所を設けた。そうした聖所は、ほかの土地に住んだ海人たちのものと、初めの頃はそう違うものではなかったが、のちになると独特の展開をとげて、伊勢は日本人の神道の中心地へと発展していく。

リアス式に入り組んだ志摩の入江を見つけた倭人集団は、さっそくそこに聖所を設け（いまの伊雑宮《いざわのみや》あたりである）、みずから「磯部《いそべ》」を名乗って、志摩地方の重要な海人となった。これにたいして、鳥羽から伊勢にかけての海岸部に上陸して拠点を築いたのは、「度会《わたらい》」の一族である。

度会一族の聖所は、宮川《みやがわ》のほとりに設けられた。そこには数世紀のちに、天照《あまてらす》大神という太陽女神の聖所である、伊勢神宮外宮《げくう》が建てられることになるが、度会一族が設けていた聖所は、おそらく社殿もなく森だけのある、きわめて原始的な「杜《もり》」だったことが想像される。この磯部と度会という二つのイエ集団が、伊勢を最初に開発しだした、主要な倭人＝弥生人ということになる。

しかし伊勢湾口には、もうひとつ重要な海人集団がいたことを、忘れてはならない。神島《かみしま》の海人である。彼らは歴史にはほとんど関与しなかったが、海人の文化伝統の律儀な保管者になるという、ことによると歴史よりも貴重な意味をもつ、大切な使命を果たしてきた人々である。

倭人系海人の集団が入植してきた頃、伊勢湾の入り口付近は、いまよりも水位が低く、島々が隆起していて、暗礁の多い、航海には危険な場所だった模様である。とくに神島の近辺の海流のうねりは激しく、たえまなく吹き付ける風に、島はいつも潮騒のとどろきに包まれていた。

しかし伊勢湾の奥に入り込んでいくには、どうしてもこの神島に寄港するか、島の脇を通過していかなければならない。そこで航海の安全や漁に恵まれることを祈って、神島にはいくつもの祈りの場所が設けられた。こうして伊勢湾口の孤島、神島は古代において、伊勢湾に住む海人たちの宗教的中

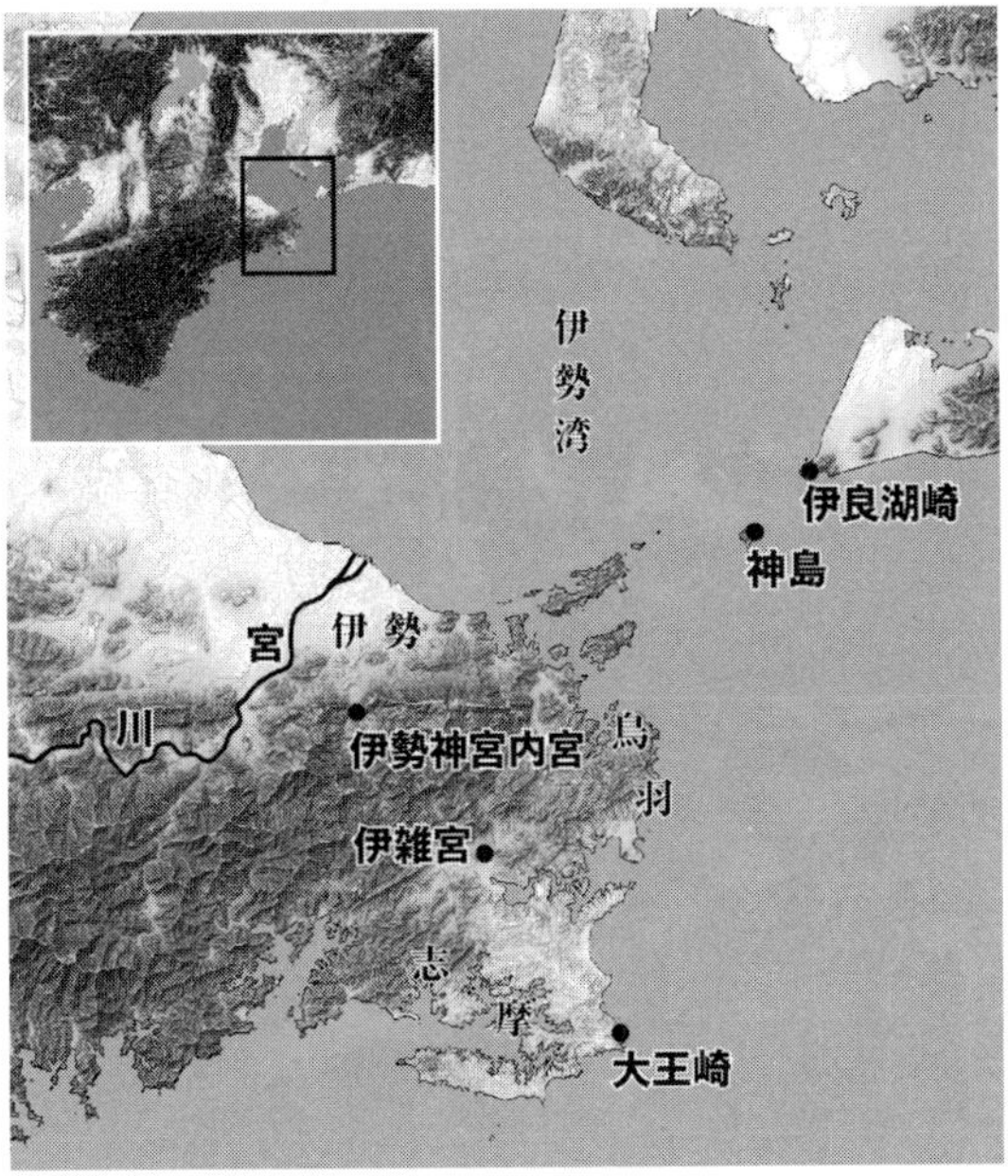

伊勢湾はまさに倭人好みの土地である

心地となった。

島の人々は強い同族意識をもって結束し、みごとな互助組織をつくって、伝統を堅固に守って生きた。潜水漁法の伝統もしっかりと生き残り、夫婦がペアになって「かずき」をおこなった。わずかな土地には、水田や畑が開かれ、半農半漁の倭人の生活形態も、あまり変化せずに持続した。「古代ギリシャ人のような清明さを湛えた日本人の精神を描きたい」と望んでいた三島由紀夫は、この神島に、『潮騒』のための格好の舞台を見出したが、この三島の直観も、驚くほどに正確である。

ゲーター祭（1）

志摩の伊雑宮や伊勢の度会氏の聖所は、三・四世紀頃から、ヤマト王権からの文化的・政治的影響によって、原型的な倭人神道からの変質をとげてしまった。ところが神島の神道は、伊勢神宮との結びつきを保ちながらも、古い倭人の伝統を保ち続けてきた。伊勢神宮では、倭人的な太陽祭祀に、ラジカルな変形が加えられて、原型はほとんどわからなくなる。

南紀から伊勢湾口に移動してくると、太陽祭祀の形は劇的な変化をおこす。古座《こざ》や那智や新宮の太陽祭祀で表現されていた「太陽の子供」という考えが、神島ではまったく異なる、逆転した表現をあたえられるようになるのだ。それは、洗練された伊勢神宮祭祀の対極にあるような、「野生の思考」丸出しの自然児ぶりである。

神島の太陽祭祀は、真冬の季節におこなわれる。大晦日から元旦にかけての「ゲーター祭」と、正月六日におこなわれる「弓祭」がその中心となる。準備は十二月の中頃からはじめられる。松明《たいまつ》をつくるための松の伐《き》りだし、「アワ」と呼ばれる太陽模型の材料となるグミの枝伐り、このアワを突き立てるための三〜四メートルもある女竹《めだけ》の伐りだしなど、若者たちは連日のように、裏山に入っての作業に明け暮れる。

アワづくりの作業がはじまる。集められたグミの枝をたわめて、大きな丸い輪をつくるのである。このアワを「日輪」という人もいるし、「蛇体」と推理する研究者もいる。ゲーター祭には、太陽、蛇神、海神というすべての倭人神道の要素が集合して、太陽祭祀の原始形が構成されている。

ゲーター祭（2）

伊勢湾口に浮かぶ神島で続けられている太陽祭祀「ゲーター祭」は、倭人神道の本質を探る上で、とても重要な意味を含んでいる。

スンダランド系海人の太陽信仰は、複雑で重層的な内容を持っている。彼らが移住していった環太平洋圏の各地では、そこに内蔵されている重層的な内容の一部が取り出されて、土地ごとに特色のある表現がされた。その様子を見ていると、まるで巨大な響きをもった一個の「和音」が、環太平洋の広域に飛び散って、ハ長調とかロ短調とか、各地好みの調性にそった、別々のメロディに展開されていったように見える。

ところが神島のゲーター祭では、海人が続けた長い旅の間に、バラバラに分解していったはずの「和音」の破片が、もう一度寄り集まって、おおもとの太陽信仰の「和音」を復元しているように思えるのだ。その「和音」はおそろしく古拙な性質を持っていて、聞いたこともないような、異様な響きを立てる。

太陽の死と再生、太陽の子を懐妊する女神、太陽の子＝天童、山中での太陽の出産、複数の太陽を減らすための射日《しゃじつ》、雨をもたらす雷鳴神と龍蛇神……各地の祭りでは、そうした主題群のうちの一つか二つを選んで、表現化がおこなわれた。ところが、神島のゲーター祭では、それらの主題群が、まるごと全部、一時に鳴り響くのである。

まるで、柳田国男が伊良湖崎の浜に見つけた椰子の実のように、南方海域からの神話の破片が、海

（1）他の土地で「とうや（頭屋）」と呼ばれる祭りの世話人のことを、神島では「みやもち」と呼ぶ。

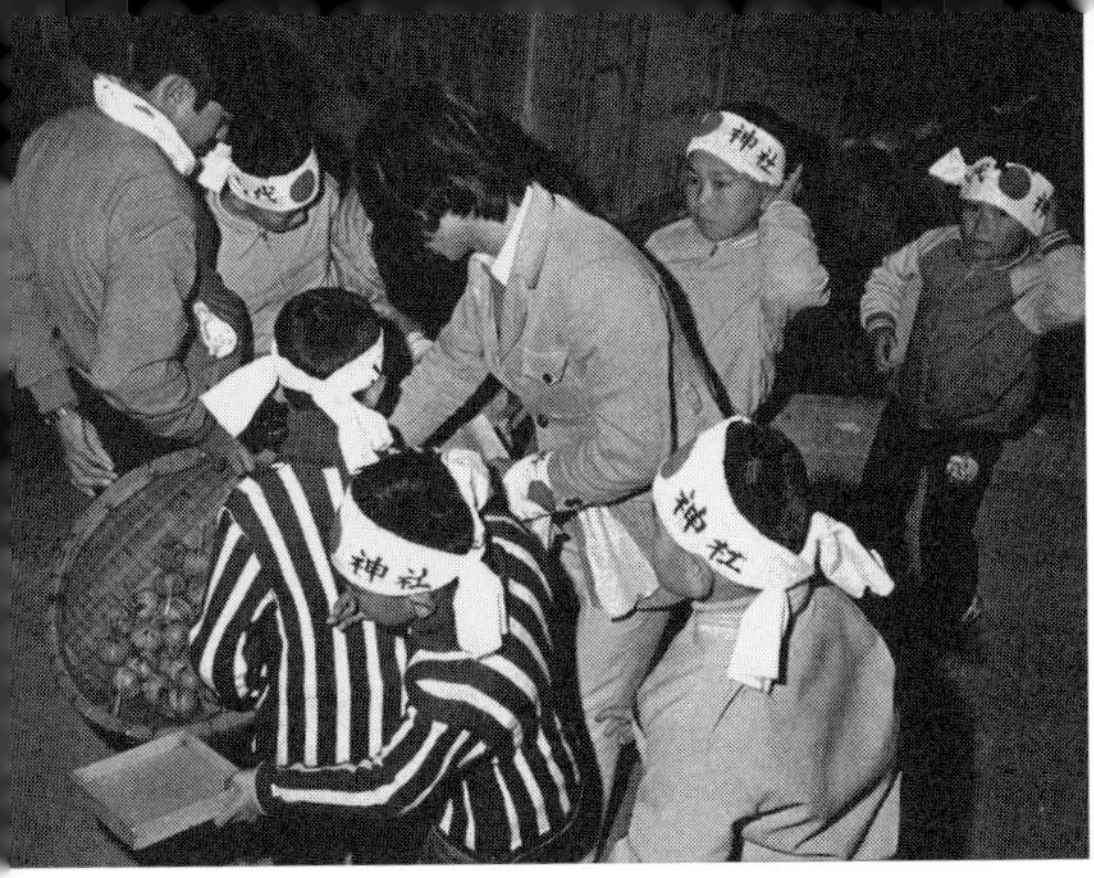

「モローモ」という祭りのお菓子が、祖霊神の代理人の手で、各家に配られる（萩原秀三郎・萩原法子『神島』より）

流に乗った漂着物として、伊勢湾口に漂着し寄り集まって、もとの神話の全体像を、復元しようとしているかのようにも見える。伊勢湾に伝承される文化は、日本の神道にとってばかりではなく、環太平洋に広がっていった海人の思想すべてにとって、重大な意味をもっている。対岸伊勢の地で、のちの時代に豊かに展開されることになる、伊勢神道の原形核となるものが、ここに集められてきている。

マレビト神と豆まき

その異様なゲーター祭の「和音」に、耳を傾けてみよう。

大晦日から元旦にかけて、この祭りはおこなわれる。真冬におこなわれた古代ヨーロッパの鎮魂祭である「十二夜祭」は、のちにキリスト教化されて「クリスマス」に変貌したが、その祭りでは、祖霊の来訪や子供組のおこなう贈与交換が中心となっていた。倭人神道の神島においても、大晦日には祖霊の来訪がおこなわれ、それに合わせて、祖霊の代理人たる子供たちが、各家に「モローモ」という「お宝」を配って歩く慣行がおこなわれる。

祖霊の来訪は、暗闇の中で、豆まきの音によって表現される。大晦日の夜、家長だけが許されて、炒った豆を持って暗闇の中に出て行く。ほかの者は、家の中で物忌していなければならない。パラパラと豆の撒かれる音が、闇の中に聞こえる。「福は内、福は内」。豆の音を合図にして、子孫のもとを訪れてきた祖霊は、生者たちに幸福をもたらそうと望んだ。

それがすむと、クリスマスに類似した、贈り物配りがおこなわれる。祖霊神の代理人たる宮持《みやもち》(1)や子供たちが、「モローモ配り」ということをする。モローモは、カヤの実やカチ栗やミカンなどを茅の葉で包んだ、象徴的なお宝であり、海の彼方から来訪してきた神の手土産として、家の中に忌み籠っている人間たちに贈られる。

「モローモ」という言葉は、どうやら「もの申す」という言い方が元になっているらしい。各家を回って歩く祖霊神の代理人たちが、戸外から「もの申す」と生者たちに呼びかけるのである。そうなるとこの言葉も、豆まきの音と同じような意味を持ち、マレビト神の来訪を告げていることになる。

神島の対岸、志摩の大王崎で折口信夫の直観した「マレビト神」が、ここには生きた形で伝えられている。海の彼方から訪れるというマレビト神は、豆まきの音を合図に村に入ってくる。家の中に物忌に引き籠った人間たちに、マレビト神は福をもたらすさまざまな手土産（不思議なことにそれは山の土産という意味の「ヤマヅト」と呼ばれる）を、贈り物に持ってくる。

龍蛇神が目覚める

マレビト神は海の彼方からの来訪者である。このマレビト神の来訪は、もう一つの海の彼方の存在を、意識の表面に浮かび上がらせる。龍蛇体を持つ海神である。神島の産土《うぶすな》神社は、村の背後の小高い丘にある「八代神社」である。この神社は海蛇の神と、深い関わりを持つ。御祭神は海神である「綿津見《わたつみ》大神」であるが、一説には、八代とはじつは「八大」と書くのが正しく、それはじつは八大竜王のことで、この神社の祭神は蛇体の海神である、とも言われている。

晦日の宵も更けてきた頃、漁師たちはこぞって、その八代神社のふもとにある薬師堂にお参りにでかける。その昔、うつぼ船に乗せられて神島に漂着した、「おたつ上臈《じょろう》」という悲劇の女性の持参していた不動明王の掛け軸が、このお堂には安置されていて、それが大晦日の晩に御開帳される。このお不動様をその夜拝んだ漁師は、海難に遭わないと信じられている。

海の彼方からやってくるマレビト神が、天と海の神であるワタツミ神のイメージを呼び寄せるのである。その神は龍蛇体をしていると、海人たちは考えた。うつぼ船に乗せられ、この島に漂着した美しい女性は死んでしまうが、形見に残された不動明王の像が、漁師たちを海難から守ってくれるようになった。荒波を鎮めるお不動様である「波切り不動」は、しばしば海蛇を連想させる姿に描かれる。

神島の真冬の鎮魂祭に集まってきたのは、倭人系海人の知的財産の蔵から引き出されてきた、思想の名品ばかりである。それらがいちどきに「和音」を響かせる。そこにいよいよ太陽神の主題が、結びついていく。倭人の祖霊神であるマレビト神と海神と太陽神の主題が、どう結びついていくのか、これはちょっとした見ものである。

ゲーター祭（3）

ゲーター祭のクライマックスは、元旦の朝日が昇ってくる前、未明の闇の中で挙行される。そのため、「ゲーター」という意味不明の言葉の語源について、それは朝日を迎えるという意味の「迎旦《げいたん》」であろうという、もっともらしい説もなされているが、真相は不明である。しかし、この祭りが太陽信仰に関わっていることだけは、たしかである。

元旦の未明に、島人は宮持の家に集まって、「アワ」づくりをする。アワは裏山で採取してきたグミの枝を、あつめて大きな輪にしたもので、その形からも日輪を連想させる。ゲーター祭のクライマックスでは、このアワを浄衣《じょうえ》の男たちが浜辺にかつぎ出して、おおいにもみあった後で、男たちの手にする細身の女竹で、激しく空中に突き上げるのである。アワ突きが終わると、アワの輪は神社に奉納される。

太陽祭祀とは言いながら、この様子は、どうしても性行為を連想させてしまう。そこである民俗学者などは、つぎのように書くことになる。

えぐり上げ、突き揚げられて宙宇に舞うアワは、決して偽わりの日輪などというものではないのである。老いも若きも精力のあらん限りを注いで、アワの中に竿の束を突っ込むことによって、海神は、大いに身ごもり、海の幸を産み出すようになる神態と筆者は観るのである。（堀田吉雄『海の神信仰の研究　上』三百十頁）

しかしゲーター祭では、太陽神をめぐるもろもろの海人的観念が、諸方からアワめがけて殺到し、全員で異様な「和音」を奏でているのであるから、この祭りの意味を、性的な解釈だけですませることはできない。そこには太陽神も海神も集まって、生も死も性も一体になった祭りがくりひろげられている。

ゲーター祭はなによりも、太陽の力がもっとも弱くなる真冬の季節の鎮魂祭である。夜が長く昼は極端に短い。鎮魂祭は、宇宙バランスの崩れたこの時期に、ふたたびバランスを取り戻すためにおこなわれる。そこには、弱まった太陽や生命の力をよみがえらせる、さまざまな表現が登場するが、それらの表現のどれもが、生と死を一体とする同じ型をしている。

このとき男たちの手にする竹槍で、えぐるように突き上げられるアワの輪は、海の女神の女陰であると同時に、死すべき運命にある古い年の太陽をもあらわし、象徴的な性行為がおこなわれることによって、新しい年の太陽の誕生を準備する。多少野性的に過ぎるところもあるが、まさに元旦の太陽を迎えるにふさわしい儀礼である。それにアワは海をあらわす古代語のひとつでもあるから、この激しいもみあいを通じて、海には豊かな生命が満ちあふれることになる。

同じ民俗学者によると、アワビ（鮑）は海の女陰（ツビ）だという。そうなるとアワ突きはいよいよ海の女陰突きとなる。

蛇神の気配

アワの輪の意味は一つではなく、二重三重の意味が重ね合わされている。海人の思考の中で、天と海は同じ「アマ」の音をとおして、一つに溶け合っている。アワの輪の上で、天の太陽神と海の海神が、あわただしく互いの位置を入れ替えながら、神話の思考が表現されている。

そうなると、そこに蛇神がからんでこないほうがおかしい。すでに何度も出会ってきているように、倭人系海人の思考では、太陽神とも海神とも、蛇は深いつながりをもっている。そのことは島人

（2）萩原秀三郎・萩原法子『神島』井場書店の「総説」。

も、うすうす感づいている。アワの輪をつくるグミの枝は、何かの動物の「肉」とみなされているし、輪には「頭」があると考えられている。

そこからアワの中に蛇の観念が隠されていると嗅ぎつけた、鋭敏な民俗学者がいる。六月晦日に各地でおこなわれる「夏越《なごし》の祓《はらえ》」には、丸い輪でつくった「茅の輪」が設置され、その輪をくぐり抜けると邪気が祓われる、と言われている。夏越の祓は、夏至を前に、壊れかかった宇宙バランスを回復するためにおこなわれる。人々はこのとき、蛇がとぐろを巻いた形をした「チ＝蛇」の輪をくぐる。とぐろを巻いた蛇は、人類のもっとも古い神話的イメージでもある。民俗学者は、それと同じ蛇の観念が、アワの中に潜在しているはずだと見抜いたのである(2)。

この推理が正しいとすると、ゲーター祭の世界は、いっそう豊かなものになる。倭人の神道において、太陽と海と蛇は、三位一体をなす。その重要な三つの要素すべてが、アワの輪の上に重なり合っ

（上）神島の太陽祭「ゲーター祭」（萩原秀三郎・萩原法子『神島』より）
（下）歌川国芳筆「山海名産盡 伊勢鮑」（K）

て、いちどきに自分の歌を歌い出すものだから、あたりに異様な「和音」が発せられることになる。

ポリフォニー構造

そうなると、贅沢を言いたくもなってくる。ひょっとして、ここには複数の太陽を射落とすあの「射日神話《しゃじつ》」も、生き残っているのではないかと。なんとそれがあるのである。射日神話は、あの太陽魚「サバ」の儀礼と一緒になって、正月六日の「弓祭」として、八代神社にて演じられる。

丸い輪を描いた的を、離れた場所から矢で射るところは、志賀海《しかうみ》神社でおこなわれる「お日射《びしゃ》」などと、まったく同じ。そのとき米飯を細長く握った「サバ」の供物が、海神に奉納されたあと、島人に配られる。

面白いことに、ゲーター祭にも、「サバ」が登場してくる。こちらは握り米ではなく、グミやモチの枝を短く切って、十二面に削りだし、そこに三百六十五の刻みを入れる。これは日々の太陽を表現した呪具にちがいない。この弓祭は、ゲーター祭を形を変えて反復したものである。古い太陽の死と再生の主題が、複数の「いつわりの太陽」の消滅と真実の太陽の出現という別の形に、変形されている。そして二つの祭を、太陽魚「サバ」が、つないでいる。

ゲーター祭は、複雑なポリフォニーの構造をした音楽のようにできている。ポリフォニーといえば、台湾先住民が得意とする音楽であるが、興味深いことに昔の神島では、ゲーター祭と台湾先住民の世界とのつながりが、まことしやかに語られていたという。

ミニ太陽としての猿

伊勢の地には、四世紀の始め頃から、ヤマト王権の天照大神が、御鎮座するようになった。しかしそれよりはるか以前から、熊野灘に面した紀州の村々や伊勢湾口の島々、志摩、鳥羽、伊勢の各地には、古層の神道に属する、さまざまな太陽神が信仰されていたのである。

ヤマト王権と無関係だったそれらの太陽神の表現は、一つに統一されることがなかった。そこで

1 伊良湖崎と神島（K）
2 大王崎（K）

1 八代神社（神島）（K）
2, 3 ゲーター祭（鳥羽市観光課）

日吉神社（静岡県島田市東光寺）の猿舞（K）

1 中国大陸の鵜飼い（K）
2, 3 長良川の鵜飼い（K）

は、太陽神の表現は、お互いがお互いを変形しあいながら、じつに多様な形をとっていた。その様子を、私たちは詳しく観察してきた。

そういう変形過程の最後の段階として、太陽神は伊勢の地で、動物に姿を変えるのである。はじめは太陽神のお使い（メッセンジャー）として、聖所で大切に養育されていたが、そのうちに神そのものとして、信仰されるようにもなった。鶏と猿である。

鶏は白い体に、真っ赤なトサカを頂いている。猿は真っ赤な顔に加えて、お尻までが赤い。どちらも目を引く赤さである。このあざやかな赤さによって、鶏と猿は、一種の「ミニ太陽」として、地上における太陽神のお使いに、選ばれた。地上に降りた「ミニ太陽」と言えば、台所のカマドが代表であるが、そのカマドの神と同じように、神のお使いとしての鶏と猿は、人間と太陽を結ぶ媒介者として、各地の聖所で信仰の対象になった。

（上）茅の輪（赤坂、日枝神社）（K）
（下）神鶏（木彫。伊勢神宮の民芸品）（K）

鶏は今日でも、伊勢神宮をはじめとする多くの神社の境内で、大切に飼われている。鶏の象徴的な意味づけは、どこでもあまり強調されることはないが、赤いトサカに加えて、夜明けに真っ先に大きな声で鳴き出す鶏が、太陽の毎朝の出現を誘引する働きを持つ神聖な鳥と考えられたことは、ごく自然である。

猿はその鶏以上に重要な役目を、かつて多くの聖所で果たしていた。比叡山の麓にある日吉山王社では、山の神である「大山祇《おおやまづみ》」のお使いとして、猿が丁重にお祀りされていた。比叡山じたいが「ヒエ（日枝）」の山として、太陽と深い関係をもっていた。猿はその太陽の山にすむ「山の童子（ヤマワロ）」として、太陽神のお使いをつとめていた。

ちなみに太閤秀吉は、その猿と深い関係をもっていた。だいいち秀吉の出身地に関しては、伊勢湾奥の尾張ではなく、じつは比叡山麓の下級神人の村である、という内証の伝承もあって、幼名の日吉丸（「太陽の子」の意）はそこから来ているとも言われる。秀吉が「猿」と呼ばれたことには、太陽信仰の秘密に関わる、深い意味が隠されている。

富士山麓の浅間《せんげん》神社でも、猿が御祭神である。浅間は「あさま」と読むのが本当で、富士山の「ふぢ、ふち」が水の神に関係しているのにたいして、「あさま」は火山の神に関係する。富士山麓では、火山の神のお使いが猿であった。ここでも、猿の顔やお尻のあざやかな赤が、噴火する火山の火や溶岩と結びついて、猿はミニ太陽にしてミニ火山として、聖所に飼われるりっぱな神聖動物だった。

猿田彦の前身

伊勢地方ではその猿が、なんと猿田彦大神として、伊勢神宮圏の中でも有数な、大社の祭神におさまっているのである。日本書紀にはこの猿田彦大神の登場が、つぎのように描かれている。「その鼻の長さ七咫《あた》、背《そびら》の長さ七尺余り。また口尻明く耀れり、目は八咫鏡《やたのかがみ》の如くにして、照り輝けること、赤酸漿《あかかがち》に似れり」。

まさに、地上に降りたミニ太陽ではないか。このミニ太陽である猿をトーテムとする一小部族が、ヤマト勢力の伊勢進出に力を貸した功績によって、ただの猿神は猿田彦大神に昇格するのであるが、それはずっとのちの話。ヤマト王権が伊勢の地に進出する以前には、この猿神も、倭人系海人の祀る多様な太陽神の群れの、すみっこのほうにいたお使い神の一人にすぎなかった。

志摩から伊勢にかけての海岸部に、「磯部《いそべ》」という海人部族が住んでいた話は前にもお話しした。この磯部族は潜水《かずき》によって、貝や魚や海藻を採ることの巧みな海人であった。その中に、宇治川の周辺に住む小グループがあり、倭人系海人らしい太陽神信仰を持ちながら、太陽神のお使いである猿に、特別なつながりを感じていた。宇治に土着していたこの小グループの首長は、のちに「宇治土《うじっち》公《きみ》」と名乗るようになる。

（上）浅間神社（K）
（下）猿と太陽と神

海人となった猿神

彼らの聖所の祭神は、おそらく猿神そのものであったろう。真冬の鎮魂祭には、古い太陽の死と新しい太陽童子の誕生の神話を、おそらくは雄と雌の猿に扮した人間が演じていた。祭りの神聖な部分が終了すると、いくぶんくだけた狂言がはじまる。そのとき、ミニ太陽神である猿神の死の様子が、いかにも海人一族らしいつぎのような演出で、面白おかしく演じられた。

海岸にでかけた猿神が、海の砂の中に手を突っ込んで、貝を採ろうとしている。すると砂の中に隠れていた巨大なアワビ（平姫鮑）に、手をぱっくりと挟まれて、いくらもがいても放してもらえない。そのうち潮が満ちてきて、猿神は溺れてしまう。

このとき海に溺れつつある猿神が、（1）底に沈んだときの名前（2）海中で息を吹いているときの名前（3）口の泡が海面に吹き上げられるときの名前、というのが列挙される。これはまぎれもなく、潜水して貝の採取をおこなう海人の、海中における作業動作をしめしている。[3] つまり宇治土公グループの祭神である猿神は、太陽の鎮魂儀式の後半部において、作業中に失敗した海人として、海に溺れて死ぬのである。

グミの枝の輪で表現された、神島のゲーター祭における太陽神は、女竹で突き上げられ、打たれて、「古い太陽」として死ぬのであるが、磯部族の一派のおこなう真冬の鎮魂祭における太陽神である猿神は、貝に手を挟まれたまま、海に沈んで死ぬ。太陽と海の溶け合うところに、海人たちは、生と死の溶け合うエロスの瞬間を、感じていたのであろう。

太陽の道

ここからさらに「太陽の道」は、倭人系海人の移動の道筋に沿って、日本列島を東に進んでいく。対馬、北部九州に最初のコロニーを形成した倭人は、そこに天と山と海を巻き込む、太陽神の信仰を運び込んだ。この太陽神の信仰は、倭人の移動につれてゆったりと瀬戸内海、大阪湾へと広がってい

（3）岡田米夫「猿田彦大神とその海神的性格」（『神道宗教』第七五〜第七九号所収）。

花祭や冬祭に登場する鬼（写真提供：天龍村観光協会）

ったが、紀伊半島にさしかかったとたん、とつぜん神話的思考に激しいドライブがかかりはじめ、振幅の大きな自己変形を始めるようになる。

　対馬の「太陽の子」は、山姥である地母神が、山中で産み落とした子供であったが、紀伊半島は那智の山中に持ち込まれると、滝とともに山奥から赤い扇の群れとなって流れ落ちる姿に変形される。しかし古座川の河口部では一転して、かわいらしい丸石神となって、水辺に鎮座するようになる。

　それからも小さな変形を加えながら、紀伊半島を北上し、伊勢湾口にたどり着いた太陽神は、神島において「海の輪（アワ）」と呼ばれる日輪に、自己変形をとげる。この島には、太陽神をめぐる倭人的観念のすべてが、再結集している。海辺で出産する海の女神、龍蛇としての海神、冬至の季節に衰弱して死に向かう年老いた太陽、その老いた太陽を殺して、生まれたばかりの童子としての太陽を迎える元旦の儀礼。こうして要素のすべてが、伊勢湾口の孤島で、一つの象徴に集結している。

　ところが、磯部族の支族「太田氏」の神官たちの手によって、この太陽神は「山の童子（ヤマワロ）」としての猿に変身するのである。この猿神、猿田彦は海辺の少年神であるイソラと同じような異形な面相をして、そのイソラの変形である「塩椎《しおつちの》老翁《おじ》」に結びついて、「白髭大明神」となる。この翁は、海潮の流れを熟知した倭人系の航海者でもあり、鉄の釜を用いる新しい製塩技術のリーダーでもある。猿田彦はさらに道祖神とも結びついていく。道祖神が、太陽神の死と復活をめぐる、真冬の鎮魂祭の主人公であることを考えると、この変形はおおいに納得ができる。真っ赤な顔と尻をもつ異形神は、山から下りてくる太陽童子の一人であるのだから、それが里に下って、道祖神として鎮座するのを妨げるものはない。「太陽の子」のすさまじいばかりの変容ぶりである。

　日本列島のいたるところに、「太陽の道」を見つけることができる。その道を通って、太陽神は自身の姿を変えながら進んでいった。そしてすべての「太陽の道」は、伊勢へとつながる。倭人系海人が持ち運んだ「古層」の太陽神は、のちに伊勢の地でラジカルな変形を加えられて、「新層」の太陽神に改造される。しかし、日本列島に広がっていった新層の太陽神の足の下には、その後もそして今も、古層の太陽神が、不敵な笑みを浮かべながら、偽装をこらして生きながらえている。

花祭の鬼

古層の太陽神が身にまとったそのような変装の中でも、もっとも巧妙なもののひとつが「鬼」ではないか、というのが私の抱いてきた仮説である。私がこのような仮説に至ったのは、長年にわたって、天竜川支流域の村々でおこなわれている「花祭」に登場してくる、たくさんの鬼たちを見てきたからである。

花祭では、村の神主たちが若者や子供といっしょになって、ぐらぐらと湯を沸かした釜のまわりで、「湯立て神楽」を舞い続けたあと、夜明けを直前にして、鬼たちが神秘的な登場をおこなう。村ごとに異なる種々の演出の中でも、古形を残している所では、鬼は真っ赤な衣装に身を包み、真っ赤な仮面をつけて、鉄製のマサカリを手に、幔幕《まんまく》の奥から出現する。それまで盛んに燃やされていた竈《かまど》の火が消され、激しく踊り舞った後、鬼はふたたび闇の中に消えていく。

花祭を詳しく研究した折口信夫は、この鬼たちを「春来る鬼」と呼んだ。冬至をはさんだ霜月《しもつき》におこなわれる祭りは、古い季節の死を促進し、新しい生命の誕生と増殖を準備する、「ふゆ」の鎮魂祭である。天竜川支流域の、山中の村々におこなわれる鎮魂祭は、とくに花祭と呼ばれ、夜明けの暗闇の中に、赤い仮面と衣装に身を包んだ、鬼が出現する。

この鬼たちは、春の若い太陽を呼ぶ。新しい生命をみなぎらせた、童子の身体をした太陽として、この鬼たちは出現して来るのではないか。三河や浜松から川筋に沿って、海人とともに上流に分け入って行った、古層の太陽神は、そこで神秘的な鬼の姿をまとうようになったのではないか。これが私の抱いてきた古層の花祭に関する仮説である。

猿田彦のこがしまき（熱海市来宮神社）（K）

天狗（K）

鬼と天狗

折口信夫がいま生きていたら、この仮説に理解を示してくれただろう、と私は思う。じっさい折口は、山中の村々におこなわれている花祭が、もとは伊勢湾を取り囲んでそこに盤踞《ばんきょ》した海人族の文化に根ざしていることに、早くから気づいていた。いまある花祭は、中世の伊勢神楽からの影響で、大きく作り替えられてしまってはいるが、それには倭人＝弥生人の文化にまでさかのぼる原型があるはずで、折口信夫はその原型を取り出そうとしていた。

この花祭を、海人たちの残していった「太陽の道」の置き土産と考えることができるとすると、日本文化の抱える謎の一つである「鬼」について、新しい視点を開くことができる。真冬の季節に、山中に生まれる太陽の童子は、真っ赤に輝く身体を持ち、鎮魂祭の神庭に現れて力強く踊った。手に鉄の道具を持ち、イニシエーションの儀式では少年たちを儀礼的に「食べる」ことによって大人にする。そのような太陽童子は、食人鬼のごとき恐ろしい存在だ。

このような鬼は、山の怪物である天狗を呼び寄せるだろう。天狗は猿田彦でもあり、猿神が太陽神の変形であれば、天狗もまた太陽神の変形された姿であることになる。その証拠には、天狗は太陽の鳥であるカラスの姿の烏天狗を、つねにお供にしている。「太陽の道」は、こうしてまだまだ続いていくのである。

海人と鳥

「太陽の道」は続く

熊野から伊勢湾にかけて、海岸や島々をたどっていくにつれて、太陽神の表現は変形につぐ変形をとげていき、かつてそこで、神話的思考の爆発的展開のおこったことを、如実に示している。ところがその爆発的展開も、伊勢湾と三河湾を過ぎたあたりで、急速に収束に向かう。

あれほどに強烈だった海人たちの太陽神への信仰が鎮静していき、かわってオーソドックスな海神信仰が、ふたたび表にあらわれてくるようになる。駿河湾、房総半島、鹿島・香取、塩釜と、その後も倭人系海人たちは北上を続けていったが、紀州から伊勢湾にかけての地帯でおこったような、創造的爆発はもう二度と見られない。

しかも、古層に属する倭人的な海神信仰は、その後しばらくして、「八幡信仰」の中に吸収・同化されていくようになるから、海神《わたつみ》の名も、豊玉姫《とよたまひめ》や磯良《いそら》の活動も、表面からは見えにくくなる。

そこで私たちは、倭人系海人が列島の各地を移動していった跡を、別の方法で追跡することにしよう。それは「鳥」に頼むやり方である。日本列島を北部九州から東北まで旅して、海岸部のいたるところにコロニーを形成していった海人たちには、すぐれた「旅の友」がいた。柴犬系の小型犬もその一員であるが、潜水《かずき》に巧みであった倭人にまさるとも劣らない潜水の達人、鵜《ウ》こそが、その旅の友である。倭人たちはこのアースダイバー鳥を携えて、日本列島にやって来た。

鵜と倭人

（4）可児弘明『鵜飼　よみがえる民俗と伝承』中公新書。

鵜はアビと並んで、北米大陸や東北シベリアで伝えられているアースダイバー神話の中で大活躍をする、潜水鳥である。アースダイバー鳥は、水中に潜って、大地をつくる材料となる土を採ってきた。どうやらこれらの潜水鳥は、神に捧げる神饌を水中で採ってくる役目をになった、神聖な鳥でもあったらしく、インドシナから中米のマヤ文明にいたるまで、環太平洋圏の広い範囲で、特別な鳥としての扱いを受けてきた。

この鵜の首に紐を結んで漁をさせる「鵜飼」が、もっとも古くから発達していたのが、揚子江の下流域であった。このあたりでは、苗族《ミャオ》など非漢民族の手によって、数千年前から水田による稲作りが開発されていた。その地帯では、稲作と並行して、川での漁が盛んだった。その環境の中で、鵜飼が発達し、その風俗は今日に及んでいる。

潜水鳥の鵜を捕獲して魚を獲らせる鵜飼は、もともと稲を栽培する農民のもとで発達したと思われる。いちばん古風な鵜飼のやり方では、鵜の使い手は岸辺や浅瀬に立って、手にもった綱で鵜を操った。このやり方だと船を操る必要がないので、農民でも手軽に漁をすることができた。揚子江下流域のクリーク地帯では、岸から鵜を使うそういう鵜飼が発達していたが、その鵜飼地帯のごく近くに、倭人の先祖の生活していたことが、推定されている。

倭人の先祖はもともとが海洋性の生活をしていた人々であったが、揚子江下流の海岸部を生活場所としている間に、水田による稲作をおこなう非漢民族たちとの交流をつうじて、水田稲作の技術を取り入れた「半農半漁」の生活形態に、変わっていた。その頃、水田技術といっしょに、鵜飼の技術も習得されたはずである。

海人としての倭人は、水田稲作をおこなう「百姓」となってからも、漁師の習性を忘れることがなかった。そこで水を張った水田に鮒や鯉やドジョウなどを放って、「水田養魚」に励んだ。この習性は、倭人が日本列島に移住したのちも変わらなかった。倭人の百姓は、急流の多いこの列島の河川を利用して、さまざまな形態の漁に打ち込んだものだが、その中でも鵜飼は「聖なる鳥」とともにおこなう格別な漁として尊重された[4]。

稲と鵜飼のセット

今では限られた地帯にしか見られない鵜飼も、かつては日本列島のいたるところでおこなわれていた。「鵜飼」とか「鵜川」とか「鵜沢」とか「鵜島」とか、「鵜」のつく地名を拾ってみるだけでも、かつてこの漁がいかに広くおこなわれていたかが、推察される。いったいそれを誰がおこなっていたのか。中世には専門の職人的鵜匠による鵜飼が主流になっていったが、それよりも古い時代になればなるほど、普通の倭人の百姓が農作業の暇を見つけては、鵜を使った漁をおこなっていた。鵜飼は倭人系海人によって、日本列島に持ち込まれた技術の重要な目録の一つであり、百姓の暮らしをするようになっても、鵜飼は彼らにとって重要な生活の技術だった。稲作と鵜飼はセットなのである。

鵜飼は列島の全域に、その痕跡が見出される。北部九州では筑後川のクリーク地帯（いまの柳川あたり）、四国の四万十川、岡山近辺、若狭から琵琶湖にかけての諸河川、伊勢湾奥の長良川流域、同じく犬山、天竜川を遡行して諏訪湖にいたる谷筋、静岡、相模川と多摩川（ここではごく最近まで古い「立ち鵜飼」のやり方が伝承されていた）、東北では角館近辺など、全国で百五十ヵ所以上の場所で、かつて鵜飼のおこなわれていたことが、報告されている。

鵜がもっとも得意としたのは、鮎の漁である。鮎は傷みやすい魚で、ちょっとでも傷がつくと、すぐに悪くなってしまう。そのため、鮎を食するのを好んだ貴族たちは、鮎の体をきれいなまま捕獲できる、鵜飼による鮎を求めた。そこで神饌のかたちで、長良川などで鵜のとった鮎を、天皇への献上品とした。

食品衛生学的な理由だけで、鵜飼による鮎が尊ばれたのではない。そこには、倭人＝弥生人以来の、神話的思考が大きな働きをしている。アースダイバー神話の主人公である鵜やアビは、環太平洋圏の最古の神話層に属する鳥であり、その鵜が捕獲して吐き出した、繊細きわまりない魚にたいして、倭人の末裔たちが敏感に反応しないわけがない。

（5）可児弘明『鵜飼　よみがえる民俗と伝承』中公新書。

甲州石和の「立ち鵜飼」の様子
（写真提供：笛吹市）

鵜の神話学

　山口県の弥生遺跡で発掘されたある遺体の胸には、一羽の鵜がしっかりと抱きかかえられていた[5]。この一事をもってしても、鵜という鳥が、倭人系海人にとって、特別な鳥だった様子がうかがわれるが、鵜がアースダイバーの鳥として、環太平洋圏の神話世界で重要な位置にあったことを知っている私たちとしては、ほかにも思い当たるふしがある。

　鵜やアビのような潜水鳥は、空中、水面（地上）、水中という三つの異なる世界を、横断していく能力を持つ。潜水《かずき》で漁をする倭人は、水面、水中、水底という三つの領域を横断して仕事をする人、と考えられていたのであるから、それよりも大きな横断をこなす鵜は、スーパー海女《あま》（海士）ということになる。

　おまけにアースダイバー神話の中の潜水鳥は、無尽の深さにまで潜って、水底の土を採取してくる能力を持つ。世界の「根の底」（沖縄語で「ニールスク」）にまで行って戻ってこられる鵜やアビは、神話の中で、死の領域にまで深くダイビングして、再び生者の世界に戻ってくる横断能力を持つ鳥として、描かれることになる。すると、鵜を抱いて葬られた倭人＝弥生人は、異界を横断できる鵜の能力に頼むことによって、黄泉への旅路を、滞りなく通り抜けようとしていたのではないか、と考えられる。

　同じ考え方が、日本神話にも出てくる。海の女神である豊玉姫は、未来の英雄を出産しようとして、海岸に産屋《うぶや》を建てて、屋根も壁もすべて鵜の羽根で葺こうとした。ところが鵜の羽根でできた小屋を葺いている最中に、女神は産気づいてしまい、未完成の産屋で出産してしまう。そこで、生まれた子供は「ウガヤフキアエズ＝鵜羽の小屋が葺き上がる以前に生まれた」と名付けられた。

　通説では、このエピソードは、鵜が多産の鳥とみなされていた証拠であるとされている。しかし、産屋や便所の神様をめぐる民俗を調べてみると、それらの神様は、物事を滞りなく通過させる能力によって、選ばれていることがわかる。そこから考えると、この古代のケースでも、アースダイバー鳥である鵜が、可能性の世界に待機している未出現の生命を、現実の世界に滞りなく引き出して来られるという能力を買われて、産屋を包む役目を担わされていると見ることができる。

鵜は弥生人によって、異界への横断能力を期待されて、死の儀式ならぬ生命誕生の場面に、招集されているのだ。自分自身がダイバーである倭人系海人は、このようにアースダイビングする鳥に、自分の分身でもあるかのような親しみを抱いていた様子で、列島のいたるところに、この「倭人の旅の友」の痕跡を発見できるのである。

そういう鳥である鵜が、魚の体を傷つけることなく飲み込んで吐き出した鮎であるからこそ、人々はそれを神聖な食物として珍重したのである。鵜飼における鵜の仕草は、水底から原初の土の塊を運んできたという、神話の潜水鳥の行為に、そっくりではないか。

塩釜へ

倭人系海人は、このようにいくつもの領域を横断する能力を持った者たちを、大いに尊重したのである。存在の諸領域を横断できる「アースダイバー」の能力を持つ者たちに、神話の中で重要な働きをさせた。

海の女神が海岸に産み落とした童子は、「イソラ（磯童子）」という名前を与えられて、神話の中で大活躍をした。海の女神のイメージを現実世界に投影した「神功皇后《じんぐうこうごう》」が、潮の流れに阻まれて難渋しているとき、海中からあらわれた異形の神イソラの働きによって、滞りなく渡海をなしとげることができたのも、通路の障害を取り除くという、イソラの持つアースダイバー能力による。

この少年イソラとよく似た働きを、神話の中でするのが、製塩の技術者でもある「塩椎老翁《しおつちのおじ》」という老人である。浜辺に放置されて途方にくれている山幸彦の前に、忽然と出現したこの老人は、山幸彦を密封した籠製の潜水艇に籠らせて、やすやすと海底の海神宮《わたつみのみや》に運搬していくことができた。

倭人系海人は、潜水漁法を携えて、ついに三陸海岸にまでたどり着いた。内陸の東北縄文文化との融合は、ゆっくりと進行した（写真提供：久慈市）

製塩の技術者が、同時に水中を自在に運動できるアースダイバー的能力の持ち主でもあったのは、おそらくは製塩技術そのものに潜む、「錬金術」的な構造に関係があると思われる。倭人系海人が日本列島に持ち込んだ、新しい製塩法では、塩水を煮出す最終工程で、新式の鉄製の釜が用いられた。海中から引き上げられた海水は、塩田で濃縮され、鉄の釜で塩に変えられた。そこには「これぞテクネー！」と思わせるものがある。

弥生式の製塩技術は、この物質変容の過程を、縄文式の自然製塩の場合よりも、はるかにダイナミックに見せていたのである。そのためこの技術を指導できる長老は、鵜やイソラと同じように、存在のレベルを横断できる、神秘な能力の持ち主とも考えられた。そして、鵜と犬を連れて旅する倭人系海人は、この新式の製塩技術の知識を携えて、日本列島の太平洋岸をさらに北上して、ついに三陸の入り口である松島湾にたどり着き、そこにその名も「塩釜」なる北の拠点を開いた。

大いなる旅路の果てに

塩釜、松島湾（ここには縄文人の巨大集落があった）、金華山あたりに拠点をつくった倭人系海人は、そこからさらに北に遠望される、美しいリアス式海岸にも進出していった。こんな北方まで移動してきた海人たちは、自分たちの生業であり文化的アイデンティティでもある潜水漁法を、ここでも手放すことがなかった。北部九州や温暖な伊勢湾でやっていたのと同じやり方で、彼らは海に潜って、貝や海藻や魚を獲った。

どこまで旅していっても、倭人は現実においてあいかわらずのダイバーであり、神話思考においてはアースダイバーの思想を保存し続ける、海人であった。その心性が、日本人の心をかたちづくってきた。日本人とは何か。この問いに答えるためには、海民のたどってきた長い旅と彼らの携えていた知恵と想像力とに、深く思いを馳せてみる必要がある。私たちの心の奥には、まだよく知られていない広大な海原が広がっている。私たちはきっとまだよく「本当の自分」を知らないのだろう。しかし日本人が未来への航海に乗り出していくためには、自分の中に眠っている海民の記憶をもう一度呼び覚ましてみなければならない。人類の未来には海図は描かれていない。アースダイバー鳥と天空の星とに導かれながら、私たちはその大海原を渡っていかなければならない。

エピローグ――伊勢神宮と新層の形成

伊勢湾の度会氏

北部九州にいた海民集団の中に、「磯部《いそべ》氏」という有力な氏族がいた。磯部氏はよく発達した宗教の組織を持っていたようで、定着した先々の土地に霊力の高い聖地をつくりだし、それが後世になると有力な神社へと発展して、宗教のみならず政治の方面にまで大きな影響力をふるうようになった。

磯部氏は北部九州の拠点を出ると、日本海側と太平洋側に分かれて、列島の沿岸部にそって移動していった。日本海側を移動していった磯部氏の集団は、丹後の天橋立《あまのはしだて》の近くに上陸して拠点をつくった。小高い丘に見出した「真名井《まない》」という泉の周辺に、彼らは祭祀場を設けた。祭神は太陽神である。太陽神のもつ生命を育む力（ムスヒ）を重視していた丹後の磯部氏は、太陽神のことを「アマテラス」や「アマテル」というよく知られた名前で呼んだだけでなく、太陽のもつ豊穣力の面を強調する別の名前、例えば「豊受《トヨウケ》」などという特別の名前でも呼んでいたことが考えられる。この真名井には水神につかえる八人の巫女団がいて、彼女たちはヘッツイ神（竈神《カマド》）をも祀っていた。つまりこの太陽神は食物と食事の神でもあったのである。

これにたいして太平洋側を選んだ磯部氏の集団は、伊勢湾に入ると、その入り口から奥に向かっていくつもの小集団に分かれて、海岸各地に上陸していった。伊勢湾のいちばん奥を目指した集団は、そこに見出した半島状の土地に「熱田」の聖地を設けた。この聖地を中心にして磯部氏改め「尾張氏」という古代豪族が勢力を伸ばしていった。

伊勢湾の入り口にもいくつもの磯部氏の開拓地がつくられたが、宮川《みやがわ》の河口部に拠点を設けた集団は、そこが神々の聖地にふさわしいすばらしい土地であることに気がついた。宮川河口部はすばらしい天然の港をなしていた。じっさいこの港は『伊勢国風土記』にも「百船」の集まる港と歌われているほどで、古代から多くの人と物が集積する豊かな土地であった。この磯部氏集団は宮川と五十鈴川《いすずがわ》のほとりの二ヵ所に、太陽神を祀る聖地を設けた。おそらく祭神の名前は「アマテラス」であったろう。太陽の光輝を讃えた名前である。

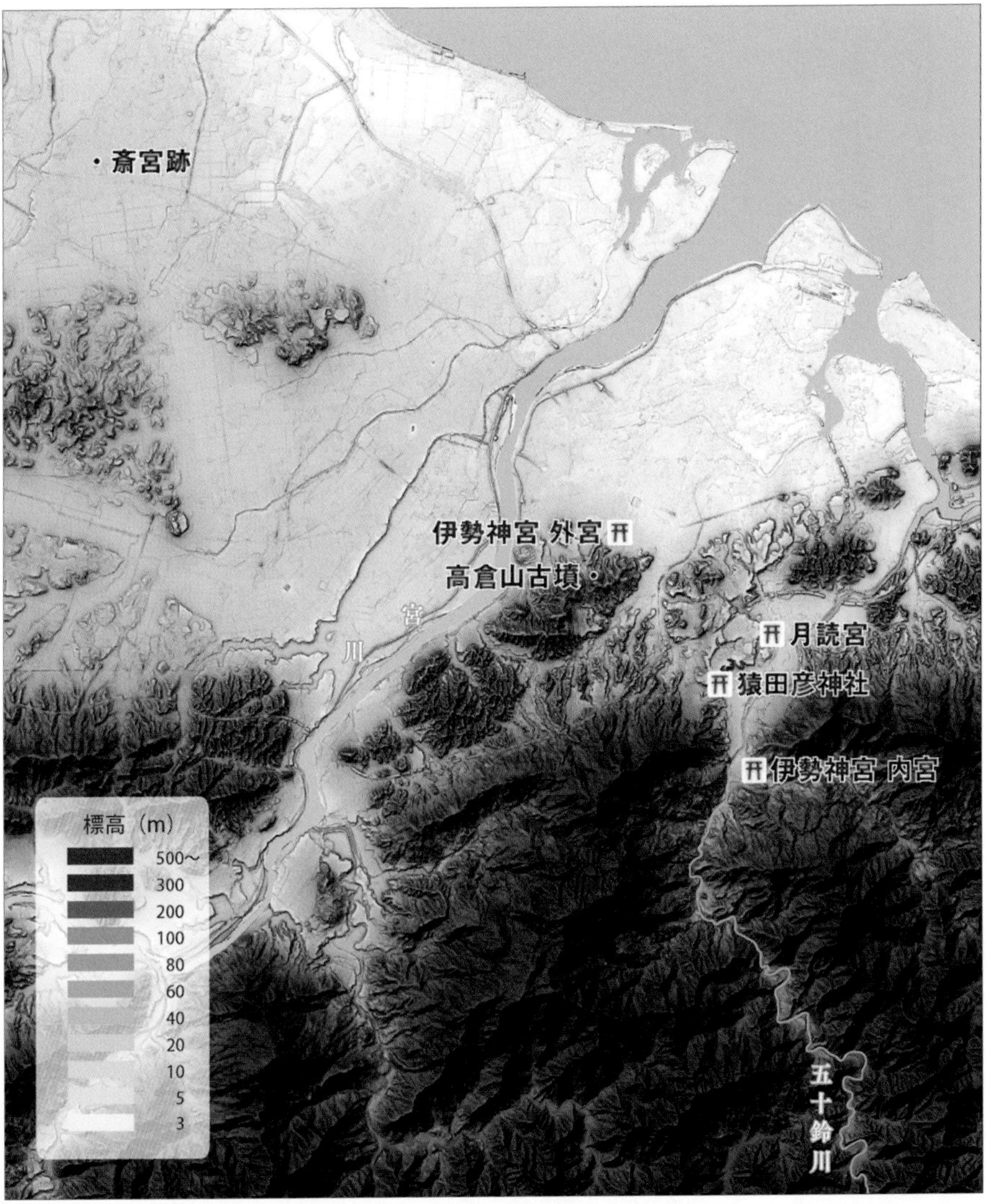

伊勢神宮周辺地形図（カシミール3D（http://www.kashmir3d.com/）で作成）

1 御塩焼所（K）
2 内宮の蛇神

3 五十鈴川（K）
4「日別朝夕大御饌祭」（K）
5 内宮の社殿（K）

高倉山を背景とする外宮（K）

宮川沿いの聖地は、高倉山の頂きに築かれた一族の墓所をあらわす巨大な円墳と、それを下から仰ぎ見る森の中の神籬《ひもろぎ》からなる、みごとな構成をしていた。磯部氏はこのような墓所＝聖地を中心に強い結束を保ち、有力な古代豪族に成長していった。伊勢の「地主神」といえば、この場所のことをさしていた。このことはのちに伊勢神宮が「内宮《ないくう》」（五十鈴川のほとり）と「外宮《げくう》」（宮川のほとり）という「二所権現」（ここではこの言葉を概念語として用いる。「聖なる力＝権」が「現われる＝現」とき、二元論の思考にしたがって分立するという意味をこめている）として分立された以後も、祀りごとはすべて外宮を先にすべしという決まりによくあらわれている。宮川沿いの聖地こそ磯部氏の最初の開発地に設けられたものだからである。初期のヤマト王権によって「伊勢国造」として認められたのがこの磯部氏で、これがのちの「度会氏《わたらい》」の先祖となる人々である。

度会神主の神話的思考

度会氏（磯部氏）は早い時期から、宮川と五十鈴川の二ヵ所につくられた聖地を中心とする海民としての生活圏を形作っていたと思われる。彼らがなぜペアをなす二ヵ所の聖地（「二所権現」）を設けたかについては諸説があるが、私はここに海民的な三元論の思考がよくあらわれていると思う。

三元論の思考では、見えない幽界である潜在空間と目に見える顕在空間の対立で、世界の構造を考える。度会氏の聖地の例でいうと、見えない幽界に隠れているアマテラス神が、顕在世界のアマテラス神となって働きをなす。そしてこの顕在世界のアマテラスの働きは、対立しあいながら相手を補いあう二つの機能として、二つに分かれる。太陽神アマテラスは世界に秩序をつくりだす働きをする。それと同時に、アマテラス神は物事を「ムス」働き、すなわち生命を産み出し、育て、最後には死の懐に生命を送り返す循環の働きを司る。この三元論思考によって、聖地の配置という目に見える空間の出来事としては、世界に秩序をつくるアマテラス神と生命の循環する世界をつくるアマテラス神とに、分かれるのである。この二所権現の考えを、後世の「内宮」「外宮」という名称で言いあらわすと、つぎのような構成になる。

アマテラス神の三元論的構造

潜在空間 →（あらわれ）顕在空間
- 五十鈴川（内宮）のアマテラス神（秩序）
- 宮川（外宮）のアマテラス神（生命循環）

古代の度会氏は伊勢国造家の神主として、この二つのアマテラス神の聖地の祭祀を司ったのである。この両聖地で最重要な祭儀が「心御柱《しんのみはしら》」立てであったと思われる。それは聖地を「宇宙の中心」にする象徴行為である。そこにも三元論が働いていた。大地（潜在空間）の中から「中心」を象徴する柱が立ち上がる。地上（顕在空間）に姿をあらわした柱は、柱のまわりに「中心」と「周縁」の二元論的区別を生み出していく。「中心」には聖なる力がみなぎり、その力は「周縁」に向けて広がっていく。また聖なる柱は男性原理を象徴するが、それは度会家の中から選ばれた少女の女性原理と象徴的に交わることで、男性／女性に分化する以前の宇宙的な力をあらわすことになる。ここでも海民文化の特徴をなす三元論の思考が、祭儀の骨格をつくっている。

それだけではない。そもそも神話というもの自体が、三元論的思考をもとにしている。神話は現実の世界では対立したり矛盾しあっているもの同士が、矛盾を解消してひとつに溶け合っている状態をめざして語りだされるものである。それが実現されるためには、二元論的対立を無化する第三項が必要となる。人間社会と自然の猛威の矛盾を解決するためには、その二つの要素を一身に体現しているスサノオのような神話的存在が、自然の猛威を象徴する大蛇ヤマタノオロチと格闘して勝利することが必要なのである。縄文社会でも弥生社会でも、このような神話の思考様式が生活においてきわめて重要な機能を果たしていた。

天空の神話学において、太陽と北極星は対極をなす。大熊座の先にある北極星は天空にあってほとんど不動の位置を保っている。それにたいして太陽は特異な周期性をもった運動をする。日の出から日没まで太陽は天空にとどまって移動し続けるが、これによって夜と昼の対立が生まれる。季節の進行にともなって太陽の航路は大きく変化していく。太陽の「生命力」がもっとも強い夏には日の出は北に大きく偏り、「生命」の弱まる冬には南に偏る。おまけに太陽は日食をつうじてときどき空から姿を消してはまた現れる。このような特徴を観察していた古代人は、太陽の運行が形成する時間秩序は、著しい「ゆらぎ」をはらんでいると考えた。

この観察が太陽神をめぐる神話的思考に大きな影響を与えている。太陽は周期的運動をつうじて世界に時間の秩序をもたらす存在だが、その秩序は均一で安定したものではなく、複雑なゆらぎをはらんだ不安定さを内在させている、と多くの民族の神話学が考えた。そのため太陽神は至高の秩序神であると同時に、自然がしめす周期性や循環性と共通する特性を持つのである。海民のアマテラス神が、「秩序」と「生命循環性」という矛盾する二つの性質をあわせもつように描かれるのはそのためである。

度会神官が一族を代表して、宮川と五十鈴川に設けられた二所権現の聖地で執り行っていたのは、このような神話的思考に基づく祭儀だったであろう。宮川の聖地は高倉山の墓所を中心としたものであったから、同じアマテラス神といっても生命の死と再生による自然循環の側面に偏り、五十鈴川の聖地に祀られていたアマテラス神は、天界の秩序と人間界の道徳的秩序を結びつけた「秩序」の主題に重きをおくものであった。この二側面が一体に結ばれるとき、幽界のアマテラス神は完全なものになる。その頃はまだ伊勢神宮というものは存在していなかったが、地方豪族である度会氏（磯部氏）によって、神話的論理で結ばれた二つの聖地が、伊勢湾に流れ出る二川のほとりに営まれていた。

ヤマト王権の進出

七世紀半ばまで、度会神官家はこの二所権現にたいする祭祀権を独占的に保ち続けていた。それが天武天皇の時代に、五十鈴川沿いの聖地（その頃には「内宮」と呼ばれるようになっていた）にたいする祭祀権を失って、一族の古墳のある宮川沿いの聖地（「外宮」と呼ばれるようになっていた）のみの祭祀者とされたのである。内宮の神官職は、中央の神祇官僚である中臣氏の一族と言われる荒木田氏が勤めることになった。ヤマト王権はその頃さかんに、地方豪族がそれまで保持してきた富や特権を奪って、皇室財産に収容しようとしていたが、伊勢の聖地の祭祀権をめぐっては、他の場合とは大いに異なる事情が関係していた。

三輪山の麓に拠点を置いていた初期ヤマト王権は、皇室の先祖神であるアマテラスの祭祀場を伊勢湾に設けたいと、早くから望んでいた。大蛇神を祀る三輪山の麓では太陽神アマテラスの霊力を純粋に発揮させることができないこと、ヤマト王権の所在地から東方に延長したレイライン（太陽の運行軸）上に伊勢の宮川河口部が位置していたこと、ヤマト王権の望んでいた東方進出の拠点として伊勢の港が絶好のロケーションにあったこと、そこには彼らと同じアマテラス神を奉ずる海民の一族が住んでアマテラス神のための立派な聖所を営んでいたことなど、ヤマト王権には伊勢の度会氏と同盟関係を結び、伊勢に皇室のアマテラス神の祭祀場を得たいという望みが、早くも四世紀の崇神天皇の頃から芽生え始めていた。

そこでヤマト王権は天皇の妹を斎王として伊勢に送りこみ、度会氏（磯部氏）の二所権現の祭祀に席を得ようと何度も試みている。しかし磯部一族はヤマト王権と同盟を結ぶことにはなんの異論ももたなかったが、こと伊勢二所権現の祭祀にヤマトの斎王が深く参与することには、しぶとく反対し続けた。とくに最重要の祭儀である「心御柱」を立てる秘密祭儀には、度会家出身の特別な少女をあたらせて、斎王がこの祭儀に近づくことさえ許さなかった。その頃はこと聖地の祭儀に関しては、それほど在地豪族の影響力はあなどり難かったのである。

壬申の乱（六七二年）ののち、権力は急速に天皇家とその周辺に集中してきた。あらゆる政治制度が中国をモデルとした合理的組織に改革され、宗教に関しても、このクーデターの勝利に積極的に加わった中臣氏や忌部氏の勢力が増していった。それまで王権内部で相応の発言力を持っていた地方豪族たちは、合理化された官僚システムの一員としての地位に収められて、以前のような発言力を抑えられるようになった。この時期、中臣氏は長い間の懸案であった伊勢二所権現問題の解決にも着手して、伊勢に設けられる新しい神宮の組織を、それまでのような在地豪族度会氏による管理の手から離して、皇室の祖神であるアマテラス神を祀る国家の神宮に作り替える計画を実行に移した。

　これによって、五十鈴川のほとりにあった海民の奉侍するアマテラス神の聖地は、皇祖神アマテラス神を祀る「内宮」（皇室の神々である「天津神」の身内の宮という意味である）となり、宮川のほとりにある磯部氏の奥津城《おくつき》（墓所）を背後に控えるもう一つの太陽神の聖地は、内宮のアマテラス神に食事を差し上げるトヨウケ神をお祀りする「外宮」（よそ者の宮という意味である）へと、改編されていった。この流れの中で、それまで二所権現の祭祀権を持っていた度会神官家は、内宮の祭祀から外されて、トヨウケ神（豊受大神）に奉仕する外宮神主の地位に据えられたのである。

　この外宮の祭神トヨウケは稲米の神で、ほんらいはトヨウケビメという女神であるという。この神についての伝承はきわめて少ない。平安初期につくられた『止由気宮儀式帳《とゆけぐうぎしきちょう》』には次のように書かれている。雄略天皇（四一八～四七九年）の夢に天照大神《あまてらす》が現れて、自分は独り身で淋しいから、朝夕に奉る御饌《ミケ》の神として、丹波国比治の真名井原（律令制以前は、丹後は丹波の一部であったので前出の真名井と同じ場所）よりトヨウケ神を迎えよとのお告げがあったので、この神を山田原の地に迎えて、御饌殿を建てて朝夕の大御饌の儀を始めたという。この祭儀をおこなうために、外宮の板垣の内にある校倉造りの「御饌殿」という食堂の中で、アマテラス神とトヨウケ神が向かい合わせで御饌を召しあがれる。この祭儀には外宮の禰宜度会神主のみが関わる。

　この頼りない伝承からも察せられるように、丹後国よりトヨウケ神を招いて、外宮に鎮座していただいて、朝夕の大御饌祭を始めたというのはこじつけで、もともと宮川沿いの山田原には、海民系在地豪族であった度会氏（磯部氏）による、太陽神の聖地が存在していたのである。この聖地は墳墓を含む聖地として、太陽神の豊穣性と生死の循環性を前面に出したものとして、五十鈴川沿いの聖地（内宮が設けられた場所）に鎮座する秩序神としてのアマテラス神と一体をなしていた。皇室とその神祇官僚たちは、伊勢の二所権現を皇室の祖神アマテラスの聖地に作り替えるにあたって、五十鈴川沿いの海民聖地を内宮としてアマテラス大神をお祀りする皇室の聖地とし、宮川の聖地をアマテラス神に御食事を提供する御饌神であるトヨウケ神の坐す外宮として設定することによって、原初の二元性を回復しようとしたのである。

トヨウケ神が丹後の真名井から招かれたという伝承には、それなりの理由がある。それは真名井の地が古代豪族磯部氏の聖地であり、彼らは伊勢湾に移住していった同じ磯部氏（度会氏）と同族であったからである。丹後の太陽神トヨウケ神は、伊勢の二所権現の考えでいけば、宮川沿いの聖地に祀られていた循環と豊穣のアマテラス神と同じ本質を持つ。内宮のアマテラス神が「独り身で淋しい」と天皇に夢告されたのは、自分に半身が欠けていることへの不満を示している。円満な太陽神であるために、彼女にはトヨウケ神というアルターエゴが必要なのである。こうして政治的には服属と喪失を余儀なくされた在地豪族の精神的伝統は、アマテラス神自身の訴えによって、原初の二所権現としての全体性を取り戻すことができた。

アマテラス神の変質

海民たちの奉じていた「古層」のアマテラス神と、皇室の先祖神であるアマテラス神の間には、本質的な違いがある。古層のアマテラス神には、天空を行く太陽の運行の周期性に基づく時間的秩序の神という側面と、その熱気で事物を熟成させる豊穣神としての側面が同居している。この二つの側面は二つの異なる神格として表現される場合もあるが、多くは一つの神格の中に共存している。このように、古層のアマテラス神は自然の循環性と深く関係している。

ところが皇室のアマテラス神は、天孫降臨ということをおこなうのである。高天原から地上世界をごらんになられて、そこに自分の子孫を降臨させて領有統治させることにした。お祖母さまの言いつけにしたがって地上に降臨したニニギノミコト（稲穂の神）は、そこで出会った山の神の娘を娶り、そこから皇統の子孫が増えていった。このような天孫降臨が起こると、宇宙には天上世界と地上世界からなる階層構造が生まれる。この階層構造はきわめて堅固で、上下の逆転や混合は起こりにくい。

天上世界は秩序をもって地上世界を支配する立場にあり、地上世界は農業生産をおこなってこの世を豊かにしていく民からなる。この階層構造は壊れにくく不動である。そこでは循環性は断ち切られ、恩恵はつねに上から下にもたらされ、下は上に向かって供儀や租税を奉献する国家的な神道の仕組みがつくられる。

七世紀には正式に伊勢神宮が創設され、皇室の先祖神であるアマテラス神が、そこの内宮に鎮座することになった。海民の奉ずるアマテラス神と名前はいっしょだが、まったく本質を異とする神が、二所権現の一方に鎮座することになった。これによって日本人の精神の弥生古層には激変がもたらされることになった。伊勢の地で発生したこの弥生古層の劇的な改造劇ののち、新しく形成を始めた神道の構造を、「新層」の神道と呼ぶことにしよう。この新層神道の影響はその後、日本列島の全域に広がっていく。縄文古層と弥生古層の上に新層が覆いかぶさり、地表には新層しか見えていないという状況がつくられていった。

ではなぜ、皇室のアマテラス神は、このような改造をおこなったのか。初期ヤマト王権の「大王」たちの妻の多くが海民系氏族の出身者で占められ、連合政権としての性格の強かったヤマト王権を支える在地豪族たちの多くもまた、太陽神を奉ずる海民的部族の出身であった模様である。海民的な勢力に支えられていたヤマト王権は、自分たちの先祖神としてアマテラス神を奉じた。そのアマテラス神は、他のアマテラス神と同様に循環的世界観に適合する太陽神であったはずである。それがなぜ、循環を断ち切って世界に階層構造を持ち込む天孫降臨の神話を中心に据えるような道を選んだのか。ここには日本国家形成のいきさつが深く関係している。そのいきさつを溝口睦子氏の研究（『王権神話の二元構造』『アマテラスの誕生』）などをもとにたどってみよう。

『日本書紀』『古事記』は神々の時代の事績を語る「神代」の部分に、どうにもおさまりのつかない不整合を抱えている。『日本書紀』の例を取り上げれば、その部分は「神代　上」と「神代　下」に分かれていて、前半ではイザナミ・イザナギの国生みに始まり、オオクニヌシに終わる。それにたいして後半はタカミムスヒを主神とする天孫降臨神話が中心となっている。それぞれがまとまった神話体系をなしている。この二つの神話体系は、下巻のはじめに置かれた「国譲り神話」によって結びつけられて、いちおうひと続きの物語をなしているが、二つの部分の異質性はあきらかである。

諸豪族の連合として発足した初期のヤマト王権は、朝鮮半島経由で導入された北東アジアの王権神話を、建国の根拠に据えようとしていた。それは天空の至上神タカミムスヒを中心とする神話（ムスヒ系建国神話）で、地上における建国は天上界からの「天孫降臨」によってなされるというものである。タカミムスヒは天（タカミ）とムスヒ（生命を成長させる太陽）の結合でできているから、アマテラスなどと同じ太陽神をあらわす。このムスヒ系建国神話に依っていたのは大王家と王権中枢にいた大伴氏や物部氏などである。ちなみに大王家よりも早く畿内の開発を進めていた物部氏にも、彼らの天孫降臨神話がある。そこでまず最初にタカミムスヒによる建国神話が作成された。

これにたいしてヤマト王権を支えていた地方豪族たちは、イザナギ・イザナミ〜アマテラス・スサノヲ〜オオクニヌシ系の神話を、各家の起源神話として伝承していた。それらは海洋的要素の色濃い神話群で、豪族たちの海民的出自を物語っている。これらの伝承をまとめて「神代　上」の神話が作成された。この海洋的神話群は北方的な天孫降臨神話とは折り合いがよくない。

そこで大王家と大伴・物部氏らは、二つの神話系の折衷を試みた。イザナミ・イザナギ系の主神オオクニヌシが、ムスヒ系建国神話の主神タカミムスヒに「国譲り」をするという神話を新たに創作することによって、二つの神話がひと続きにつながるようになった。さらにそこに日向神話などがつけ加わることによって、全体をひと続きの物語にした。

建国神話が創作されるこのような過程をつうじて、海洋的弥生人の奉じてきたアマテラス神の変質が起こったのである。北東アジア産のタカミムスヒは登場してすぐに『記紀』神話の舞台から消えていく。かわってアマテラス神が天孫降臨の主神となっていく。こうしてアマテラス神はタカミムスヒ神の属性であった天空の絶対的至上神としての性格まで、自分の中に取り入れていくことになる。

海民系弥生人の太陽神アマテラスは、北東アジアに由来する支配層の天孫降臨神話の思想を受け入れることによって、自ら変質していったのである。その影響がもっとも早く決定的なあらわれをみせたのが、伊勢神宮の再編成である。ゆらぎをはらんだ海民の太陽神アマテラスは、自分の内部にはらむ二元性を反映する二ヵ所の聖地に分けて祀られていたが、そのうちの一つが天孫降臨的なアマテラス神を祀る「内宮」に改変された。するともう一つの聖地に祀られていた循環思想的なアマテラス神は、「内宮」のアマテラス神に御食事を供する「外宮」のトヨウケ神への改変を受けることになった。

伊勢の聖地はこのとき、古層的聖地から新層的聖地へ作り替えられていった。その結果、弥生古層の神道の上に、新層の神道が覆いかぶさり、古層神道は地面の下に隠されていったのである。このときに実現された改変は、精神に加えられた一種の「合理化」である。政治体制の合理化をめざす大化の改新に対応するように、ゆらぎをはらんだナチュラルな古層的神道が、階層構造によって意味を確定できるものにする新層的神道へと合理化されていった。そののちの多くの日本人の思考では、そのようにして合理化された神道だけが、唯一の神道となっていった。

心の自然地形へ

このとき伊勢神宮に起こった出来事は、その後全国の大小の聖地へと影響力を拡大していった。各地の神社にはそれまで縄文古層・弥生中層など、日本人の心の「自然地形」とも呼ぶべき精神活動の跡が示されていた。大化の改新の後、その自然地形の上に神の思想の「合理化」を進める神道の新層が、覆いかぶさっていったのである。多くの聖地ではこの合理的な新層神道の姿しか見られなくなり、神道といえばむしろそれしか見えなくなってしまった。こうして神道は超歴史的で単一な実体であるという思い込みさえいきわたるようになった。そこでアースダイバーは日本人の心の表面に覆いかぶさっている新層の堆積を取り除いて、その下から日本人の心の自然地形をあらわそうと試みたのである。

これまでアースダイバーは、都市表層につくられている景観の下に、日本人の心の「自然地形」が今も横たわっている様子を見出してきた。表層の地形をいくら削ったり、コンクリートを流し込んだり、素敵な建物を建てたりしても、長い時間的スパンをもったＧＥＯの視点でそこを眺めてみれば、道路も公園も建物も、表層の下に横たわっている自然地形によって決定づけられているのがわかるのだ。そしてそこには、この自然地形にしたがって営まれた人間の象徴的生活の跡が、まざまざと残されている。

そのことを象徴しているのが伊勢神宮である。じっさい神社の歴史の中で最初に新層の形成がおこなわれた伊勢神宮には、その新層の下に、どの神社の場合よりも豊かな縄文古層・弥生古層の堆積が存在しているのを見ることができるのである。これこそ文化の豊かさというものではないだろうか。いくら表層の合理化を進めても、心の深層まで改造してしまうことはできない。それはいっとき見えなくなるだけである。見失われた地層が遠く離れた地点に露頭してくるように、いったん地面に埋められた古層の自然地形が、遠く時間を隔てた未来にふたたびその姿をあらわす可能性を、誰も否定することはできない。人間の心の構造に進化などが起こらないように、聖地にも過去とのつながりを断ち切った進化などは起こらないのである。

参考文献

・網干善教他編『三輪山の考古学』学生社、二〇〇三
・石田英一郎『桃太郎の母』(新訂版) 講談社学術文庫、二〇〇七
・伊藤堅吉『路傍の性像　セクシー道祖神巡礼』図譜新社、一九六五
・上田常一『出雲の竜蛇』園山書店、一九七二
・臼井吉見『安曇野』筑摩書房、一九六五
・大場磐雄『神道考古學論攷』葦牙書房、一九四三
・大林太良他『海と列島文化　第10巻　海から見た日本文化』小学館、一九九二
・大神神社史料編修委員会編『大神神社史』大神神社社務所、一九七五
・岡田英弘『倭国　東アジア世界の中で』中公新書、一九七七
・岡田米夫「猿田彦大神とその海神的性格」(『神道宗教』第七五〜第七九号、一九七五所収)
・折口信夫『古代研究　Ⅰ〜Ⅵ』角川ソフィア文庫、二〇一六〜二〇一七
・鹿角市『鹿角市史　第一巻〜第五巻』鹿角市、一九八二〜一九九七
・勝部昭『出雲国風土記と古代遺跡』山川出版社、二〇〇二
・可児弘明『鵜飼　よみがえる民俗と伝承』中公新書、一九六六
・栗岩英治編『諏訪研究』信濃郷土史研究会、一九一六
・小林達雄編、小川忠博撮影『縄文土器大観2　中期1』小学館、一九八八
・佐々木藤雄「環状列石と縄文式階層社会」(安斎正人編『縄文社会論下』同成社、二〇〇二所収)
・設楽博己『縄文社会と弥生社会』敬文舎、二〇一四
・城田吉六『赤米伝承　対馬豆酘村の民俗』葦書房、一九八七
・スコット、ジェームズ・C、佐藤仁監訳『ゾミア　脱国家の世界史』みすず書房、二〇一三
・諏訪市史編纂委員会編『諏訪市史　上巻（原始・古代・中世）』諏訪市、一九九五
・田中卓『続・田中卓著作集2　古代の住吉大社』国書刊行会、二〇一二
・田中基『縄文のメドゥーサ　土器図像と神話文脈』現代書館、二〇〇六
・谷川健一・三石学編『海の熊野』森話社、二〇一一
・寺田鎮子・鷲尾徹太『諏訪明神　カミ信仰の原像』岩田書院、二〇一〇
・寺村光晴他編『史跡寺地遺跡　新潟県西頸城郡青海町寺地遺跡発掘調査報告書』青海町、一九八七
・中沢新一『人類最古の哲学　カイエ・ソバージュⅠ』講談社選書メチエ、二〇〇二
・中沢新一『熊から王へ　カイエ・ソバージュⅡ』講談社選書メチエ、二〇〇二
・中沢新一『愛と経済のロゴス　カイエ・ソバージュⅢ』講談社選書メチエ、二〇〇三
・中沢新一『神の発明　カイエ・ソバージュⅣ』講談社選書メチエ、二〇〇三
・中沢新一『対称性人類学　カイエ・ソバージュⅤ』講談社選書メチエ、二〇〇四
・中沢新一『バルセロナ、秘数3』講談社学術文庫、二〇一四
・中沢新一『精霊の王』講談社学術文庫、二〇一八
・永留久恵『海神と天神　対馬の風土と神々』白水社、一九八八
・沼津市文化財センター編『スルガの王大いに塚を造る　高尾山古墳ガイドブック』沼津市教育委員会、二〇一二
・萩原秀三郎・萩原法子『神島』井場書店、一九七三

・原田大六『実在した神話　発掘された「平原弥生古墳」』学生社、一九九八年
・バンヴェニスト、エミール、前田耕作監修『インド＝ヨーロッパ諸制度語彙集Ⅰ・Ⅱ』言叢社、一九八六〜一九八七
・日置孝次郎「サバとニシンのシンボリズム」（大林太良他『海と列島文化　第10巻　海から見た日本文化』小学館、一九九二所収）
・樋口清之「神体山信仰の考古学的背景」（大神神社史料編修委員会編『大神神社史』大神神社社務所、一九七五所収）
・平泉澄『中世に於ける社寺の社会的活動』（卒業論文）、一九一八
・平泉澄『中世に於ける社寺と社会との関係』至文堂、一九二六
・福岡県教育委員会編『福岡県文化財調査報告書　第24集　志賀海神社祭事資料集』福岡県教育委員会、一九六二
・福岡市教育委員会編『福岡市埋蔵文化財調査報告書　雀居遺跡』福岡市教育委員会、一九九三〜
・長野県諏訪郡富士見町編『富士見町史　上巻』富士見町教育委員会、一九九一
・古川貞雄責任編集『図説　長野県の歴史』河出書房新社、一九八八
・堀田吉雄『海の神信仰の研究　上・下』光書房、一九七八〜一九七九
・丸石神調査グループ編著『丸石神　庶民のなかに生きる神のかたち』木耳社、一九八〇
・水谷慶一『知られざる古代　謎の北緯34度32分をゆく』日本放送出版協会、一九八九
・溝口睦子『王権神話の二元構造　タカミムスヒとアマテラス』吉川弘文館、二〇〇〇
・溝口睦子『アマテラスの誕生　古代王権の源流を探る』岩波新書、二〇〇九
・宮地直一『諏訪神社の研究　前・後』信濃教育会諏訪部会、一九三一〜一九三七
・宮地直一『穂高神社史』穂高神社社務所、一九四九
・宮本常一『日本文化の形成』講談社学術文庫、二〇〇五
・柳田国男『地名の研究』講談社学術文庫、二〇一五
・ルイス＝ウィリアムズ、デヴィッド、港千尋訳『洞窟のなかの心』講談社、二〇一二
・レヴィ＝ストロース、クロード、荒川幾男他訳『構造人類学』みすず書房、一九七二
・レヴィ＝ストロース、クロード、吉田禎吾他訳『神話論理Ⅳ　裸の人（1・2）』みすず書房、二〇〇八〜二〇一〇
・渡辺仁『縄文式階層化社会』六興出版、一九九〇
・『季刊大林　No.27　特集IZUMO・出雲』大林組、一九八八
・『山村』第二号、一九三四
・Lewis-Williams, J. D. and T. A. Dowson, The Signs of All Times, *Current Anthropology*, vol. 29, no. 2, 1988
・Reichel-Dolmatoff, Gerardo, *The Sacred Mountain of Colombia's Kogi Indians* (Iconography of Religions, Section IX, vol. 2), E. J. Brill, 1990
・小泉八雲『知られぬ日本の面影』
・三島由紀夫『潮騒』

あとがき

アースダイバーの試みをとおして、私は土地の形態とその上につくられる人間の精神構築物とが、たがいに独立系をなしているのではなく、相互嵌入しあうことによって、複雑な統一体をつくっている様子を、あきらかにしようとしてきた。それによって、自然と精神とがある種の類比性（アナロジー性）をもって、共鳴現象をおこしていることを、日本の都市形成の歴史を題材にしながら示そうとした。

「神社編」と名付けられた今回のアースダイバーでは、その試みをさらに一歩進めて、精神の内部にも自然地形と類比的な「地質学的」な層構造が見出されることを、精神のトポロジー的な表現である「聖地」のありかたを題材にして、探究してみようとした。日本の聖地である神社の内面空間に、いくつもの異質な系が層をなして堆積し、それらの層はたがいに独立しているのではなく、相互に入れ子構造をなしながら歴史的統一体をつくっているのが、それによってよく見えるようになる。こうやって形成されてきた神道には歴史を貫く同一性はなく、いくつもの非連続な断層を含んでいる。その異質な系のあつまりが、独特な統一体をつくりなすことによって、神道というものができている。これは日本列島の地球学的ななりたちとまったく類比的である。ここでも自然と精神の共鳴現象がおこっている。

日本列島にはおびただしい数の神社があり、神仏習合時代の社寺を含めると、『アースダイバー神社編』が取り上げなければならなかった神社は、気が遠くなるほどにたくさんであるが、私はその中から「縄文系」と「海民系」の二種だけを取り上げて、詳細な検討を加えることにした。この二つの系列の神社こそ、日本列島に形成された聖地のなりたちにとって、決定的に重要な働きをしたからである。「海民系」として「弥生系」としなかったのは、稲作の民族である日本人の文化の根底にひそんでいる「海民性」を、大きくクローズアップしたかったからである。私はここで網野善彦氏の思想の冒険的なよみがえりを図ったのである。

本書の原型は、『週刊現代』（二〇一四年七月十九日号から二〇一六年八月十三日号　全九十四回）に連載された文章であるが、それに大幅な修正と新たな章（第四章　大日孁貴神社）の書き加えがおこなわれている（第八十九〜九十四回「ムサシ野オデッセイ」〔全六回〕は、『増補改訂　アースダイバー』に収録）。連載中には歴代編集長の鈴木崇之さん、山中武史さんと担当編集者の黒沢陽太郎さん、臼杵明裕さんから並々ならぬお力添えをいただいた。またその書籍化にあたっては講談社学芸部学術図書編集チームの園部雅一さんと岡林彩子さんの、コロナ禍の困難な状況と戦いながらのご尽力があった。明治大学野生の科学研究所の野沢なつみさんには、資料の収集や調査スケジュールの調整など万般にわたっておおいに助けていただいた。財部能成元市長をはじめとして対馬調査にご協力いただいたたくさんの対馬の方々、ありがとうございました。また鹿角大日堂舞楽の人類学的重要性をはじめてご教示くださった北村皆雄さんと、そこでの長期の調査と大雪の中での記録映画制作をともにおこなった中央大学時代のゼミ生のみなさん、とりわけすばらしい写真を提供してくれた天野移山さんに、この場を借りて厚く御礼申し上げます。

中沢新一

二〇二一年一月

中沢新一（なかざわ・しんいち）
思想家、人類学者。京都大学特任教授、千葉工大日本文化再生研究センター所長、秋田公立美術大学客員教授。1950年山梨県生まれ。東京大学大学院人文科学研究科博士課程満期退学。著書に『カイエ・ソバージュⅠ～Ⅴ』『熊楠の星の時間』（講談社選書メチエ）、『チベットのモーツァルト』『森のバロック』（講談社学術文庫）、『アースダイバー』『大阪アースダイバー』『野生の科学』『レンマ学』（講談社）、『芸術人類学』（みすず書房）、『日本の大転換』（集英社新書）、他多数。

アースダイバー　神社編《じんじゃへん》

2021年４月20日　第１刷発行
2021年５月28日　第２刷発行

著　中沢新一《なかざわしんいち》
発行者　鈴木章一
発行所　株式会社講談社
東京都文京区音羽2-12-21
〒112-8001
電話　出版　03-5395-3512
販売　03-5395-4415
業務　03-5395-3615

印刷所　凸版印刷株式会社
製本所　大口製本印刷株式会社

N.D.C.210 366p　21cm

ISBN978-4-06-521775-7